Frantzö
sische Ställe
Marggra fen
Charlot
ten
Canonier
Strass
E
Catho
che Kirche
Baren
Palais des Marggraf v. Schwedt
Brücke
Unter
den
Pr: Heinrichs Palais
der grosse Stall
Observatorium und Anatomie
Mittel
Letzte
Fried richs
Modder Lock
Frantz: Ki
D

Klaus-Dietrich Gandert

Vom Prinzenpalais
zur Humboldt-Universität

Klaus-Dietrich Gandert

Vom Prinzenpalais zur Humboldt-Universität

Die historische Entwicklung des Universitätsgebäudes in Berlin
mit seinen Gartenanlagen und Denkmälern

Henschel Verlag

MBN Bauen mit richtigen Lösungen

Der MBN Berliner Bau GmbH wird für die freundliche Unterstützung gedankt.

Sie können uns 24 Stunden am Tag erreichen unter:

http://www.henschel-verlag.de
http://www.seemann-henschel.de

Bibliografische Information Der Deutschen Bibliothek
Die Deutsche Bibliothek verzeichnet diese Publikation in der Deutschen Nationalbibliografie; detaillierte bibliografische Daten sind im Internet über http://dnb.ddb.de abrufbar.

ISBN 3-89487-491-0

Die Schreibweise entspricht den Regeln der neuen Rechtschreibung.

Lektorat: Marek Bringezu
Umschlaggestaltung: Ingeburg Zoschke
Titelbild: Michael Haddenhorst
Gestaltung und Satz: Typografik & Design – Ingeburg Zoschke
Druck und Bindung: Jütte-Messedruck Leipzig GmbH
Printed in Germany

Gedruckt auf alterungsbeständigem Papier mit chlorfrei gebleichtem Zellstoff

Inhaltsverzeichnis

Vorwort

Einst als ein feudales Prinzenpalais erbaut und seit 1810 unter dem Namen »Universitäts-Gebäude« der neu gegründeten Alma mater berolinensis für »ewige Zeiten« übereignet, lenkt dieses repräsentative und geschichtsträchtige Bauwerk seit nun fast 240 Jahren am privilegierten Standort des Lindenforums die Blicke auf sich. Mit der rasch fortschreitenden Entwicklung der Wissenschaftsdisziplinen wurde das alte Hauptgebäude in seinem Inneren immer wieder zu eng. Mehrfache Umbauten und schließlich auch die Erweiterung durch Anbau von zwei Seitenflügeln schufen nur vorübergehend Abhilfe. Im Zweiten Weltkrieg weitgehend zerstört und bis 1961 äußerlich fast unverändert wiederhergestellt, erfuhr das als Denkmal der Architektur und Wissenschaftsgeschichte geschützte Bauwerk nun in seiner Innengestaltung größere Veränderungen zur Anpassung an damalige räumliche Anforderungen. Auch die Gartenanlagen wurden neu erschaffen, die bekannten Denkmale und Bauskulpturen restauriert.

Nach der Wiedervereinigung beider deutscher Staaten ergeben sich auf der Grundlage eines neuen Leitbildes für die weitere Entwicklung der Humboldt-Universität erhebliche inhaltliche und strukturelle Veränderungen, die wiederum bauliche und räumliche Anpassungen erforderlich machen. Seit 1990 haben viele Verbesserungen im Inneren sowie am Äußeren des Hauptgebäudes dazu beigetragen, angenehmere Arbeits- und Aufenthaltsbedingungen zu schaffen und den denkmalpflegerischen Anforderungen gerecht zu werden. Auch die Restaurierungen von Gartenanlagen und Denkmälern lassen unser altehrwürdiges Universitätsgebäude im Stadtbild freundlicher erscheinen. Einfühlsames Verändern sowie eine stetige sorgsame Pflege und Erhaltung des historischen Baubestandes und der zugehörigen Freiräume werden aber auch in Zukunft eine ständige Aufgabe und Verpflichtung bleiben.

Die hier vorliegende Bau- und Gartengeschichte ist seit ihrem ersten Erscheinen anläßlich des 175-jährigen Bestehens der Humboldt-Universität im Jahre 1985 eine zuverlässige und häufig genutzte Quelle für historische Studien und unentbehrliche Grundlage zur Vorbereitung baulicher wie auch gärtnerischer Gestaltungs- und Erhaltungsmaßnahmen geblieben. Sie schließt eine bis dahin bestehende Lücke in der Geschichtsschreibung unserer Universität. Der ungebrochenen Nachfrage zu verdanken ist die Herausgabe dieser vierten Auflage der Bau- und Gartenchronik unserer Universität, die bis in die Gegenwart aktualisiert, im historischen Teil ergänzt und auch mit zusätzlichen Abbildungen versehen werden konnte. Möge auch diese wiederum erweiterte und neu ausgestattete Auflage dazu anregen, dem Werden und den Wandlungen der universitären Baulichkeiten nachzuspüren und sich mit ihrer Geschichte vertraut zu machen.

Für sein andauerndes Engagement zu danken ist dem Autor, der als Hochschullehrer seit dem Wiederaufbau gestaltend und beratend an der Erhaltung von Universitätsanlagen mitgewirkt hat. Dank gebührt auch dem Henschel Verlag für ansprechende Gestaltung und Ausstattung dieser Auflage.

Prof. Dr. Jürgen Mlynek
Präsident der Humboldt-Universität
zu Berlin

Seite 8/9:

1 Aarland Benedict nach A. Eltzner. Die Kaiserstadt Berlin im Jahr 1880. Holzstich. (Ausschnitt)

2 Die heutige Ansicht aus gleicher Perspektive

3 M. P. Otto. Das Denkmal Wilhelm von Humboldts

»Welch ein herrliches Gebäude! Von welch herrlichen Gebäuden umgeben! Es muss eine Lust sein, da zu lesen!«

Mit diesem begeisterten Ausruf rühmte einst der Theologieprofessor de Wette das eindrucksvolle Bauwerk Unter den Linden, in das 1809/10 die neugegründete Berliner Universität eingezogen war. (Lenz) Seitdem sind fast 200 Jahre vergangen, und unzählige Studenten, Dozenten, Mitarbeiter und Besucher haben sich in diesem ehrwürdigen Hause aufgehalten, haben hier gearbeitet und studiert. Dieses Gebäude gehört als eine Stätte der Erinnerung an namhafte Gelehrte und ihre wissenschaftlichen Leistungen, aber auch als ein Bauwerk von hohem künstlerischem Rang zu den bedeutenden Zeugnissen der Kultur unseres Landes. Es ist ein wesentliches Element des unverwechselbaren Ensembles der Stadtbaukunst, Forum Fridericianum genannt, das schon 1786 von F. Nicolai in seiner »Beschreibung der Königlichen Residenzstädte Berlin und Potsdam« als einer der »schönsten Plätze in der Welt, mit lauter prächtigen Gebäuden und Palästen besetzt« gebührend gerühmt worden ist.

Als ein bedeutendes Denkmal der Kultur- und Wissenschaftsgeschichte sowie der Architektur und des Städtebaus wurde das Hauptgebäude der Humboldt-Universität im Jahre 1979 unter Schutz gestellt. Die frühzeitige Eintragung in die staatliche Denkmalliste bestätigte den hohen Rang und Kunstwert des traditionsreichen Hauses der Alma mater berolinensis. Mit der Erklärung zum Denkmal verbunden ist auch die Verpflichtung zu immerwährender Bewahrung und Pflege der historisch überlieferten und schützenswerten Substanz. Dazu gehören auch die Standbilder der Brüder Humboldt sowie die von Mommsen, Helmholtz und Mitscherlich und die Gartenanlagen der Universität.[1]

Prägt sich auch das äußere Erscheinungsbild des Universitätsgebäudes dem Beschauer fest ein, so sind doch die Einzelheiten der historischen Entwicklung dieser Bau- und Gartenanlagen sowie ihrer Nutzungsweise wenig bekannt. Dank der vorhandenen Archivalien und der weit verstreuten Veröffentlichungen mit Hinweisen zur Bau- und Gartengeschichte des Berliner Universitätsgebäudes lassen sich die verschiedenen Entwicklungsetappen und ihre Details nachzeichnen. Mit zahlreichen Abbildungen kann dem Leser die Entstehungsgeschichte anschaulich gemacht werden. Leider sind jedoch viele alte Bauzeichnungen und Grundstückspläne im letzten Weltkrieg vernichtet worden oder danach nicht mehr auffindbar.

In den folgenden Kapiteln werden die wesentlichen Entwicklungsetappen des Hauptgebäudes der Humboldt-Universität dargestellt sowie die Geschichte des Gartens und der Denkmäler einschließlich der Bauplastik beschrieben. Der bevorzugte Standort des Universitätsgebäudes im alten Berlin ließ es ratsam erscheinen, auf die städtebauliche und architektonische Entwicklung der benachbarten Gebäude, Plätze und Straßen einzugehen, wo es durch Umbauten häufiger spürbare Veränderungen gab. Eine Vorgeschichte informiert über die sich wandelnden Nutzungsweisen des Grundstückes und seiner unmittelbaren Umgebung, bevor von 1748 bis 1766 das prächtige Palais des Prinzen Heinrich von Preußen als Kernbau des heutigen Universitätsgebäudes errichtet wurde.

Unter der Regierung von Friedrich II. erbaut und äußerlich in seiner würdevollen architektonischen Grundhaltung den genialen Intentionen des Baumeisters G. W. von Knobelsdorff verpflichtet, ist es neben dem alten Stadtschloss das nächstgrößte Gebäude im damaligen Berlin gewesen. Im Inneren herrschte eine reiche, heiter beschwingte Ausstattung im Stile des Friderizianischen Rokokos vor. (Kühn, Streichhan) Mit der Umwandlung des einstigen Quartiers feudaler Hofhaltung in eine Universität begannen 1809 die häufigen Veränderungen der inneren Struktur des Gebäudes, das in einem beklagenswerten baulichen Zustand übernommen wurde und erst 25 Jahre später, von 1836 bis 1846, rekonstruiert werden konnte. Nach der großen baulichen Erweiterungsphase der Berliner Universität zwischen 1870 und 1890, in der verschiedene neue stattliche Gebäude für die natur- und agrarwissenschaftlichen sowie medizinischen Disziplinen entstanden waren, trat dann für das Hauptgebäude eine gewisse Entlastung ein. Nun konnte dort von 1889 bis 1892 eine gründliche Modernisierung erfolgen, die vorübergehend allen Ansprüchen genügte. Bereits von 1913 bis 1920 wird der alte Palaisbau nach 100-jähriger Nutzung als Universität durch den Anbau der beiden nördlichen Flügel nach dem Entwurf von L. Hoffmann endlich spürbar vergrößert, und das Gebäude erhält mit der Erweiterung der alten Kopfbauten von der Lindenfront nach Norden seinen heutigen charakteristischen Grundriss in Form eines großen H. Damit wurde eine neue Gartensituation geschaffen, da nun zwischen den Flügelbauten der große nördliche Gartenhof entstand, sich die schmalen Vorgärten an der Universitätsstraße und am inzwischen zugeschütteten Lindentunnel ergaben, während Form und Größe des Ehrenhofes Unter den Linden unverändert blieben.

Zwischen den beiden Weltkriegen vollzogen sich keine wesentlichen baulichen Veränderungen mehr. Man war jedoch bestrebt, das überkommene Architekturerbe nach neueren denkmalpflegerischen Prinzipien zu erhalten. Neben der Fassadenrestaurierung und der Neugestaltung des Ehrenhofes 1935/36 war die Renovierung der alten Aula im Rokokostil im Jahre 1927/28 die wohl bemerkenswerteste Maßnahme auf diesem Wege. Nach der Zerstörung des traditionsreichen Gebäudes 1943/44 – großenteils waren lediglich die stark beschädigten Außenmauern erhalten – blieb es zunächst als Ruine stehen, in der nur noch wenige Räume notdürftig genutzt werden konnten. Von 1949 bis 1962 erfolgte der Wiederaufbau. Die ursprüngliche Fassadengestaltung wurde dabei originalgetreu wiederhergestellt, die innere Raumstruktur jedoch grundlegend verändert und den neuen Erfordernissen des Lehr- und Forschungsbetriebes unter den damaligen Bedingungen angepasst. Anlässlich des 175-jährigen Bestehens der Berliner Universität und verstärkt nach der Wiedervereinigung Deutschlands wurden zahlreiche Instandsetzungen und Veränderungen von Innenräumen, aber auch Restaurierungen der Fassaden, Denkmale und Gartenanlagen durchgeführt.

Es gilt nun, das altehrwürdige Bauwerk auch für die künftigen Generationen und für das Berliner Stadtbild so zu erhalten, dass nicht nur das historisch überkommene äußere Erscheinungsbild bewahrt bleibt, sondern auch in seinem Inneren manche wertvollen Gestaltungsformen aus der Vergangenheit wiedererstehen. Dies wird um so sachkundiger geschehen können, je mehr Kenntnisse über die Einzelheiten seiner historischen Entwicklung vorhanden sind. Das Thema »Wissenschaft als Bauherr« bedarf auch künftig der weiteren Vertiefung. (Bredekamp)

Zur Vorgeschichte des Grundstückes und seiner nächsten Umgebung

Die Einbeziehung des späteren Universitätsgrundstückes und seiner näheren Umgebung in die städtebauliche Entwicklung begann bereits hundert Jahre vor der Erbauung des Palais für den Prinzen Heinrich von Preußen. Im Jahre 1647 erhielt der Lustgärtner Michael Hanff vom Kurfürsten Friedrich Wilhelm den Auftrag zur ordentlichen Planierung und Bepflanzung des sandigen Weges von der damaligen »Hundebrücke« westlich des Berliner Stadtschlosses bis zum Tiergarten, der sich damals noch bis zur späteren Schadowstraße erstreckte. Mit dieser ersten sechsreihigen Bepflanzung mit je tausend Linden und Nussbäumen war der erste Schritt zur städtebaulichen Erschließung des armseligen Graslandes westlich der alten Doppelstadt Berlin-Cölln gemacht. Der Weg verband das Schloss mit dem Tiergarten und den dahinterliegenden Waldgebieten um Charlottenburg, wohin sich die höfischen Jagdgesellschaften gern begaben. (Löschburg 1971, Wendland) Auf der 1652 entstandenen Stadtansicht von C. Merian ist der damalige Zustand der Allee und des weiten offenen Vorgeländes, auf dem heute die Universität steht, dargestellt (Abb. 4).

Vor dem alten Schloss lag eine wellige Wiesenlandschaft, die als Weide genutzt wurde und deren teilweise sumpfige Wiesen an der Spree für eine Bebauung nicht günstig waren. Der Grund und Boden im Westen der Stadt gehörte zur Domäne der Kurfürstin Dorothea. Da er land-

4 C. Merian. Ansicht der kurfürstlichen Residenzstadt Berlin-Cölln. 1652. Radierung

wirtschaftlich kaum nutzbar war, brachte er auch keinen finanziellen Ertrag für die kurfürstliche Schatulle. Nachdem Kurfürst Friedrich Wilhelm (1620–1688) Berlin zur Garnisonstadt für sein stehendes Heer bestimmt hatte, setzte eine neue Phase der städtebaulichen Entwicklung ein. 1658 erhielt der holländische Baumeister J. G. Memhardt (1607–1678) den Auftrag, die noch mittelalterlich gesicherte Doppelstadt Berlin-Cölln zu einer regelrechten Festungsstadt auszubauen. In Form gleichsam eines riesigen Stachelhalsbandes entstand ein massives Bastionärsystem aus hohen Mauern, Gräben, Wällen und Vorwerken, das den mittelalterlichen Mauerring umgab. Das starre Bauwerk war aber durch den raschen Fortschritt der Waffentechnik bereits bei seiner Fertigstellung um 1683

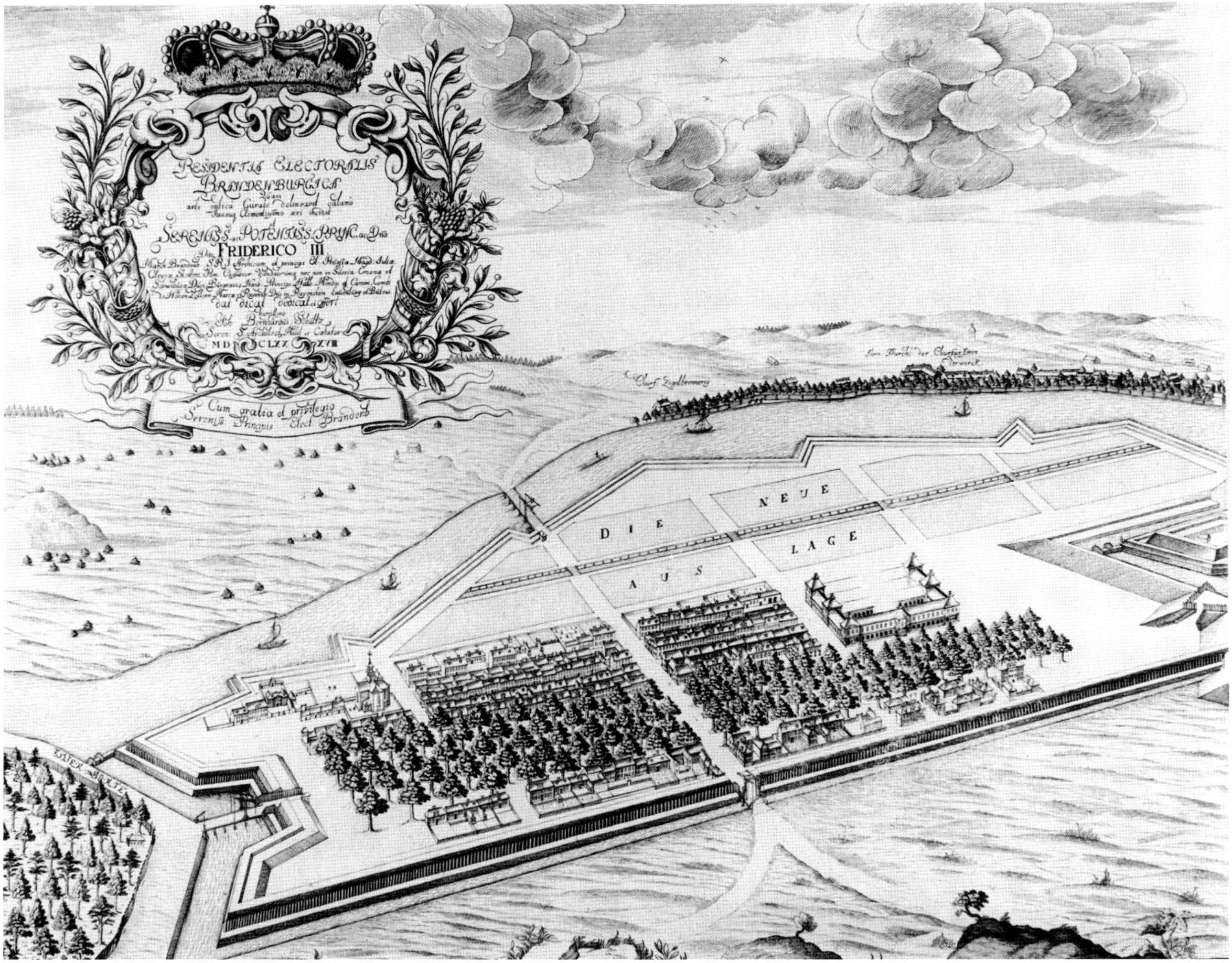

5 J. B. Schultz. Perspektivische Ansicht der neuen Dorotheenstadt (Ausschnitt). 1688. Kupferstich

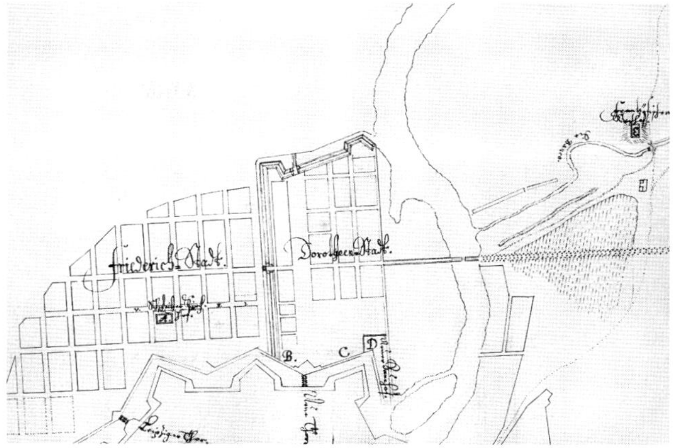

6 Grundriss der Dorotheen- und Friedrichstadt (D = Bauhof). Zeichnung von Johann Heinrich Behr zu dem Patent des Kurfürsten Friedrichs III. vom 22. Mai 1699. Berlin, Märkisches Museum

unbrauchbar und schnürte zudem jede natürliche Erweiterung der Stadt nach außen vollständig ab. Auch die jungen Linden und Nussbäume der Allee mussten den Festungswerken bald wieder weichen. Trotz Aufstockung der alten Gebäude und baulicher Verdichtung des Stadtgebietes fand die schnell zunehmende Bevölkerung, darunter viele Soldaten mit ihren Familien, innerhalb der Fortifikationen keinen Platz mehr. So ergab sich die Notwendigkeit, außerhalb der Mauern und Bastionen neue Städte zu bauen.

Die erste planmäßige Erweiterung war der bereits 1662 als selbständige Stadtgemeinde gegründete, noch innerhalb der Bastionen gelegene Friedrichswerder westlich des Schlosses. 1674 wurde dann die »neue angelegte Vorstadt vor dem neuen Thor des Friedrichswerders« gegründet, die unter dem Namen »Neue Stadt« auf den bisher unergiebigen Ländereien der Kurfürstin Dorothea (1636–1689) entstand. (Nicolai) Beiderseits der wiederum mit sechs Lindenreihen neu bepflanzten Allee entstanden nun die geradlinigen Straßen und rechteckigen Baublöcke mit ein- bis zweigeschossigen Häusern. 1676 erhielt die »Neue Stadt« den Namen Dorotheenstadt nach der kurfürstlichen Grundbesitzerin, die durch die Parzellierung und bauliche Nutzung reichlichen Grundzins für ihre Privatschatulle erwarb.

Nach Erlass des Hugenotten-Ediktes von 1685 erteilte der Kurfürst den aus Frankreich vertriebenen Hugenotten das Recht auf Ansiedlung und Gewerbe. Fähige Geistesarbeiter und Händler sowie geschickte Handwerker kamen in die Residenzstadt und siedelten sich als Mitglieder der französischen Gemeinde besonders in der Dorotheenstadt und in der seit 1688 südlich davon entstehenden Friedrichstadt an. Durch Gewährung von Vorrechten und Monopolen wurden die Zuwanderer ökonomisch begünstigt. (Löschburg) Bevorzugt erhielten sie unter anderem steuerfreie Bauplätze und kostenlos Holz zum Bau neuer Häuser. So entstand hier eine repräsentative Bebauung, die auch von Offizieren und Beamten als Wohnsitz bevorzugt wurde. Die Dorotheenstadt erstreckte sich zunächst zwischen Spree und Behrenstraße beiderseits der Dorotheenstädtischen Allee, wie der von Linden beschattete unbefestigte Reitweg nun hieß. Längs der Behrenstraße bis zur Spreeaue wurde die Stadt vom geradlinigen Wall und Graben des Hornwerkes nur ungenügend befestigt, das bereits 1712 wieder zugeschüttet wurde. (Brendel) Die nördlichen Uferzonen der Spree blieben noch unbebaut. Der großartige Plan von J. B. Schultz von 1688 aus der Vogelperspektive vermittelt – hier im Ausschnitt – einen Eindruck von der damaligen städtebaulichen Situation (Abb. 5). (Schneider, Löschburg 1971)

Als Bindeglied zwischen Alt- und Neustadt war der Friedrichswerder durch die Umbauung mit hohen Festungsmauern und tiefen Gräben fast verselbstständigt worden. (Schachinger) Erst mit dem um 1715 beginnenden Abriss der nutzlos gewordenen Fortifikationen konnten die bis dahin räumlich getrennten und auch von eigenen Magistraten verwalteten drei Neustädte allmählich mit der alten Stadt Berlin zusammenwachsen. Nun begann die Zeit, in der die Bebauung zwischen dem Kupfer-

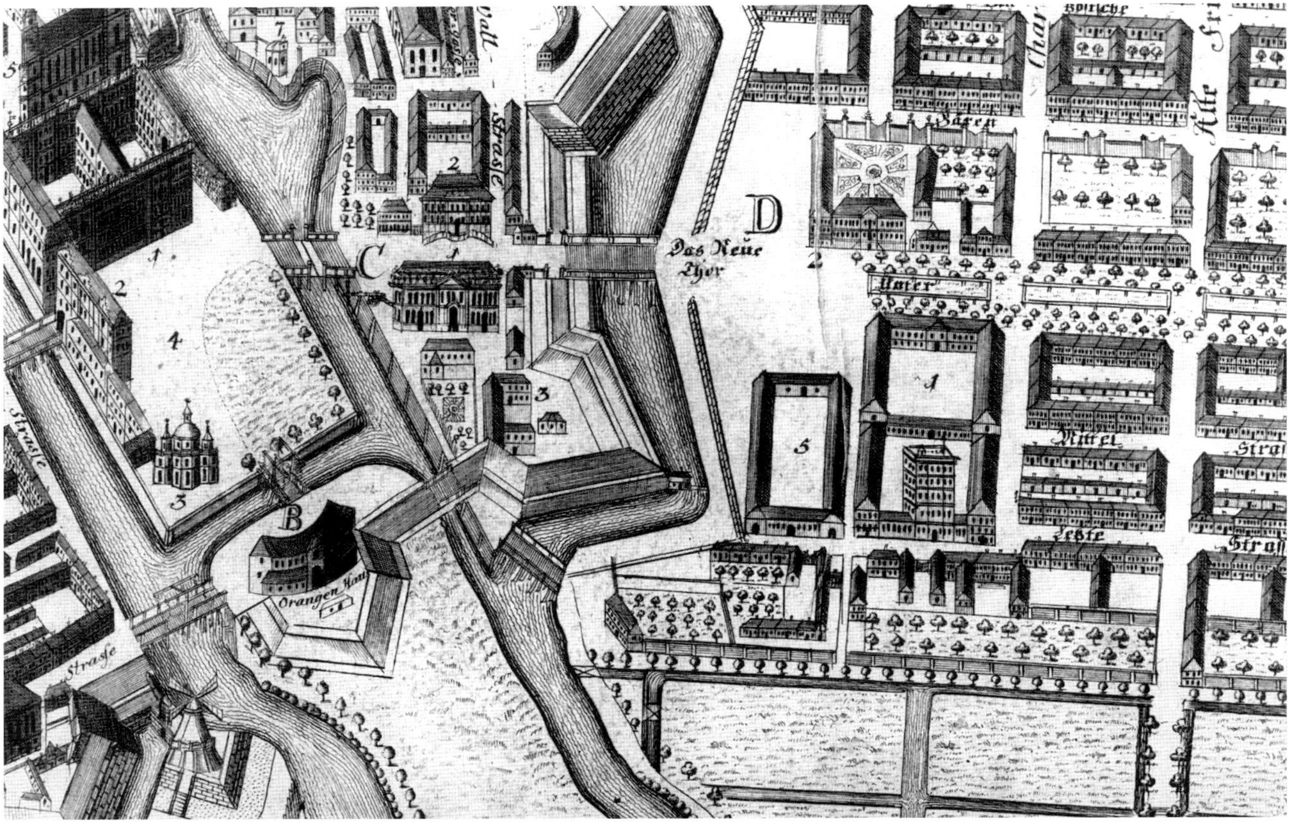

7 G. P. Busch nach J. F. Walther. Stadtplan der Haupt- und Residenzstadt Berlin (Ausschnitt). 1737/38. Kupferstich

graben und der heutigen Universitätsstraße sowie um den jetzigen Bebelplatz vorbereitet wurde. Eine alte Lageskizze zeigt die Dorotheenstadt um das Jahr 1700 (Abb. 6). Vorhanden sind noch die großen Bastionen mit dem Neuen Tor, das Hornwerk und der Festungsgraben sowie die kleine Fläche des »Bau-Hofes«, unbebaut ist die Fläche zwischen Festungsgraben, Georgenstraße und Charlottenstraße – das Gelände der heutigen Universität und der Staatsbibliothek. Das spätere Universitätsgrundstück wurde bis um 1730 noch vom Königlichen Bauhof für die Zurichtung von Holz für Bauvorhaben der Krone genutzt. Der eigentliche Bauhof lag an der Nordseite der Letzten Straße (heute Dorotheenstraße) zwischen dem ehemaligen Festungsgraben und der heutigen Universitätsstraße. Hier entstanden schon damals einige Wohnhäuser. Die freie Fläche südlich davon – der Holzbearbeitungsplatz an den »Linden« – war noch überwiegend Grasland, auf dem zuweilen die Haustiere der Anwohner weideten (Abb. 8).

Unter dem »Soldatenkönig« Friedrich Wilhelm I. (1688–1740), der das neue Stadtgebiet seinen militärischen Ambitionen dienstbar machte, wurde um 1730 auf dem bisherigen Holzplatz des Bauhofes das Königliche Artillerie-, Wagen- und Materialienhaus erbaut. Auf zwei alten Stadtplänen von J. F. Walther und G. P. Busch (1737/38)

(Abb. 7) und von J. D. Schleuen d. Ä. (etwa 1750) sind Lage und Gestaltung dieses Gebäudes annähernd erkennbar. Danach war es ein vierflügeliger eingeschossiger Bau, der einen großen Hof umschloss. Bis 1740 muss auch die »Plantage« - eine mehrreihige Baumallee - am Festungsgraben gesetzt worden sein, die als »öffentlicher Spaziergang« diente. (Nicolai) Wahrscheinlich waren dies schon die ersten Kastanien des späteren »Kastanienwäldchens«, unter denen aber auch Ulmen gewesen sein können, da Lenz noch einen sehr alten erhalten gebliebenen Ulmenbaum erwähnt.

Als erster Großbau an der damaligen Lindenallee entstand westlich dieses Bauhofgeländes das kurfürstliche Stallgebäude, das schon von 1687 bis 1691 nach dem Entwurf von J. A. Nering (1659–1695) mit zweigeschossigen Eck- und Mittelpavillons zwischen der damaligen Stallstraße (Universitätsstraße) und der Charlottenstraße erbaut wurde, 1691 aber erst bis zur Mittelstraße aufgeführt war. Die Skizze von J. Stridbeck d. J. vermittelt einen Eindruck von der Architektur des Gebäudes und vom Aussehen der damaligen Dorotheenstädtischen Allee. Die tatsächlich sechsreihige Linden-Allee ist hier nur vierreihig dargestellt (Löschburg) und die Straße noch unbefestigt. Für Spaziergänger war die Mittelpromenade mit einer Barriere gegen die seitlichen Reit- und Fahrwege abgegrenzt. Zeitgenossen beklagten die schlimme Staubbelästigung und Störungen durch zudringliche Haustiere, besonders Schweine, die zum Teil frei herumliefen (Abb. 8).

Von 1695 bis 1697 wurden die eingeschossigen Bauabschnitte des Stallgebäudes an der Lindenfront nach Entwürfen von M. Grünberg (1655–1706) aufgestockt, um Raum für die 1699 einziehende Akademie der Künste zu schaffen. 1702 war der Ausbau bis zur Letzten Straße mit der Umbauung eines zweiten Hofes vollendet. In diese Front fügte sich seit 1711 ein von M. Grünberg entworfenes 26 m hohes Turmhaus für das Observatorium ein, das noch bis zum Neubau des jetzigen großen Bibliotheksgebäudes nach 1900 erhalten blieb. (Brendel) In seine unteren Stockwerke zog die im Jahre 1700 gegründete »Societät der Wissenschaften« mit ihrer Bibliothek und dem Naturalienkabinett ein. So befanden sich nun die höchsten Einrichtungen für Kunst und Wissenschaft zusammen mit 200 Pferden und Maultieren samt den dazugehörigen Kutschern, Pferdeburschen und Wagen unter einem Dach. Der Berliner Volkswitz verlieh dem Gebäude später in Anlehnung an die am 1742 eröffneten Opernhaus angebrachte Inschrift »Apolloni et Musis« den scherzhaften Namen »Mulis et Musis«. (Klünner) König Friedrich Wilhelm I. ließ den Königlichen Marstall bald in die Breite Straße verlegen, und die freien Stallungen erhielt das Regiment Gens d'Armes, dessen Hauptwache an der Stallstraße lag. Ferner hatten sich in dem großen Gebäude ein Strumpffabrikant und später die Firma Barraband und Vigne, Hersteller von Gobelins, eingemietet. An der Ecke Charlotten-Dorotheenstraße beherbergte der riesige Baublock das »Theatrum anatomicum« zur Ausbildung von Wundärzten (Abb. 7). (Brendel)

In der Nacht vom 21. zum 22. August 1743 brannte das Königliche Stall- und Akademiegebäude an der Lindenseite nieder, wobei wertvolles Kunstgut vernichtet wurde.

8 J. Stridbeck d. J. Blick in die Linden-Allee (im Vordergrund rechts das heutige Universitätsgrundstück). 1691. Aquarell. Staatsbibliothek zu Berlin - Preußischer Kulturbesitz

1747 erteilte König Friedrich II. seinem Potsdamer Baumeister J. Boumann d. Ä. den Befehl zum Wiederaufbau des Hauses für die neugegründete »Académie royale des sciences et des belles lettres«, die 1749 den westlichen Gebäudeteil an der Lindenfront beziehen sollte. Die östliche Hälfte des Gebäudes konnte erst 1768 wiederhergestellt und der Akademie der Künste zugewiesen werden. Den größten Teil beanspruchten aber weiterhin Pferdeställe und Kutscherwohnungen, auch die Fabrikanten und eine Kaffeewirtschaft behaupteten sich hier noch lange. Boumanns Entwurf knüpfte zwar an die Fassadengliederung des alten Nering'schen Baues an, die Architektur jedoch fiel recht nüchtern und derb aus, so dass bald das Bonmot von Paul de Valery: »Das Opernhaus singt, die königliche Akademie ist stumm«, die Runde machte. (Brendel)

Östlich des heutigen Universitätsgrundstückes befanden sich um 1700 noch der Festungsgraben und die hohe Festungsbastion. Am Beginn der Lindenallee entstand als erstes repräsentatives Gebäude noch im barocken Stil das Arsenal oder Zeughaus (heute Deutsches Historisches Museum), das Waffendepot und später auch »Ruhmeshalle« war. Am Entwurf und an der Bauleitung waren von 1695 bis 1706 die Architekten J. A. Nering, J. de Bodt, F. Blondel, M. Grünberg und A. Schlüter beteiligt.

Der damalige Festungsgraben blieb - nach Abriss der Befestigungswerke begradigt und nun schmaler - als Grenze zwischen dem Friedrichswerder und der Dorotheenstadt erhalten und wurde immer mehr zur Abflussrinne für Abwässer. Dass der veralgte »Grüne Graben« keine Zierde für die Residenzstadt war, verdeutlicht auch die Anschrift eines Briefes, den der damalige Kronprinz Friedrich Wilhelm (III.) an seine »Prinzessin Luise am stinkerigen Graben« richtete. (Löschburg) Den Graben überspannte an der Linden-Allee eine Holzbrücke, die 1774 durch eine schmale und hochgewölbte Steinbrücke nach Entwurf von J. Boumann d. Ä. ersetzt wurde. Den Übergang kontrollierte die alte Artillerie- oder Kanonierhauptwache, die nach dem Einzug des späteren Königs Friedrich Wilhelm III. (1770-1840) in das gegenüberliegende Gebäude den Namen Königswache erhielt. Das eingeschossige unansehnliche Gebäude mit steilem Dach westlich des stattlichen Zeughauses störte, ebenso wie danebenliegende Krambuden, die schmale Brücke und der übelriechende Graben, den Gesamteindruck der sich inzwischen immer repräsentativer entwickelnden Bebauung der neuen Prachtstraße.

Das Gelände um die heutige Staatsoper war um 1700 bis zur späteren Behrenstraße noch unbebaut. Im Osten begrenzten Festungsgraben und Bastionen, darunter das im Dreieck vorspringende Wittgenstein'sche Bollwerk, den freien, sandigen Platz, der auch zum Exerzieren benutzt wurde. (Nicolai, Giersberg) An seiner Westseite begann die Bebauung der »Linden« mit dem Wohnhaus des damaligen Chefs der preußischen Artillerie, Oberst E. von Weiler (Abb. 8). Erst nachdem 1714/15 die über den späteren Opernplatz verlaufenden Bastionen abgetragen und einige Jahre danach auch der Festungsgraben verschmälert worden waren, konnten hier weitere Bauten errichtet werden. Das Weiler'sche Haus an der »Linden-Ecke« wurde zu einem Palais für den Markgrafen von Schwedt ausgebaut. An der Westseite des späteren Opernplatzes entstand um 1723 das dazugehörige Stallgebäude, an der Südseite des Platzes wurden 1737/38 zwei stattliche Häuser erbaut (Abb. 27). (Giersberg)

1750 gestaltete C. L. Hildebrandt (ca. 1720-1770) das inzwischen veraltete Schwedt'sche Palais im Stile eines reichen Bürgerhauses mit vorgelegter Rampe um. Das vorhandene Seitengebäude des Palais an der Stelle der heutigen »Kommode« wurde um ein Geschoss aufgestockt und mit Eckpavillons sowie einem repräsentativen Portal versehen. Dahinter lag ein großer Garten, und die spätere Bezeichnung »Orangerie« für das Stallgebäude lässt eine kombinierte Nutzung vermuten (Abb. 7).

Forum Fridericianum – Das Residenzprojekt von Knobelsdorff

Ein neuer Abschnitt in der Baugeschichte Berlins hatte mit dem Regierungsantritt des jungen Königs Friedrich II. (1712–1786) im Jahre 1740 begonnen. Erste großzügige Ideen zur Gestaltung einer neuen Residenz für den künftigen König wurden schon zwischen 1736 und 1740 in Rheinsberg von dem Kronprinzen Friedrich und seinem Freund und Baumeister G. W. von Knobelsdorff (1699–1753) ersonnen. Berlin sollte ein neues, modern gestaltetes Zentrum bekommen, in dem auch Kunst und Wissenschaft wieder ihren gebührenden Rang erhielten. So zeichnete Knobelsdorff um 1740 den Entwurf für ein neues Residenzschloss, das an der Nahtstelle zwischen der alten, teilweise noch befestigten Stadt Berlin und den neuen Teilstädten Dorotheenstadt und Friedrichswerder auf noch unbebauten Gelände entstehen sollte[2] (Abb. 9).

Die geplante monumentale Schlossanlage sollte am Schnittpunkt der ost-westlich verlaufenden, aber noch recht vorstädtisch wirkenden Linden-Allee mit der von Süden kommenden Markgrafenstraße liegen. Den zurückgesetzten breiten Mittelbau sollten zwei bis zu den »Linden« vorgezogene Seitenflügel rahmen. Diese U-förmige Anlage umschloss einen geräumigen Ehrenhof, der zur Straße hin durch eine im Halbkreis vorgezogene vierreihige Säulenkolonnade begrenzt wurde. Diese blieb in der Mitte offen und war ohne besondere architektonische Betonung. Den drei dem Ehrenhof zugewandten Fassaden sollte eine durchgehende Säulenkolonnade vorgelagert werden, vielleicht »den Louvre-Kolonnaden von Perrault in Paris vergleichbar«. (Drescher)

Für das »Palais du Roi«, wie das neue Residenzschloss nun genannt wurde, waren für Berlin bisher ungewohnte Ausmaße vorgesehen. Es sollte sich in etwa 300 m Breite vom damaligen Festungsgraben bis über die Charlottenstraße und in einer Tiefe von über 100 m von den »Linden« bis über die Dorotheenstraße erstrecken. Die ausgedehnten Seitenflügel sollten je einen großen Innenhof umschließen. Die vor dem Residenzschloss nach Süden offene Fläche jenseits der »Linden« wurde von zwei neuen Gebäuden für ein Opernhaus und die Akademie der Wissenschaften räumlich gefasst. Auf dem Plan korrespondieren diese beiden Bauten mit den äußeren Fluchten des Königspalais. Die Markgrafenstraße mündete dann als Mittelachse auf dem Platz und bot sich als Hauptzufahrt zur neuen Residenz an. (Jahn, Dorst/Schimmel)

Knobelsdorff konzipierte damit eine prächtig und symmetrisch gestaltete Platzanlage als Dreh- und Sammelpunkt der beiden Verkehrsachsen, vor allem aber als ein architektonisches »Symbol der Vereinigung von Herrschermacht, Kunst und Wissenschaft« unter dem neuen König von Preußen. (Jahn)

Diese zunächst nur auf dem Papier erdachte Anlage erhielt schon sehr bald den Namen Forum Fridericianum

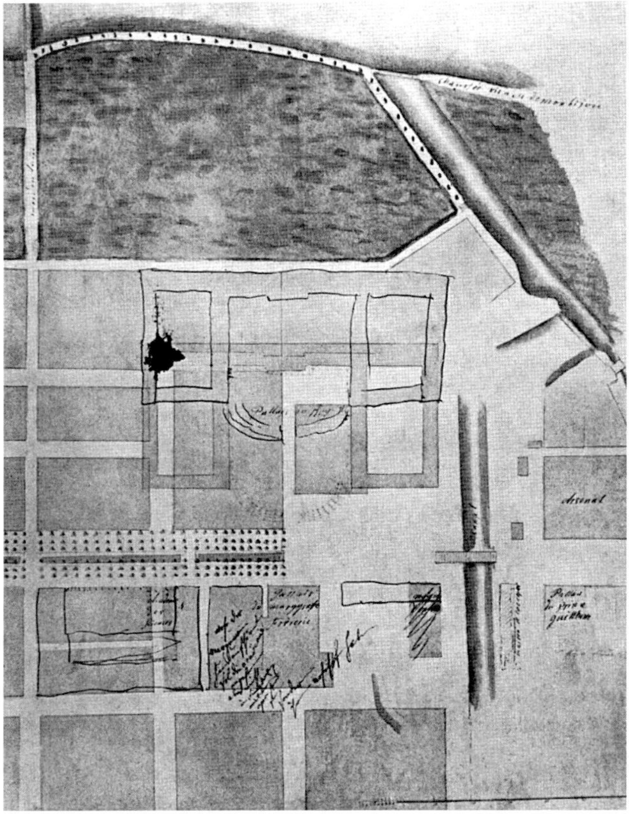

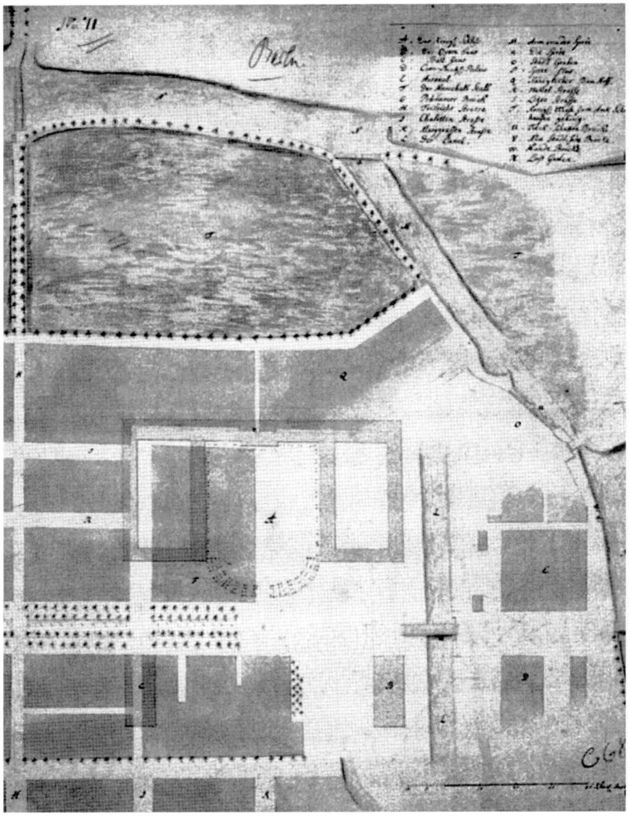

9 G. W. von Knobelsdorff. (Baubüro) Plan des Berliner Lindenforums mit Korrekturen von Friedrich dem Großen. Um 1740. Landesarchiv Berlin

10 G. W. Knobelsdorff. (Baubüro) Grundriss des Berliner Lindenforums. Um 1740. Marburg, Hessisches Staatsarchiv

oder Friedrichs-Forum, später auch Linden-Forum genannt. Diese Bezeichnung geht auf den gebildeten und kunstsinnigen Freund des jungen Königs, den Venezianer Francesco Algarotti, zurück, der dem König 1742 prophezeite, man werde den majestätischen Platz bald »Foro di Frederigo« nennen. An Knobelsdorff schrieb er, der Platz solle »di una simile architettura« sein, also eine einheitliche architektonische Grundhaltung bekommen. Die drei den Platz rahmenden Gebäude sollten den Maßverhältnissen einer monumentalen Platzanlage entsprechen und von einer »Welt von Statuen aus dem Reich der Literatur, Kunst und Wissenschaft« bekrönt werden. (Mackowsky 1923) Dieser Gedanke ist, wenn auch in weit bescheidenerem Ausmaß als einst geplant, verwirklicht worden. Die Plastiken auf den Dachansätzen und die Säulenrisalite der heute so unterschiedlich gestalteten Gebäude tragen wesentlich zu dem Eindruck räumlicher Geschlossenheit bei. Algarotti bot 1742 dem König auch Vorschläge für die Inschriften an den drei Gebäuden des Forums an: »Fredericus Rex Apollini et Musis« für die Oper, »Fredericus Rex Minerva Reduci« für die Akademie und »Fredericus Borussorum Rex, amplificato imperio Sibi et Urbi« für das neue Königspalais. Von ihnen wurde nur die Widmung für das Opernhaus ausgeführt. (Mackowsky 1910)

Der originale Entwurfsplan für das Forum ist noch in zwei Ausfertigungen vorhanden. Der Entwurf aus dem Hessischen Staatsarchiv Marburg trägt eine Legende zur Erläuterung der Örtlichkeiten (Abb. 10). Auf dem Plan aus dem Landesarchiv Berlin wurde Knobelsdorffs sorgfältige Entwurfszeichnung (Abb. 9) vom jungen König durch rot getuschte Einzeichnungen und handschriftliche Bemerkungen verändert. Er verlegte das Königspalais weiter nach Norden bis an die sumpfigen Uferwiesen der Spree (heute Georgenstraße), drehte das Opernhaus um 90 Grad zu den »Linden« und bestimmte den offenen Platz für das Palais des Markgrafen Friedrich. Das geplante Akademiegebäude – vorher als langer schmaler Bau an der Westseite des Forums vorgesehen – ist von Friedrich II. nun bis zur Friedrichstraße in U-förmigem Grundriss verbreitert und zu den »Linden« hin mit einem Ehrenhof versehen worden. Damit aber wurde die großzügig erdachte städtebauliche Platzgestaltung des Baumeisters wieder aufgehoben. Dieser selbstherrliche Gegenvorschlag, der jedes Verständnis für die klassische Lösung Knobelsdorffs vermissen lässt, wurde jedoch nicht ausgeführt. Nicht auszuschließen ist, dass der König diese Änderungen auf Drängen seiner Schwester, der Markgräfin von Schwedt, vornahm, deren noch vorhandenes Palais der geplanten Bebauung ebenso hätte weichen müssen wie das bereits vorhandene Akademie- und Stallgebäude. (Rave 1927, Dorst/Schimmel)

Zweifellos sind die Vorlagen für den Entwurf des Forums in Paris und Rom zu suchen, wohin Knobelsdorff Studienreisen unternommen hatte und wo er viele Anregungen für seine frühklassizistische Architekturauffassung erhielt; aber auch die damalige Architekturentwicklung in England beeinflusste die neue Bauweise. (Jahn, Gurlitt) Als typologisches Vorbild für die Anlage des Forums wird neben der Schlossanlage von Versailles auch das Idealprojekt für den Platz vor dem Berliner Stadtschloss in der Art eines »Place Royale« genannt, den Schlüter 1702/03 nach französischem Vorbild entworfen hatte. (Drescher) Leider sind die außer diesem Lageplan von Knobelsdorffs Hand sicher vorhanden gewesenen Architekturentwürfe für die einzelnen Gebäude (Residenzschloss und Akademiegebäude) verschollen, und nur das Opernhaus entstand nach seinen Bauplänen. Das Forum-Projekt für Berlin inspirierte dann wahrscheinlich etwas später den Baumeister C. von Gontard (1731–1791) zur Gestaltung der Platzanlage zwischen dem Neuen Palais und den gegenüberliegenden Communs im Potsdamer Park von Sanssouci. (Drescher)

Die städtebaulich-architektonische Konzeption für dieses Gesamtprojekt des Forums ist in genialer Weise auf eine spätere großstädtische Entwicklung ausgerichtet. Ihre bleibende, wenn auch in der Ausführung erheblich eingeschränkte Wirkung beruht auf der Großräumigkeit und Maßstäblichkeit der ursprünglichen Platzanlage durch die geschickte Gruppierung der Bauten und auf ihrer beabsichtigten großzügigen architektonischen Disposition. Die ursprünglich vorgesehenen Kolonnaden vor dem neuen Residenzschloss hätten dabei sicher einen besonderen Blickfang gebildet. Nördlich des Palais war ein ausgedehntes Parkgelände vorgesehen, dass über die Spree bis zum Schloss Monbijou reichen sollte – eine wahrhaft visionäre Idee zur Freihaltung der Uferpartien für spätere Erholungsgebiete. (Jahn)

Mit welchem Elan man sogleich nach dem Regierungsantritt Friedrichs II. im Jahre 1740 die Ausführung des Planes vorbereitete und wie rasch diese Bemühungen wieder eingestellt wurden, machen einige zeitgenössische Berichte aus den »Berliner geschriebenen Zeitungen aus dem Jahre 1740« deutlich.[3] (Wolff, Rödenbeck) Von 1740 bis 1743 entsteht als erster Bau am geplanten Standort lediglich das Königliche Opernhaus nach dem Entwurf und unter Leitung von G. W. von Knobelsdorff, das etwas verloren

Veuë de la Maison de l'Opera, à Berlin.
Avec Privilège du Roi.

auf der weiten Fläche steht. Der Stich von J. G. Fünck um 1744 zeigt die nun vorhandene, aber noch unvollkommene städtebauliche Situation (Abb. 11). Mit Beginn des Schlesischen Krieges werden die Gelder für das Bauen knapper, und seit 1744 dann hatte Friedrich II. seine Vorliebe für Potsdam entdeckt und sich endgültig entschlossen, dort zu wohnen und zu regieren. Deshalb erlischt zunächst sein Interesse am weiteren Ausbau des Berliner Forums weitgehend, denn nun muss Knobelsdorff seine Kräfte auf den Umbau des Stadtschlosses in Potsdam konzentrieren und den Bau des inzwischen als Residenz gewählten Schlosses Sanssouci leiten. Bald darauf trat zwischen dem in Architekturfragen sehr selbstbewussten und eigensinnigen königlichen Bauherrn und seinem langjährigen Baumeister eine vorübergehende Entfremdung ein. Knobelsdorffs Einfluss auf die architektonische Gestaltung der königlichen Bauten wurde eingeschränkt, nachdem deren Leitung nun dem ehemaligen Kastellan und Baumeister J. Boumann d. Ä. übertragen worden war. Er konnte die von Knobelsdorff erarbeitete Planung unter maßgeblicher Einflussnahme und Mitwirkung des Königs wenigstens teilweise verwirklichen. Der Bauherr fühlte inzwischen wohl die Verpflichtung, in seiner Hauptstadt dem Opernhaus, das seit 1742 recht einsam auf dem Platz stand, eine ansprechendere Umgebung zu schaffen. 1747 schenkte König Friedrich II. die freie Fläche hinter dem Opernhaus der katholischen Gemeinde und verband damit den Befehl zum Bau einer Kirche nach dem Vorbild des römischen Pantheon. Das Bauwerk war im ursprünglichen Projekt für das Forum Fridericianum nicht vorgesehen und sollte die hier noch offene südliche Platzwand schließen. 1747 wurde der Grundstein für den von Knobelsdorff und anderen Baumeistern entworfenen Kirchenbau gelegt, dessen Bauleitung J. Boumann d. Ä. übernahm. Aber der sumpfige Untergrund sowie die ständigen Schwierigkeiten bei der Finanzierung des aufwendigen Unternehmens durch die Kirchengemeinde verzögerten seine Fertigstellung immer wieder. 1773 drängte der König schließlich auf eine rasche Vollendung des Baues, der im selben Jahr provisorisch zum Abschluss kam. Die schräge Stellung der Hauptfassade der Hedwigskirche zum Platz soll wohl auch darauf zurückzuführen sein, dass aus Gründen der Sparsamkeit alte Fundamente der Festungswerke mitbenutzt werden mussten. (Giersberg, Brendel, Dehio)

11 J. G. Fünck. Blick auf das neuerbaute Opernhaus und das Zeughaus. Um 1744. Radierung

Erst 1774 entstand dann als letzter Großbau der friderizianischen Epoche die Königliche Bibliothek an der Westseite des Opernplatzes. Dazu erwarb Friedrich II. das zum nunmehrigen Palais von Bredow (vormals Palais des Markgrafen von Schwedt) gehörende Orangeriegebäude und ließ es abreißen. Die neue Bibliothek wurde in Anlehnung an einen nicht mehr ganz zeitgemäßen Entwurf Fischer von Erlachs für den 1725 begonnenen, aber nicht zu Ende geführten »Michaeler-Trakt« der Wiener Hofburg nach Plänen von G. C. Unger (1743–1812) zwischen 1775 und 1780 erbaut. Die Leitung hatte G. F. Boumann d. J. (1737–1807) Wegen seiner geschwungenen Form wird das Gebäude auch die »Kommode« genannt (Abb. 27).

Nach Fertigstellung des Opernhauses (1743) und kurz nach dem Baubeginn der Hedwigskirche befahl der königliche Bauherr im Jahre 1747, den Bau eines Palais für seinen Bruder Prinz Heinrich vorzubereiten. Es sollte den architektonischen Abschluss an der Nordseite des Forums bilden und die Lücke zwischen dem gerade im Wiederaufbau befindlichen Akademie- und Marstallgebäude und dem Festungsgraben am Zeughaus schließen, die noch vom Bauhof genutzt wurde.

Über den Baubeginn wird in den »Chronistischen Aufzeichnungen eines Berliners von 1704 bis 1758« in lakonischer Kürze folgendes berichtet: »1749, den 8. May. Ist des Printz Heinrich Pallais der Grundstein gelegt worden.« (Holtze) Damit beginnt auch die Geschichte des Universitätsgebäudes.

Die historische Entwicklung des Gebäudes

Seite 25:
12 F. Hirschenheim nach C. Würbs. Universität 1852. Stich (Ausschnitt)

13 A. Graff. Prinz Heinrich von Preußen. 1778. Öl. Stiftung Schlösser und Gärten Potsdam-Sanssouci

Die Baugeschichte des Palais Prinz Heinrich

Zum Besitzer des Palais

König Friedrich II. wollte seinen jüngeren Bruder Friedrich Heinrich Ludwig von Preußen (1726–1802) mit der Errichtung eines großen Stadtpalais auszeichnen und in Berlin standesgemäß unterbringen.[4] Dafür war der Bauplatz für das einst beabsichtigte Residenzschloss Unter den Linden vorgesehen. Friedrich II. gestand aber seinem Bruder die Errichtung dieser eigenen Hofhaltung erst nach einer ehelichen Verbindung zu und nur um der weiteren Bevormundung seines Bruders zu entgehen, heiratete Prinz Heinrich 1752 ohne innere Zuneigung die Prinzessin Wilhelmine von Hessen-Kassel (1726–1808). (Scharmann) Das Paar bewohnte bis 1763 das »Schwerinsche Palais« in der Wilhelmstraße 73 (später Reichspräsidenten-Palais). (Dorst/Schimmel) Seit 1753 fühlte sich der Prinz immer mehr zu seinem Besitztum Schloss Rheinsberg hingezogen, das ihm Friedrich II. 1744 geschenkt hatte.

Im Siebenjährigen Krieg gelangte Prinz Heinrich zu hohem Ansehen als Feldherr, so dass Friedrich II. lobend bemerkte, »daß er der einzige General ... sei, welcher während sämtlicher Feldzüge nicht einen einzigen Fehler gemacht habe. « (Förster) Nach den Feldzügen verbannte der Prinz von seinem Musenhof in Rheinsberg jegliche militärische Sitten und widmete sich nun als Landedelmann vornehmlich der Kunst, Literatur, Musik, dem Theater und der Gestaltung seines Parkes. (Hamilton) Trotz zunehmender Distanz zur Politik seines Bruders nahm er auch diplomatische Missionen für Preußen wahr. So weilte er im Winter 1770/71 und im Sommer 1776 am Hofe der Zarin Katharina II. von Russland und wirkte unter anderem an der 2. Teilung Polens mit. (Pachomowa-Göres) In den Jahren 1784 und 1788/89 konnte er sich am Hofe Ludwigs XVI. ganz seinen frankophilen Neigungen hingeben und sich dort auch hochgeehrt fühlen. Bei seinem Abschied soll er gesagt haben, »... daß er die Hälfte seines Lebens in Sehnsucht nach Paris verbracht habe und daß er die zweite in Erinnerung an dasselbe verbringen werde.« (zit. n. Seidel, P., Griep) Nach der Französischen Revolution nahm Prinz Heinrich geflüchtete Adlige in Rheinsberg auf. Er hatte eine liberalere Einstellung zur Entwicklung von Politik und Gesellschaft als sein Bruder. Sein Lebensstil war literarisch-musisch geprägt.

Bei hoher Wertschätzung seiner Person und seiner Auffassungen in damaliger Zeit – ihm wurden sogar, wenn auch vergeblich, die polnische Krone (1764) und 1787 auch die Regentschaft über die Vereinigten Staaten angetragen (Repp) – blieb Prinz Heinrich ein »königlicher Prinz ohne Herrschaft.« (Hahn) Nach seinem Einzug in das neuerbaute Berliner Palais im Jahre 1766 fanden hier die von Zeitgenossen vielgerühmten Bälle und Konzerte sowie andere Festlichkeiten statt. Prinz Heinrich war Sammler und

Besitzer wertvollster Kunstgegenstände und Einrichtungen. (Nicolai, Seidel, P.) Sosehr sich der Prinz auch für eine glanzvolle Ausstattung seines Palais und für die Veranstaltung rauschender Feste interessierte, so wenig Sorgfalt verwendete er auf die praktischen Dinge des Lebens. So kümmerte er sich kaum um die Erhaltung und Pflege seines Berliner Besitzes und schon gar nicht um die Landwirtschaft auf seinem Rheinsberger Grundeigentum. Dagegen förderte er sein Theater und empfing gern erlesene Gäste. Auch Goethe weilte in Gesellschaft seines Herzogs Carl August von Weimar am 15. und 17. Mai 1778 zum Abendessen im Palais des Prinzen. Überliefert sind nur die kargen Tagebuchaufzeichnungen Goethes, in denen jedoch Bemerkungen über das angetroffene Milieu fehlen. (Victor, Pniower)

Mit vorrückendem Alter hielt sich Prinz Heinrich immer seltener in Berlin auf, wohin er vor allem jährlich einmal zur Besichtigung seines Leibregiments und im Winter zum Theaterbesuch kam. (Gubitz) Er lebte zurückgezogen mit wenigen Freunden in Rheinsberg, wo er 1802 starb und in einer pyramidenförmigen Grabstätte im Park beigesetzt wurde. (Karg) Seine Gemahlin starb, völlig vereinsamt, 1808 in Berlin, das sie seit 1766 nicht mehr verlassen hatte.

Baumeister, Entwürfe und Baupläne

Baumeister des Palais Prinz Heinrich ist der aus Holland stammende J. Boumann d. Ä. (1706–1776), dessen Entwürfe überliefert sind. König Friedrich Wilhelm I. (1688–1740) hatte ihn 1732 nach Potsdam geholt, wo er zunächst als Kastellan des Potsdamer Stadtschlosses und seit 1745 als Kastellan und Bauleiter von Schloss Sanssouci tätig war. Als »altes Erbstück aus der Zeit König Friedrich Wilhelms I.« (Woltmann, Krieger) diente Boumann die längste Zeit unter Friedrich II. Als der König 1752 ein neues Baureglement einführte, wurde in Potsdam eine Hof-Baudirektion eingerichtet, und J. Boumann wurde zum »Directeur von allen Königlichen Bauten« ernannt. (Kadatz/Murza) Er schuf nach Knobelsdorffs und eigenen Entwürfen viele bekannte Gebäude in Potsdam, darunter das Holländische Viertel, das Rathaus, die Stadtkirche, die Französische Kirche, das Berliner Tor sowie mehrere Bürgerhäuser. (Kieling/Hecker) Friedrich II. schätzte den erfahrenen Praktiker, der die Entscheidungen des Bauherren rasch und widerspruchslos ausführte. 1755 wurde Boumann endgültig als Oberbaudirektor nach Berlin berufen, wo er unter anderem das Akademiegebäude, die Hedwigskirche, den alten Berliner Dom, das Französische Komödienhaus am Gendarmenmarkt, die Neustädtische Torbrücke über den Grünen Graben sowie zahlreiche Militär- und Bürgerbauten schuf. (Manger, Kieling/Hecker) Zu seinen bedeutendsten Werken zählt aber das Palais des Prinzen Heinrich.

Boumanns Entwürfe entstanden häufig nach Vorbildern und unter dem Einfluss des französisch-niederländischen Barock; später richteten sie sich – dem Zeitgeschmack folgend – mehr nach Palladios Architektur. (Gurlitt) Beim Entwurf für das Palais Prinz Heinrich ist der Einfluss der Knobelsdorff'schen Schule nicht zu übersehen. Oft bestimmten Handskizzen des Königs die Gestaltungsweise der Bauten. Kurz vor der Vollendung des Palais Prinz Heinrich musste Boumann die Leitung an den Baumeister C. L. Hildebrandt übergeben.

C. L. Hildebrandt (1720–1770) war seit 1744 zunächst als Baukondukteur unter Boumann d. Ä. in Potsdam tätig, wo sie viele Bauvorhaben gemeinsam leiteten. Er übernahm auch Boumanns Stelle als Kastellan von Schloss Sanssouci. Zusammen mit dem Architekten J. G. Büring wurde er zum Direktor der Potsdamer Bauten ernannt, und beide leiteten dann von 1763 bis 1766 den Bau des

14 Friedrich II. von Preußen. Handskizze zur Gestaltung der Mittelfassade des Palais Prinz Heinrich zu Berlin. Um 1747. Federzeichnung. Potsdam, Brandenburgisches Landeshauptarchiv

Neuen Palais im Park von Sanssouci. Nach Mangers Ansicht war Hildebrandt als »Kameral- und ökonomischer Baumeister« tätig, der sich »nicht in die hohe Architektur verstieg.« Wegen dienstlicher und persönlicher Schwierigkeiten verließ er 1766 heimlich Preußen. Er starb in Graz. (Kieling/Hecker)

Nicht einfach ist der Nachweis über die Urheberschaft der Entwürfe und Baupläne für das Palais Prinz Heinrich zu führen, weil die Originalzeichnungen zum großen Teil verloren gingen oder unauffindbar sind.

Seit Knobelsdorffs Projekt für ein Residenzschloss und für die Gestaltung des Forum Fridericianum von 1740 wird immer wieder vermutet, dass er auch schon detaillierte Bauzeichnungen für das zuerst vorgesehene »Palais du Roi« angefertigt habe, die Boumann gekannt und für seinen Entwurf des Palais Prinz Heinrich dann verwendet haben soll. (Krieger, Borrmann, Mackowsky 1923) Bis heute lassen sich dafür keine eindeutigen Beweise erbringen, wenngleich auch Übereinstimmungen in der Fenstergliederung, Sockelausbildung sowie in der feinen Proportionierung des Baues mit dem von Knobelsdorff entworfenen und vorher erbauten Opernhaus unverkennbar sind. Hält man sich an vorhandene Originalpläne oder an veröffentlichte Zeichnungen und Skizzen, so lässt sich folgender Sachverhalt ableiten: Es existiert eine Handskizze Friedrichs II., die bereits alle Elemente der Frontgliederung des Palais enthält (Abb. 14). Lediglich die Säulen des Mittelrisalites sind auf der Skizze vom Boden aus durchgehend dargestellt. Bei dieser Zeichnung, die um 1747 entstanden sein muss, war lange irrtümlich angenommen worden, dass es sich um einen Fassadenteil des Stadtschlosses in Potsdam handele. Wie der Sohn M. P. D. Boumann d. J. in einem Begleitschreiben von 1802 mitteilt, wurde die Skizze seinem Vater vom König »... zur Anfertigung einer korrecten Zeichnung ... eingehändigt ...«. (Giersberg) Hieraus lässt sich wohl die unmittelbare Einflussnahme Friedrichs II. auf die Fassadengestaltung ableiten. Nicht mehr festzustellen ist, ob der König etwa vorliegende Gestaltungsideen von Knobelsdorff übernahm und mit seiner Handskizze so an Boumann d. Ä. weitergegeben hat. (Müller, K. E.)

Im Original vorhanden sind ebenfalls die als Vorentwurf angesehenen Grund- und Aufrisse für das Palais Prinz Heinrich, die 1747/48 vom Bauzeichner Müller im Königlichen Baukontor gezeichnet wurden (Abb. 15–17). Er zeichnete ebenfalls den Knobelsdorff-Plan für Schloss Sanssouci. (Müller, K. E., Giersberg)

15 Müller nach J. Boumann d. Ä. Vorentwurf für die Gestaltung des Palais Prinz Heinrich, oben Gartenfront, unten Straßenfront. 1747/48. Farbig getuschte Zeichnung. Landesarchiv Berlin

Der ausgeführte Bau hatte dann im Treppenhaus nur je drei Treppenläufe und im Erdgeschoss teilten zwei Reihen toskanischer Säulen den gartenseitigen Saal (Abb. 16 und 59). (Schimmel) Das Mittelportal wird durch einen schmucklosen Schlussstein abgeschlossen; der Balkon ist nicht eingezeichnet. Unter den Risaliten der Seitenflügel an der Lindenseite befindet sich je ein Eingang, und über dem Mittelrisalit auf der Gartenseite ist eine große barocke Kartusche angeordnet (Abb. 15). Eine ähnliche plastische Bekrönung plante auch Knobelsdorff 1745 für das Stadtschloss in Dessau. (Schimmel)

K. E. Müller erwähnt noch eine weitere, nicht mehr auffindbare Grundrisszeichnung, die von Boumann d. Ä. signiert gewesen sei und als Grundlage für die endgültige Ausführung des Baues angesehen werden könne. Diese Grundrisse sollen mit den 1802 neu aufgenommenen, die den Zustand des Palais nach dem Tod des Prinzen Heinrich festhielten, voll übereingestimmt haben (Abb. 30).

Weitere Hinweise ergeben sich aus den ersten Ansichten des neuen Palais, die bereits zu Baubeginn 1748 und kurz danach in verschiedenen Ausfertigungen erschienen sind. Sie zeigen immer die Hauptansicht des Gebäudes. Zuerst erscheint sie als Vedute auf dem Stadtplan von Schmettau (gezeichnet von Schmidt 1748), dann auf der Radierung von J. D. Schleuen, dessen Darstellung wieder als Vorlage für spätere Abbildungen diente, zum Beispiel

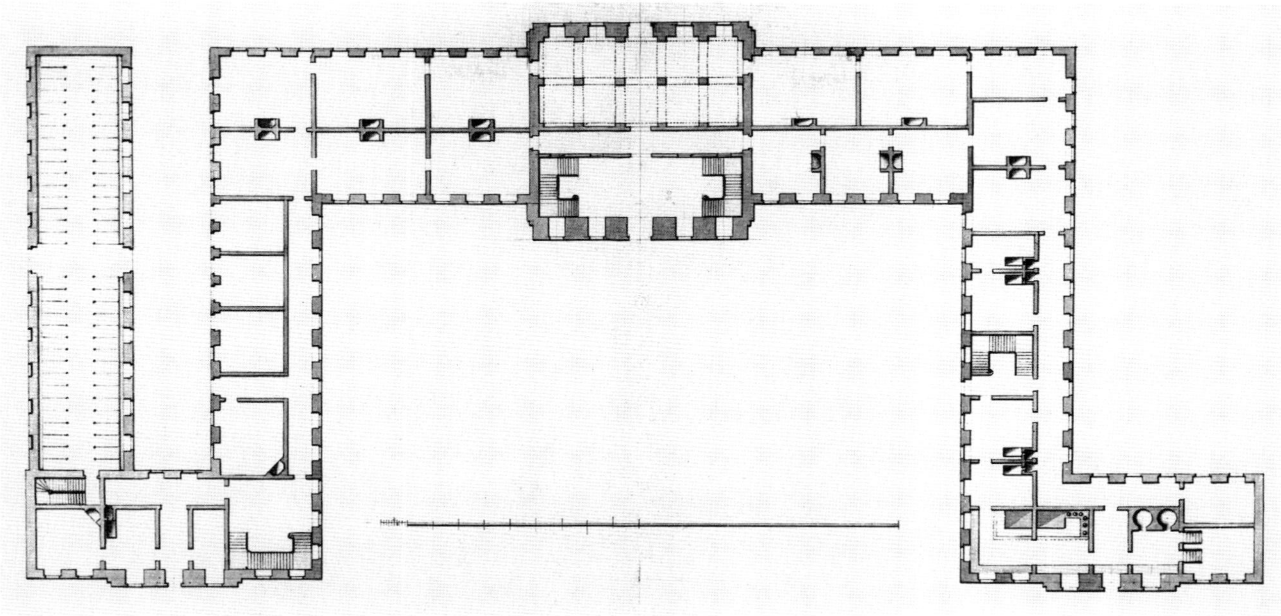

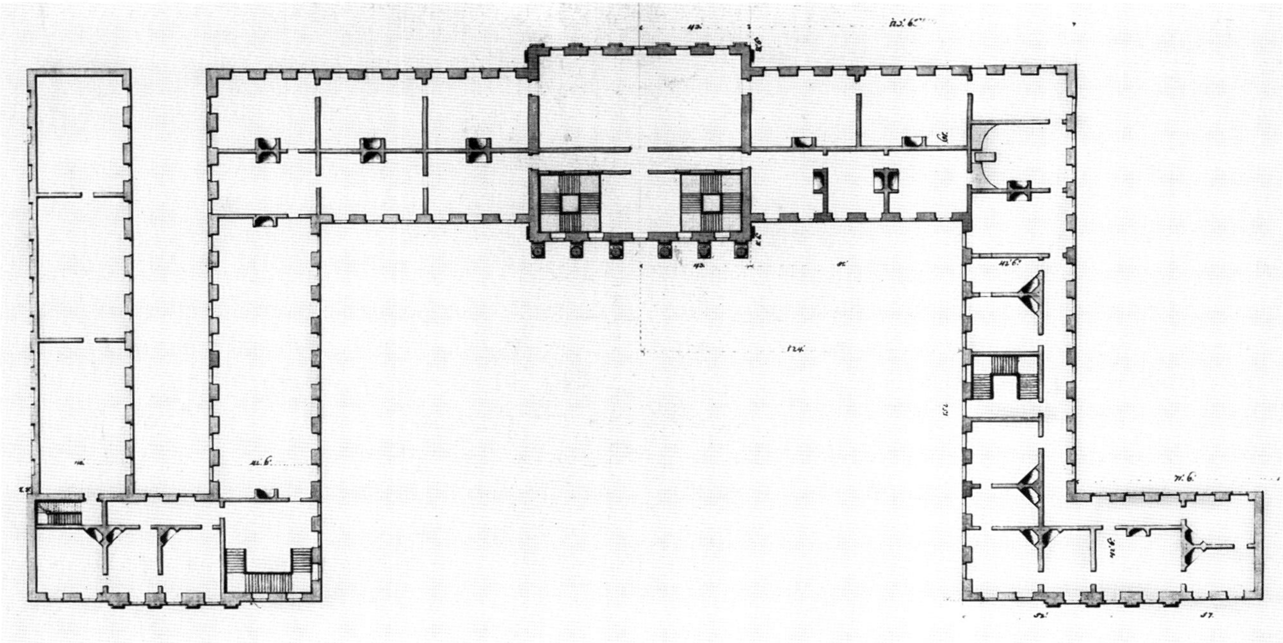

16, 17 Müller nach J. Boumann d. Ä. Palais Prinz Heinrich. Grundrisse des Erdgeschosses (Vorentwurf) und des 1. Obergeschosses. 1747/48. Farbig getuschte Zeichnungen. Landesarchiv Berlin

18 J. D. Schleuen. Palais Prinz Heinrich. Um 1753. Radierung

von C. B. Glassbach etwa 1750. Auf diesen ersten Ansichten ist noch immer die halbkreisförmig vorspringende Einfriedigung mit vasen- und puttenbekrönten Pfeilern ohne Tor dargestellt, eine Entwurfsidee, die auf das Residenzprojekt Knobelsdorffs von 1740 zurückgeht. Diese ersten »Schaubilder« von dem zu jener Zeit gerade entstehenden Palais Prinz Heinrich weisen sonst alle wesentlichen Merkmale der dann ausgeführten Architektur auf. Allerdings fällt auf, dass die später kritisierten »Schlusssteinköpfe« über den Rundbogenfenstern noch als Trophäenschmuck dargestellt sind. Details, die Knobelsdorff'scher Gestaltungsweise nahe liegen, führten zu der Annahme, dass dieser Baumeister die grundlegenden Ideen in Plänen niedergelegt habe. (Drescher, Giersberg, Brendel, Borrmann, Mackowsky, Krieger, Dorst/Schimmel) Eine weitere Quelle für die Entstehungsgeschichte sind die Stadtpläne aus dieser Zeit von Schmettau (Abb. 20) und J. D. Schleuen (Vorsatz), die kurz hintereinander in verschiedenen, jeweils veränderten Auflagen zwischen 1748 und 1773 erschienen sind. In den frühen Darstellungen ist der Bau noch von den »Linden« nach Norden in Höhe der Mittelstraße zurückverlegt, so dass durch einen groß angelegten Vorplatz das benachbarte Zeughaus voll sichtbar bleibt. Die Seitenflügel sind nach außen U-förmig gestaltet, so

19 C. B. Glassbach. Palais Prinz Heinrich. Um 1750. Kupferstich

dass zwei durch Mauern und Tore abgeschlossene Höfe entstehen. Ebenso ist die halbkreisförmig vorspringende Einfriedigung am Ehrenhof eingetragen. Auch hier wird der Rückgriff auf Knobelsdorffs Residenzprojekt aus dem Jahre 1740 im Anfang des Baugeschehens noch sichtbar. Auf Grund der vorliegenden Unterlagen lässt sich jedoch feststellen, dass das Palais Prinz Heinrich nach J. Boumanns Entwurf errichtet wurde. (Müller) Schon von Gurlitt stammt die zu dem Streit um die Autorschaft sicher zutreffende Bemerkung: »Ohne jede Veranlassung hat man das Gute an diesem Bau Knobelsdorff, ... die Fehler desselben Boumann zugeschrieben.« Fraglich bleibt, ob Knobelsdorff seit 1750 bis zu seinem Tod 1753, als der Außenbau fertig wurde, wieder mehr beratend mitgewirkt hat.

Als architektonische Vorbilder für den Entwurf des Palais sowie des Opernhauses mögen auch Palladianische Bauten des 17. Jahrhunderts in England gedient haben. Nach Gurlitt soll das »James Gibb's Kings-College« in Oxford Vorbild für die ganze Konzeption gewesen sein. Ebenso gültig scheint dabei der Hinweis auf die Dreiflügelanlage des Schlosses von Versailles zu sein. (Drescher)

Die Bauausführung

Das Palais Prinz Heinrich wurde von 1748 bis 1756 in seiner Außenarchitektur fertiggestellt. Dann ruhte das Baugeschehen wegen des Siebenjährigen Krieges. Von 1763 bis 1765 erfolgte der Innenausbau.

Die ersten Arbeiten zur Erschließung des Baugeländes begannen 1747/48. Leider lassen sich nur wenige Einzelheiten des Bauablaufes ermitteln. Am 27. August 1748 wurde »der Bauplatz für das Palais ... abgesteckt ...« (Droysen)

Am 8. Mai 1749 wurde der Grundstein gelegt (Holtze), und am 16. August 1749 eine Besichtigung der Baustelle durch den König vermerkt. (Droysen) Der Bau wurde aus nicht sehr harten »Rathenower Backsteinen« errichtet und verputzt; Sockel und Gliederungselemente bestehen aus Sandstein. Im November 1753 wurden die Statuen auf die Balustraden des Mittel- und der Seitenrisalite versetzt, und das Gebäude war unter Dach.[5]

Aus den Tagebüchern des Grafen Lehndorff erfahren wir, dass nun für Prinz Heinrich die »Hauptunterhaltung« sei, sich mit der Möblierung seines Palais zu beschäftigen. Unter dem 25. März 1754 liest man dort: »Nach Tisch besichtigten wir alle das neue Palais des Prinzen Heinrich. Es wird ungeheuer groß und dabei nicht bequem werden. Man wird hier totfrieren und jedesmal für 4000 Taler Lichte brauchen, um dieses Gebäude zu erleuchten.« Eine Randbemerkung korrigierte später: »Man hat sich geirrt, es ist heute das bequemste und wärmste Palais.«

Überliefert sind auch die jährlichen Geldanweisungen für den Bau des Palais. (K. E. Müller) Sie betrugen von 1748 bis 1755 200.000 Taler.[6]

Am 20. Januar 1756 legte Hildebrandt nochmals Rechnungen über 32.826 Taler vor, wahrscheinlich für die Arbeiten der Potsdamer Künstler und Werkleute, die die Plastiken und Innendekorationen anfertigten. Nach 1763

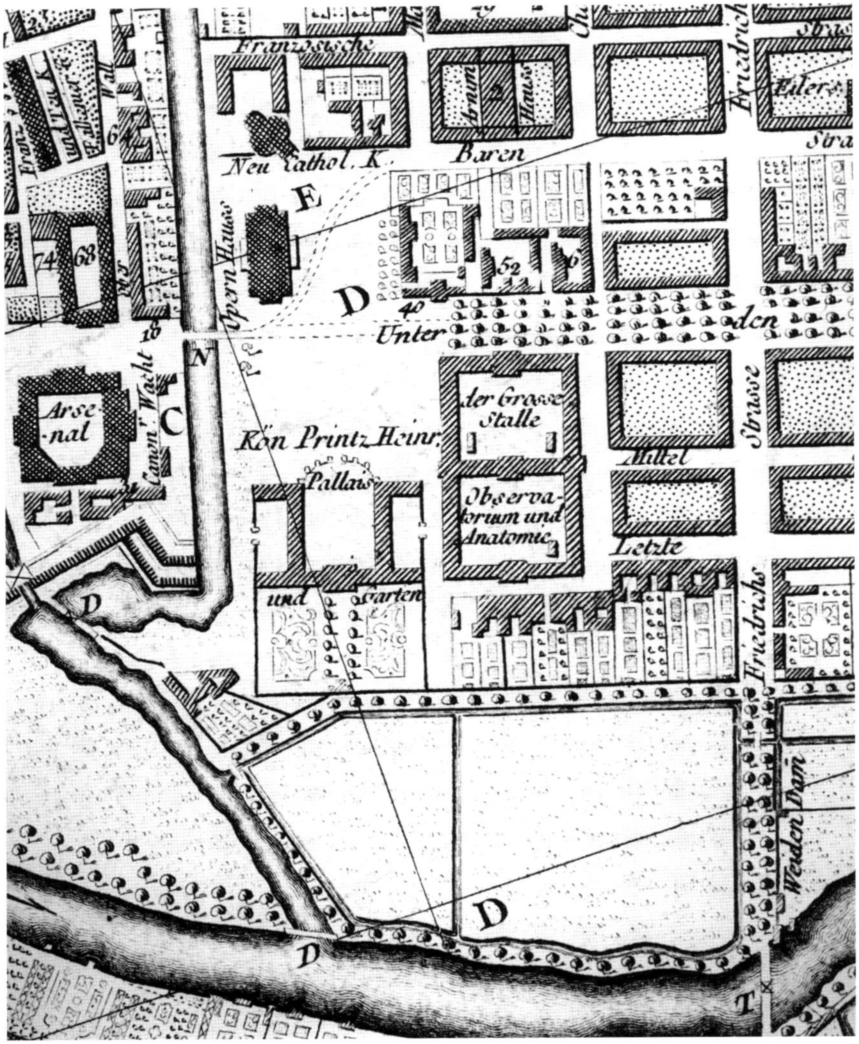

wird das Palais »von innen geschmackvoll verziert« (A. B. König) und dann bis 1765 vollendet. Für diesen zweiten Bauabschnitt betrugen die Ausgaben von 1763 bis 1767 120.000 Taler.[7]

Nach Fertigstellung des Rohbaues nahm der König häufiger Anteil am Fortgang der Inneneinrichtung. Im

Herbst 1763 versammelte Friedrich II. in Gegenwart des künftigen Hausherrn die Architekten und Bauführer im Palais, um über die baldige Fertigstellung zu beraten, die er daraufhin seinem Bruder für den Sommer 1764 versprach. Die Arbeiten gingen jedoch langsamer als geplant voran, so dass der König am 18. August 1764 erneut »den Bau des Heinrichschen Palais in Augenschein« nehmen musste. (Rödenbeck) Auf die ungeduldigen Anfragen des Bruders nach dem Termin der Vollendung schob der König bei einer erneuten Bauberatung am 25. Oktober 1765 die Schuld an den Verzögerungen angeblichen Versäumnissen Boumanns zu.

Endlich kann die »Königlich privilegierte Berlinische Zeitung« vom 16. Januar 1766 melden: »Am Dienstag (also am 14.1.1766, d. Verfasser) haben Se. Königliche Hoheit der Prinz Heinrich mit Dero Hofstaat das neuerbaute große Palais bezogen.« Es war nach dem Urteil der Zeitgenossen »reich und geschmackvoll ausgestattet« und befriedigte die Ansprüche des Besitzers vollkommen. (Lehndorf) Die Einweihung erfolgte am 24. Januar, dem 54. Geburtstag des Königs, mit einem Maskenball, an dem 2.000 Gäste teilnahmen.

20 Schmettau. Plan der Stadt Berlin (Ausschnitt) mit Darstellung der ursprünglich vorgesehenen Lage und Gestaltung des Palais Prinz Heinrich. 1753/57. Kupferstich

Die Baubeschreibung

Die Außenarchitektur

Die Bauanlage erstreckt sich mit einer gesamten Frontlänge von etwa 150 m nördlich der Straße Unter den Linden und bildet mit ihrem hufeisenförmigen Grundriss zugleich den architektonischen Abschluss des Linden-Forums. Der fast 50 m zurückliegende Mitteltrakt wird von zwei bis zur Straßenfront vorspringenden Seitenflügeln eingefasst, die in parallel zu den »Linden« verlaufende Kopfbauten übergehen. Der durch die Dreiflügelanlage gebildete Ehrenhof ist mit einem in der Bauflucht verlaufenden schmiedeeisernen Rokokogitter eingefriedet. Zwei übereck gestellte schilderhausähnliche Torhäuschen flankieren das Haupttor erst seit etwa 1763.

Der Stich von G. B. Probst zeigt das Gebäude erstmalig nach seiner Vollendung. Die Attikafiguren fehlen noch, so dass wahrscheinlich der Zustand um 1752/53 dargestellt ist (Abb. 21). Das dreigeschossige Gebäude hatte ursprünglich ein steileres Ziegeldach. Das als Sockel ausgebildete Erdgeschoss ist gequadert und leicht geböscht. Die Fassaden bis zum Hauptgesims sind glatt geputzt und waren farbig gestrichen. Der ursprüngliche Farbton ist an Originalproben nicht mehr nachweisbar, lediglich verschiedene Gemälde vermitteln einen Eindruck von der Farbigkeit des Gebäudes zu jener Zeit. Das von C. F. Fechhelm gemalte Bild entstand 1755/56, also zur Zeit der Fertigstellung des Außenbaues (Abb. 28), und zeigt einen rosafarbenen Fassadenanstrich. Auf den Ölbildern von E. Gaertner 1852 und von W. Brücke 1839 (Abb. 31) erscheint das Gebäude in einem creme- bis hellockerfarbenen Ton, und auf F. Krügers Paradebild herrscht später ein grauer Farbton vor. Nach 1945 wurden in einer tiefer liegenden Anstrichschicht noch hellockerfarbene Farbreste gefunden. (Selmanagic)

Die Fenster im Erdgeschoss sind rechteckig. Das Mittelgeschoss hat sehr hohe, bogenförmig abgeschlossene Fenster, und im darüber liegenden Mezzaningeschoss sind kleinere quadratische Fenster angeordnet. Über dem stark profilierten Hauptgesims verläuft eine Sandsteinbalustrade, die über den drei Risaliten massiv ausgebildet ist und dort durch Plastiken betont wird. Der Mittelbau – Corps de logis – von siebzehn Achsen erhält durch den fünfachsigen Mittelrisalit Plastizität und vornehme Würde. Sechs kanellierte korinthische Säulen mit dahinterliegenden Pilastern gliedern kräftig die sonst glatte Fassade. Ebenso viele Statuen von J. P. Benckert bekrönen die Attika des

21 G. B. Probst. Blick auf den Opernplatz. 1760. Kupferstich

Mittelrisalits (s. S. 157) und heben die lastende Schwere des Gebälks in rokokohafter Leichtigkeit wieder auf. Andere als die heute vorhandenen Köpfe schlossen die Rundbögen der hohen Fenster damals als Schlusssteine ab. Vielleicht bildeten - wie an der Nordseite - Rocaillen den Abschluss.

Die beiden Seitenflügel haben nach dem Ehrenhof je elf Achsen und an den straßenseitigen Kopfbauten je sieben Achsen, von denen drei innerhalb der durch vier korinthische Pilaster gegliederten Risalite liegen. Hier werden die drei mittleren Rundbogenfenster durch plastische Blumengewinde und als Schlusssteine ausgebildete Sandsteinköpfe abgeschlossen. Je vier Sandsteinstatuen von J. M. G. Heymüller und J. P. Benckert bekrönten die Attika der Seitenrisalite (s. S. 157). In der Mittelachse des Erdgeschosses beider Seitenflügel war je eine Tür (Abb. 22).

Auf der Gartenseite wiederholte sich die Gliederung des Mittelbaues durch einen Mittelrisalit. An der Nordfassade hatte der Mittelbau 23 Achsen, der fünfachsige Mittelrisalit anstelle von Säulen sechs Pilaster. Auf der

22 P. Haas nach L. Serruier. Palais Prinz Heinrich und Opernhaus mit Blick in die Straße Unter den Linden. Um 1800. Kupferstich

Attika war eine große Kartusche aus Sandstein mit plastischen Elementen wie Wappen und Krone aufgestellt. Die Ecken des Risalits betonte je eine Sandsteinfigur (Abb. 15 oben). Die großen Rundbogenfenster waren hier mit Pflanzengirlanden und Rocaillen verziert. In der Mittelachse des Erdgeschosses lag eine Tür.

Die auf der Gartenseite nach Süden zurückspringenden Fassaden der Kopfbauten mit je fünf Achsen waren nicht durch Risalite gegliedert. In der Mittelachse des Erdgeschosses befand sich hier je eine Tür. Die nach Osten und Westen gewandten Fassaden der Seitenflügel hatten je zwölf Achsen (Abb. 15 unten).

Friedrich II. soll in seiner sarkastischen Art einmal gesagt haben, das Gebäude sähe »oben einem Freudenhaus, in der Mitte einer Kirche und unten einem Pferdestall ähnlich.« Diese Beurteilung ging von den unterschiedlichen Formen und Größen der Fenster in den drei Geschossen aus. (Rebmann)

An der Nordseite des westlichen Kopfbaues – also an der damaligen Stallstraße (Universitätsstraße) – war ein schlichtes zweigeschossiges Stallgebäude zur Unterbringung von 64 Pferden angebaut, so dass hier ein schlauchartig schmaler Hof vor der Westfassade entstand. Das Stallgebäude mit flachem Satteldach beeinträchtigte durch kleinliche Gestaltung die großzügige Architektur des Hauptbaues an dieser Seite empfindlich. Eine 1835 entstandene Entwurfszeichnung Schinkels für ein neues Bibliotheksgebäude zeigt das Missverhältnis zwischen Palais und Stallgebäude deutlich (Abb. 106). Gewiss haben Lärm, Staub, Fliegenplage und die scharfen Dünste des Stallbetriebes die Bewohner des Westflügels stark belästigt. Vermutlich erst um die Jahrhundertwende wurden die winkelförmigen Remisen für Kutschen und Brennholz hinter dem Palais im westlichen Gartenteil erbaut. Erstmalig dargestellt findet man sie im Stadtplan von J. C. Selter aus dem Jahre 1804 (Abb. 23).

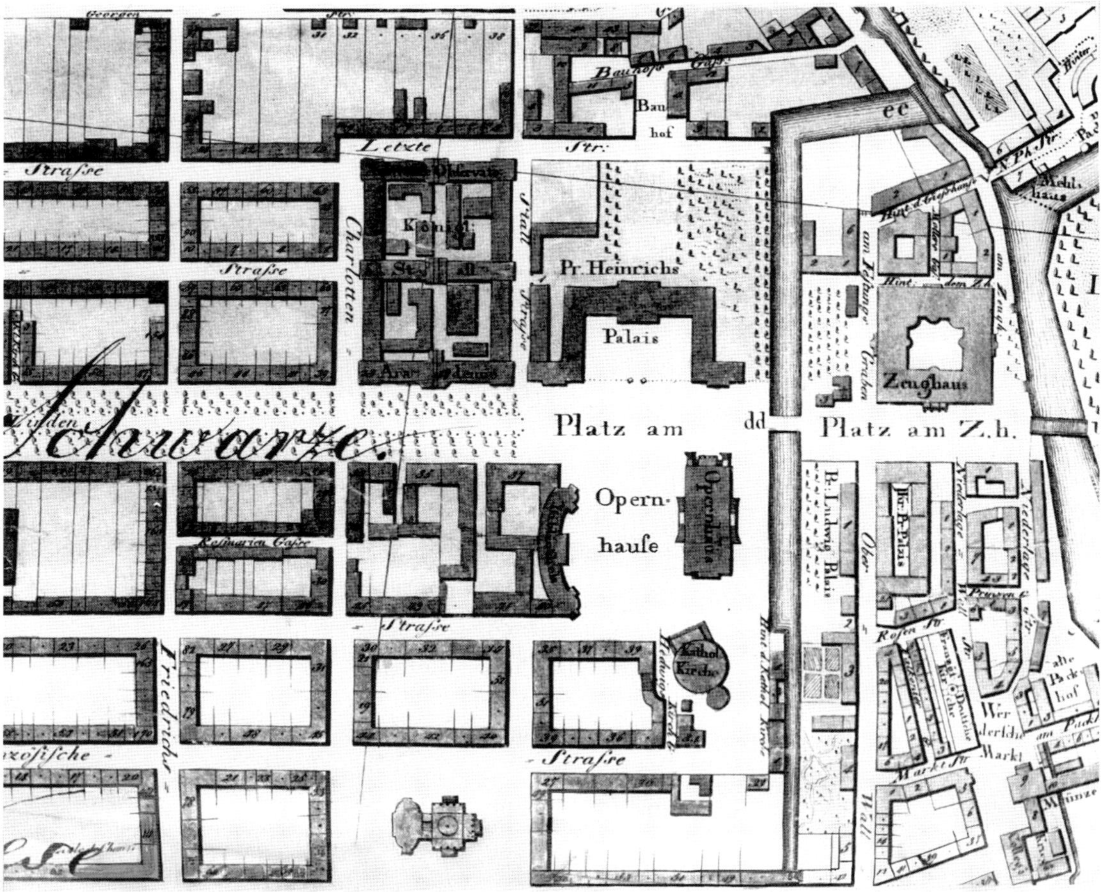

23 C. Maré nach J. C. Selter. Stadtplan von Berlin (Ausschnitt) mit Palais Prinz Heinrich und Garten. 1804. Kupferstich

Die Innenräume und ihre Ausstattung

Die Grundrisse für die räumliche Gliederung im Inneren des Palais entsprachen in ihrer recht nüchternen Art kaum der wohlproportionierten großzügigen Außenarchitektur. Die von Boumann entworfene Anordnung der Innenräume lässt ideenreiche Gruppierung der Zimmer und spannungsreichen Wechsel der Raumgrößen vermissen. Schon der Eingangshalle und Treppenanlage fehlte die im Rokoko sonst übliche beschwingte Raumentwicklung. Dieser Mangel wurde in den Haupträumen jedoch durch reiche Innendekoration und wertvollste Ausstattungsstücke im Stile der Zeit wieder ausgeglichen. Die Grundrisse des später kaum veränderten Entwurfes von 1748 zeigen die Raumaufteilung (Abb. 16 und 17). (Lenz)

Im Erdgeschoss des Mitteltraktes, dem Corps de logis, das in eine doppelte Reihe von Gemächern ohne Korridor aufgeteilt war, lag hinter dem Haupteingang das etwas eng wirkende Vestibül mit zwei seitlichen Treppenläufen. Die dahinterliegende Pfeilerhalle unter dem Festsaal stand mit der Empfangshalle kaum in einem räumlichen Zusammenhang. Die beiden Treppenläufe ermöglichten getrennten Zugang zu den Wohnräumen des im Palais getrennt lebenden Prinzenpaares, so dass man hinauf- und hinuntergehen konnte, ohne einander zu begegnen. So soll der Graf Lehndorff dem Prinzen einmal gesagt haben: »Königliche Hoheit, der König hat Ihnen ein günstiges Palais in Berlin bauen lassen; man kann sein ganzes Leben darin wohnen, ohne je zu riskieren, daß man eine Frau darin trifft.« (Isolani 1910, Lehndorff) Die beiden Seitenflügel hatten im Erdgeschoss zwar Korridore, doch waren sie so angeordnet, dass zum Teil weniger bedeutsame Räume an der Straßen- oder Hoffront lagen.

Im Erdgeschoss waren Wohnräume für einige Hofchargen und Bedienstete sowie die erforderlichen Wirtschaftsräume untergebracht. Im westlichen Teil des Mitteltraktes

24 Wanddekoration im ehemaligen großen Fest- und Audienzsaal des Palais Prinz Heinrich

an der Gartenseite lagen Möbel- und Wäschekammern, im östlichen Teil die Büros der prinzlichen Domänenkammer, an der Nordostecke die Silberkammer. Im Westflügel waren nach dem Hof am Pferdestall drei Wagenremisen sowie Wohnräume für den Kastellan, die Vorleserin der Prinzessin und für Kutscher untergebracht. Im Ostflügel befanden sich die zur Versorgung der zahlreichen Hofgesellschaft notwendigen Räume wie Küchen, Kupferkammer, Backstube, Konditorei und Kellermeisterei (Abb. 16).

25 Decken- und Wanddekorationen im ehemaligen großen Fest- und Audienzsaal (südwestliche Ecke) des Palais Prinz Heinrich

Im ersten Stockwerk, dem repräsentativen Hauptgeschoss des Corps de logis, war der an der Gartenseite liegende große Fest- und Audienzsaal (die spätere Aula der Universität) der räumliche Mittelpunkt des Gebäudes. Vor dem Saal, der sich bis in das Mezzaningeschoss erstreckte, lag ein schmaler Wandelgang, der die beiden Haupttreppen verband und die anschließenden Gemächer erschloss. Durch seine nach Norden orientierten fünf hohen Bogenfenster und die darüber liegenden quadratischen Fenster des Mezzaningeschosses fiel reichlich Licht in den Saal. Zwischen den Fensterreihen verlief ringsum ein auf Pilastern und Säulen ruhendes Konsolgesims, das die Raumhöhe gliederte. Wände und tragende Elemente bestanden aus grauem »stucco lustro« auf marmoriertem Sockel. Sie bildeten einen angenehmen Kontrast zu den vergoldeten dekorativen Elementen, die Fenster und Türen umrahmten sowie Decke und Wände verzierten. An den Schmalseiten des Saales waren beiderseits der Türen Nischen eingelassen, in denen Statuen von Mars, Herkules, Minerva und Flora aufgestellt waren. Die Längswand schmückten zwei große Gemälde mit der »Geburt der Venus« (um 1766) und dem »Raub der Sabinerinnen«, die der Hofmaler C. A. P. Van Loo (1719-1795) im Auftrag Friedrichs II. malte. Über dem Gesims zierten vierzehn runde und viereckige Stuckreliefs, von vergoldeten Girlanden umkränzt, die Wände (Abb. 24, 25). Die westliche Schmalseite wurde in der Mitte durch Dreiviertelsäulen mit Gebälk und Bogenverdachung als Türumrahmung repräsentativ gegliedert (Abb. 26). (Rudolf 1980)

Den Festsaal überspannte ein ovales Deckengemälde, das der aus Italien stammende Historienmaler G. Guglielmi (1714-1773) 1764 nach thematischen Vorgaben König Friedrichs II. schuf. Das Fresco stellte eine Art Götterversammlung aus der griechischen Mythologie mit Apollo und den Musen, dem Sonnenwagen und Aurora und Pluto im Zentrum dar. Sie sind im Oval umgeben von Jupiter

26 Westliche Schmalseite des ehemaligen großen Fest- und Audienzsaales. Zustand 1909

27 J. G. Rosenberg. Ansicht des Opernplatzes mit der neuen Bibliothek. 1782. Kolorierter Stich

Seite 43:
28 C. F. Fechhelm. Unter den Linden mit Palais Prinz Heinrich (Ausschnitt). 1755/56. Öl. Stiftung Schlösser und Gärten Potsdam-Sanssouci

29 G. Guglielmi. Großes Deckengemälde im ehemaligen großen Festsaal. Ausschnitt mit Gruppe um Venus. 1764

und Juno, Herkules und Athena, Mars und Neptun sowie Venus mit Cupido (Abb. 29 und 80), Pan und Vulkan mit ihrem jeweiligen Gefolge. Mars und Apollo sind wohl eine Allegorie auf die Taten des Hausherren in Krieg und Frieden (Abb. 29). (Lang, Dorst/Schimmel, Hildebrandt) Dekoratives Netzwerk und vergoldete Rokokokartuschen rahmten das Deckenbild.

Westlich des großen Festsaales lagen sechs Wohn- und Gesellschaftszimmer der zurückgezogen lebenden Prinzessin Wilhelmine, darunter das Speise- und das Spielzimmer mit Pariser Wandteppichen aus der Manufaktur Beauvais mit Darstellungen der »Götterliebschaften« und aus dem »Leben der Psyche«. Neben der »Großen Galerie« lagen das »Audienzzimmer« mit einem Thronsessel unter einem Baldachin und als Samtkabinett ein »Grand Salon«. Das erste Zimmer neben dem Saal wurde nach dem Einzug der Universität als Senatszimmer eingerichtet. Ein frühes Foto vermittelt einen Eindruck von den Resten der ehemaligen Wandverzierungen dieses Raumes (Abb. 40).

Im Westflügel wurde das 1. Obergeschoss vollständig von der Großen Galerie, dem damals größten Saal des Gebäudes, ausgefüllt, der bis ins Mezzaningeschoss reichte und in dem ebenfalls Feste und Hofbälle stattfanden. Auch diesen Saal zierte ein großes Deckenfresko von

G. Guglielmi mit allegorischen Darstellungen der vier Erdteile und einer Apotheose des Prinzen Heinrich. Wegen des mangelhaft ausgeführten Kalkputzes, der sich bald wieder in großen Stücken von der Decke löste, war es nach kurzer Zeit zerstört. Der damalige Direktor der Akademie der Künste, B. Rode, und der Maler J. C. Frisch wurden mit der Ausbesserung beauftragt. (Nicolai 1786, Isolani 1911, Dorst/Schimmel) In der Großen Galerie war auch die umfangreiche Sammlung russischer Mineralien aufgestellt. An der Straßenseite des westlichen Kopfbaues lagen an einem Korridor untergeordnete Räume, ein großes Treppenhaus als Zugang zur Galerie und ihrer Musikempore.

Im 1. Obergeschoss des Mitteltraktes schlossen sich östlich des Festsaales die Wohn- und Gesellschaftsräume des Prinzen Heinrich an.

Er brachte umfangreiche Sammlungen von Gemälden und Stichen, aber auch von Naturgegenständen zusammen, die von Besuchern nach Anmeldung und im Beisein des Kastellans besichtigt werden durften. Hervorzuheben sind die kostbaren Geschenke der Kaiserin Katharina von Russland und des Königs Ludwig XVI. von Frankreich. »Was er in den Räumen des Gebäudes an Schöpfungen der Kunst vereinigte, wurde von den Zeitgenossen auf das Lebhafteste bewundert.« (Voß) Wie die beiden noch bis kurz vor Kriegsende erhalten gebliebenen Prunkräume – der große Festsaal und das spätere Senatszimmer – erahnen ließen, müssen die Wohn- und Empfangszimmer des Prinzen in erlesenem Zeitgeschmack ausgestattet gewesen sein. Die dekorativen Verzierungen an Decken und Wänden waren im späten Rokokostil gehalten. Wertvolle gewirkte Tapeten, Wandbehänge, Gemälde, Plastiken und Porzellane zierten diese intimeren Räume. Sogleich nach Beendigung des Siebenjährigen Krieges überwies Friedrich II. aus der erbeuteten »Sächsischen Feldkriegskasse« 26.960 Taler und 1764 noch einmal 68.000 Taler für Innendekoration und »Meublement«. Immerhin bedurfte es großen Aufwandes, um das nach dem Stadtschloss nächstgrößte Wohnpalais eines Angehörigen der königlichen Familie im damaligen Berlin standesgemäß auszustatten.

Wichtige Quellen für die ursprüngliche Innenausstattung der Wohnsuite sind die drei Ausgaben der »Beschreibung der Königlichen Residenzstädte Berlin und Potsdam« von 1769, 1779 und 1786. In den beiden ersten Ausgaben werden zahlreiche Gemälde und Kupferstiche aufgeführt, aus der letzten Ausgabe erfährt man mehr über Möbel und andere Kunstgegenstände. Erwähnt werden hier, rechts vom Festsaal beginnend, das Vorzimmer mit »karmoisierter Damasttapete und Fürstenbildern«, darunter das von A. Graff gemalte Bild des Kurfürsten von Sachsen und seiner Frau. Daran schloss sich der Audienzsaal an mit dreizehn Spiegeln und vier Supraporten von Amédée Van Loo, darstellend die Dichtkunst, Malerei, Bildhauerei und Baukunst. Auf »mit Schiffsschnäbeln versehenen Säulen am Kamin« standen zwanzig Statuetten berühmter Männer Frankreichs aus kostbarem Biskuitporzellan aus Sevres. Die Porträts Heinrichs IV. und Ludwigs XVI. waren in Hautelisse gewirkt und sollen wie Porzellanmalerei erschienen sein. Den anschließenden Raum zierte als Geschenk der russischen Zarin eine himmelblaue Atlastapete mit farbigen Stickereien. Eine rötliche Damasttapete »mit heidnischen Gottheiten in Ovalen wie Gemälde« und nach Umbau vier große Pariser Gobelins mit den »Göttlichen Liebschaften« von F. Boucher (1703–1770) schmückten das an der Zeughausseite liegende Schlafzimmer. Hier waren kostbare Möbel sowie Statuen aus Bronze und aus Carrara-Marmor von J. P. A. Tassaert aufgestellt. Durch eine verdeckte Tür gelangte man zu einem »kleinen eleganten Kabinett« mit einer Bildersammlung, in der Meister der italienischen, französischen und flämischen Schulen vertreten waren. Hier hingen einige der von Nicolai schon 1769 in langer Aufzählung genannten Gemälde von Rembrandt, Rubens, van Dyck, Vleughels, Wouwerman, Teniers, Jeaurat, Nattier, Lancret, Watteau, Marot, Van Loo, Pesne, Dietrich und anderer bekannter Maler. 1769 hatte der Prinz eine französische Gemäldesammlung erworben, aber bald danach, 1773, sind wertvolle Bilder aus der eigenen Sammlung im Geheimen an die russische Zarin Katharina II. verkauft worden. (Bartoschek) In einem weiteren kleinen Audienzsaal befanden sich plastisches, reich vergoldetes Tafelwerk sowie Möbel, mit Petersburger Gobelins überzogen, auf denen – in Gold, Silber und Seide gewirkt – die verschiedenen Kostüme der Nationen dargestellt waren, »die dem russischen Scepter unterworfen waren.« (Nicolai 1786) Alle diese Räume waren 24 Fuß hoch und mit prächtigen französischen Tapeten ausgestattet. Einige Zimmer dieses Ostflügels waren aber bereits zu jener Zeit in der Höhe durch eine eingezogene Zwischendecke geteilt. Dieses zehn Fuß hohe Entresol mit acht Räumen war im »chinesischen Geschmack« eingerichtet, die an der Ostseite eine Galerie verband. Die gelben Wände dieser Galerie bedeckten »bis 8 Fuß hoch« 437 Stiche nach Gemälden fast aller führenden Künstler aus seiner großen Kupferstichsammlung. Nicolai (1779) und Schmidt-Lözen nennen Werke »nach den besten Malereyen gearbeitet« von Raffael, Tizian, Correggio, Veronese, Carracci, Reni, del Sarto, Rubens, van Dyck, Jordaens, Le Brun, Le Sueur, Bourdon, Van Loo, van Leyden, Bloemaert, Dürer, Schwarz, Heinz und anderen. Hier lag auch das in preußischen Palästen erste »Zelt- oder Diwanzimmer« mit grün-weißer Damastbespannung. (Lehndorff, Dorst/Schimmel)

Nach dem Tode des Prinzen wurde der Kunstbesitz zwischen 1802 und 1804 versteigert. Teile der vorhandenen Einrichtung wurden in andere königliche Schlösser und Palais überführt, einige Stücke gelangten auch in das alte Kunstgewerbe-Museum Berlin. (Bartoschek) Bei der ersten kunstwissenschaftlichen Aufnahme des Erbes im Jahre 1892 wird beklagt, dass nur noch wenige Stücke nachweisbar sind. (Seidel, P.) Neue Nachforschungen weisen den Verbleib vieler Kunstwerke und Inventarstücke nach, andere gelten als verschollen. (Stiftung Preußische Schlösser und Gärten Berlin-Brandenburg, Katalog)

Heute fehlen im Inneren des Universitätsgebäudes Sachzeugen aus der Entstehungszeit, da die letzten original erhalten gebliebenen Innenräume – der Festsaal und ein Zimmer der Prinzessin (späteres Senatszimmer) – im letzten Weltkrieg zerstört wurden.

Das Palais 1802–1810

Das Palais sowie der gesamte Grundstücksbesitz fielen 1802 mit dem Tod seines kinderlosen Besitzers an die preußische Krone zurück. Testamentarisch hatte er verfügt, dass sein Großneffe, König Friedrich Wilhelm III. von Preußen, auch die gesamte Einrichtung des Palais erben sollte. Schon dessen Vorgänger, Friedrich Wilhelm II., hatte die Absicht bekundet, das Gebäude später öffentlichen Zwecken zur Verfügung zu stellen.

Zunächst aber lebte noch die Prinzessin Wilhelmine bis zu ihrem Tode im Jahre 1808 mit einem recht stattlichen Hofstaat im Palais, und neue Bewohner und Einrichtungen zogen ein. Seit 1803 hatte der Generaladjutant von Kleist hier seine Wohnung, die dann dessen Nachfolger, General von Scharnhorst, übernahm. Zur Zeit der Übergabe des Hauses an die Universität (1810) wohnten noch immer etwa neunzig Personen in dem großen Gebäude, darunter Hofbeamte, Hofdamen, Köche, Diener, Handwerker und andere Hofchargen, die hartnäckig ihr testamentarisch zugesichertes Recht auf freie Wohnung zu verteidigen suchten. Darüber hinaus hatte die greise Prinzessin in der Zeit der französischen Besetzung auch anderen bedrängten Personen Wohnrecht gewährt. In dieser Übergangszeit und wohl schon davor müssen viele Räume un-

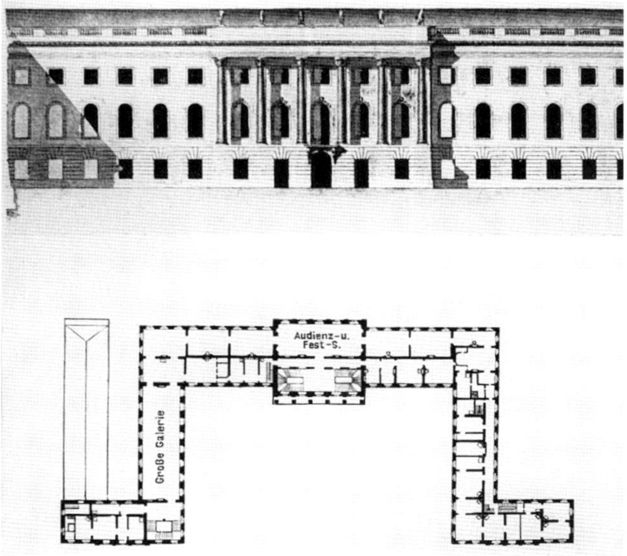

30 Palais Prinz Heinrich. Ansicht und Grundriss des 1. Obergeschosses. Zustand 1802. Rekonstruktionszeichnungen

benutzt und ausgeräumt gewesen sein. (Gubitz) So zogen nach und nach weniger standesgemäße Einrichtungen wie das Militärkabinett, die »Stempelkammer« sowie die »Anstalt für Pockenimpfung« in das Gebäude ein. Zur Diskussion stand sogar die Unterbringung einer Bierbrauerei und der Königlichen Post. (Lenz, Rave 1962)

Nach Einführung der Städtereform in Preußen gab es in Berlin erstmalig eine gewählte Stadtverordnetenversammlung, für die zunächst keine eigene Tagungsstätte gefunden wurde. So wurde 1809 den Deputierten vorübergehend der Saal des Palais für zwei Sitzungen zur Verfügung gestellt. Da es im Hause an den erforderlichen Sitzgelegenheiten mangelte, mussten Bänke und Stühle aus dem benachbarten Opernhaus herübergetragen werden. (Streckfuß, Klünner)

Bis zur Übergabe des Palais an die neugegründete Universität vergingen also acht Jahre, und diese »herrenlose Zeit« wirkte sich äußerst nachteilig auf Nutzungsweise und Bauzustand des weitläufigen Gebäudes aus. In veröffentlichten Zeichnungen überliefert sind die Fassadenansicht mit Balkon und der Grundriss des 1. Obergeschosses, der den Bauzustand von 1802 mit den inzwischen erfolgten Veränderungen der Raumaufteilung wiedergibt (Abb. 30). (Seidel, W.)

Das Palais war nicht aus bestem Material errichtet, frisches Holz war eingebaut worden, und die Bauausführung nicht immer solide. So wird bereits um 1800 von erheblichen Bauschäden, besonders am Dach, berichtet. Der Deckenputz war mangelhaft und fiel stellenweise herab. (Lenz) Auch äußerlich zeigten sich Spuren der Verwahrlosung: zerbrochene Fensterscheiben, Wasserschäden an der Fassade und herabgefallener Außenputz. Nach der Schlacht von Jena und Auerstedt im Jahre 1806 zog Napoleon in Berlin ein und zeigte sich von dem stattlichen Bauensemble um den Opernplatz recht beeindruckt. Auch das Palais soll er besichtigt haben. Während der nun folgenden mehrjährigen Anwesenheit französischer Truppen in Berlin fehlte es an staatlicher Aufsicht über dieses einst so prächtige Gebäude. König Friedrich Wilhelm III. war mit seinem Gefolge nach Ostpreußen geflohen, und an Geld für die nötigsten Unterhaltungsarbeiten fehlte es in dieser allgemeinen Notzeit wohl vollständig. Welch ein Durcheinander geherrscht und welches Schattendasein der stolze Bau damals geführt haben muss, erhellt vielleicht am besten folgende von L. Rellstab überlieferte, hier gekürzte Anekdote: Als ein gerade zufrieden vom Markt zurückkehrender Bauer verwundert das verwahrloste, aber doch immer noch eindrucksvolle Palais betrachtete, fragte ihn verschmitzt ein Soldat, der sich im Vorhof aufhielt, ob er das Gebäude wohl kaufen wolle. Es stände ja leer und gehe zugrunde, wenn sich in diesen Notzeiten niemand dafür interessiere. Wer also nur etwas zahlen wolle, könne es rasch erwerben und ein vortreffliches Geschäft damit machen! Tatsächlich wurde der Bauer kauflüstern, und der Soldat, sich nun als Kastellan ausgebend, erbot sich, ihm das Gebäude zu zeigen. Natürlich konnte er ihm nur Korridore und unbewohnte Räume vorführen, und er versprach, die verschlossenen Gemächer am anderen Tage zu öffnen. Um sich das Kaufrecht zu sichern, zahlte der zum Kauf schon fest entschlossene Bauer dem vermeintlichen Kastellan ein gutes Aufgeld, worauf der Soldat auf ein Nimmerwiedersehen verschwand.

Bereits 1806 setzen intensive Bemühungen zur Gründung einer Universität in Berlin ein, mit deren Vollzug das ehemalige Palais Prinz Heinrich 1810 als Universitätsgebäude übergeben und eingerichtet wird. Damit beginnt eine Phase ständiger baulicher Veränderungen und Anpassungen des alten Gebäudes an die sich immer wieder wandelnden Anforderungen des Universitätsbetriebes und der Wissenschaftsentwicklung.

Universitätsgründung und Übereignung des Grundstückes

In Preußens Haupt- und Residenzstadt Berlin gab es vor 1810 zwar schon zahlreiche wissenschaftliche Anstalten und Bildungseinrichtungen mit namhaften Lehrern und Forschern, jedoch noch keine Universität. Die führende preußische Universität befand sich in Halle. Sie wurde im Jahre 1806 nach Eroberung der Stadt durch die napoleonische Armee geschlossen, und Halle wurde dem Königreich Westfalen angegliedert. Der preußische König wartete in Ostpreußen den Gang der Ereignisse ab. In dieser bedrängten Lage empfing er am 10. August 1807 nach dem Abschluss des »Tilsiter Friedens« in Memel als Deputierte der Universität Halle die Professoren Schmalz, Reil und Froriep. Sie trugen die Bitte vor, »die Universität über die Elbe zu nehmen, wo kein Ort dafür schicklicher scheine als Berlin«. (Balk) Die Gründung einer Universität war in Berlin seit 1790 immer wieder erörtert worden. Namhafte Wissenschaftler, darunter bekannte Gelehrte wie J. J. Engels (1802) und F. W. J. von Schelling (1802/1803), T. A. H. Schmalz und J. G. Fichte (1807), Hufeland, Schleiermacher (1808) und andere, hatten in Konzepten und Denkschriften Anregungen gegeben. (Kiwus) Ganz diesem Ziel verschrieben hatte sich der Geheime Kabinettsrat K. F. von Beyme.

König Friedrich Wilhelm III. beantwortete das Gesuch der Hallenser Professoren positiv: »Das ist recht, das ist brav! Der Staat muß durch geistige Kräfte ersetzen, was er an physischen verloren hat.« Bereits am 4. September 1807 erhielt Beyme den Auftrag, alles für die Gründung einer »vollkommenen allgemeinen Lehranstalt« in Berlin zu veranlassen, die mit der Akademie der Wissenschaften eng verbunden sein sollte. Da das Königreich Westfalen die Universität Halle 1808 wiedereröffnen wollte, entschied man sich letztlich nicht für eine Verlegung dieser hohen Lehranstalt, sondern für die Neugründung einer preußischen Universität in Berlin. (Balk, Kiwus)

Einflussreiche Gegner des Universitätsprojektes, darunter der Freiherr vom Stein, behinderten Beyme immer mehr bei der Ausführung des Vorhabens, bis dieser schließlich mit einem anderen Auftrag nach Memel versetzt wurde. Erst W. von Humboldt, der als Nachfolger des Freiherrn vom Stein in das Staatsministerium für Unterrichtsangelegenheiten berufen wurde, begann mit den eigentlichen Vorbereitungen zur Verwirklichung des Projektes, gegen das immer wieder Bedenken erhoben wurden, unter anderem auch wegen des »sittenverderbenden Einflusses der Großstadt auf die studierende Jugend«. (Eckenstein)

In seiner Denkschrift vom 24.7.1809 an den König forderte Wilhelm von Humboldt:

»1. Die Errichtung einer Universität in Berlin und die Verbindung der in Berlin bereits existierenden wissenschaftlichen Institute und Sammlungen ... mit derselben förmlich zu beschließen ...

2. diesen sämtlich ... so viele Domänen als nötig sind, ein sicheres und reichliches Einkommen von 150 000 Rthlr. zu bilden, und das Prinz Heinrichsche Palais unter dem Namen des Universitätsgebäudes ... zu verleihen, und dabei festzusetzen, daß diese Güter und Gebäude auf ewige Zeiten hinaus, Eigenthum dieser Anstalten bleiben sollen.« (zit. n. Kiwus)

Damit sollte die rechtliche, finanzielle und bauliche Basis für die neu zu gründende Universität gesichert werden.

Mit Kabinettsordre vom 16. August 1809 verfügt Friedrich Wilhelm III. die »Errichtung einer solchen allgemeinen Lehranstalt mit dem alten hergebrachten Namen einer Universität, und mit dem Rechte zur Erteilung akademischer Würden«. (Balk) In der Gründungsurkunde vom 16. August 1809 heißt es weiter wörtlich: »Ich erwarte deshalb den Vereinigungsplan, welchen die Universitätssektion dahin zu richten hat, daß a) die neue Universität, b) die beiden Akademien, c) die sämtlichen wissenschaftlichen Institute und Sammlungen (als Bibliotheken, Sternwarte, botanischer Garten, anatomisches Museum, Kunst-Kammer usw.) jeder Teil eine angemessene Selbständigkeit erhalte, doch gemeinschaftlich mit den anderen zum allgemeinen Zweck mitwirke, und die Sammlungen, namentlich zum Gebrauch der Universität sowohl, als der Akademien existieren, und so wie diese von der Universitäts-Sektion unmittelbar abhängen. – Das Palais des Prinzen Heinrich soll ihnen unter dem Namen des Universitäts-Gebäudes, ingleichen der Überrest des Akademie-Gebäudes ... zugeeignet werden, dergestalt, daß jene Gebäude zu ewigen Zeiten ein Eigentum dieser Anstalten und, wenn solche je aufhören sollten ein zur Verbesserung des Schulwesens bestimmtes Eigentum der Nation bleiben.« Die Akademie der Wissenschaften erhielt jedoch bei der Reorganisation durch Humboldt und Niebuhr nach 1812 weitgehende Selbständigkeit. (Balk)

Somit lag die Stiftungsurkunde des Königs für das Gesamtinstitut vor. Bis zur offiziellen Eröffnung der Universität und zur rechtskräftigen Übereignung von Gebäude und Grundstück verging ein weiteres Jahr.

Mit dem ersten Wintersemester, das am 2. November 1809 begann, wurde der Lehrbetrieb vorläufig eröffnet. Die erste Vorlesung fand in einem provisorisch hergerichteten ruhigen Raum an der Gartenseite des 1. Obergeschosses statt. Vorerst durften nur die Professoren Schleiermacher, Fichte, Schmalz, Wolf und Buttmann Vorlesungen mit streng wissenschaftlichem Inhalt und nicht etwa für ein »gemischtes Publikum« halten. Es wurde eine »Einrichtungskommission« gebildet, die dafür Sorge zu tragen hatte, dass das vernachlässigte Gebäude für den neuen Bestimmungszweck hergerichtet wurde. (Lang) Unterdessen erfolgten die Berufungen der Professoren und die Übertragung des künftigen Grundeigentums an die Universität.

Die offizielle Schenkungsurkunde für das Universitätsgebäude wurde erst am 24. November 1810 vom König unterzeichnet.

Das Palais des Prinzen Heinrich war von Beyme, Hufeland und Wolf als besonders geeignet vorgeschlagen worden. (Backschat) Als Alternative dazu hatte W. v. Humboldt 1809 das Palais der Prinzessin Amalie, der verstorbenen Schwester Friedrichs II., empfohlen, das Unter den Linden lag und in dem später die Botschaft des Russischen Reiches residierte. Ein anderer Vorschlag von Prof. Nolte sah zunächst das Markgräflich Ansbach'sche Palais in der Wilhelmstraße 102 als künftiges Quartier für die neue Universität vor. Friedrich Wilhelm III. lehnte diese Vorschläge jedoch ab und begründete seine Standortwahl nochmals in einer Kabinettsordre vom 23. Oktober 1810 an den Oberhofmarschall von Massow wie folgt: »Bey Bestimmung des Prinz Heinrichschen Schlosses für die Universität und damit verbundene wissenschaftliche Institut habe Ich darauf Rücksicht genommen, daß in dessen

31 W. Brücke.
Ansicht der Straße
Unter den Linden mit
Blick auf das Schloss zu
Berlin. 1839. Öl.
Privatbesitz

32 F. A. Schmidt nach Forst. Das Universitätsgebäude zu Berlin. Um 1823. Kolorierte Radierung. Staatsbibliothek zu Berlin – Preußischer Kulturbesitz

Nachbarschaft sich das Akademie-Gebäude, die chirurgische Pépiniere, die Bibliothek, Sternwarte und übrige Hilfsmittel zum größeren Teil schon befinden, auch in dieser Gegend die meisten Vorlesungen bereits gehalten werden und deshalb die Studierenden schon daselbst wohnen, auch in den benachbarten kleinen Straßen, z. B. Mittel Straße, Letzte Straße pp wohlfeile Quartiere finden ...« (Backschat) In der offiziellen Schenkungsurkunde verzichtet der König auf das nach dem Tod seiner Verwandten auf ihn zurückgefallene Grundstück »mit allen dazugehörigen Gebäuden, Höfen, Garten, welches von dem Opernplatz, dem Kupfergraben, der Letzten und Stall Straße begrenzt sei, der Universität unter dem Namen des Universitätsgebäudes eigenthümlich zu schenken, zu übergeben und zu überlassen Allergnädigst geruhet habe.« (Lenz) Hier erhebt sich nachträglich die Frage, ob statt des Kupfergrabens nicht der Festungsgraben gemeint war, der damals an das Gartengrundstück angrenzte. Auch an anderer Stelle wird der endgültige Verzicht auf das Grundeigentum noch einmal bekräftigt.[8]

Nachdem inzwischen die erste, noch etwas notdürftige Einrichtung des Gebäudes erfolgt war, konnte endlich zur offiziellen Gründung und Eröffnung der Universität geschritten werden. Nach der Ernennung des ersten Rektors, Prof. Schmalz, und der Dekane der vier Fakultäten, der Professoren Schleiermacher, Biener, Hufeland und Fichte, am 28. September 1810 wurden am 6. Oktober die ersten sechs Studenten immatrikuliert. Während des Wintersemesters 1810 schrieben sich dann insgesamt 247 Studenten als Hörer ein. (Balk, Geiger)

Am 15. Oktober 1810 fand die erste Senatssitzung statt, der sich ohne jede prunkvolle Feierlichkeit die eigentliche Eröffnung der Universität anschloss. Auf großes Zeremoniell in Gegenwart des Hofes war mit Rücksicht auf die unfertige Einrichtung der Hörsäle verzichtet worden. Als Stiftungstag war eigentlich der 3. August, der Geburtstag König Friedrich Wilhelms III. vorgesehen gewesen. Am 12. Oktober 1810 wurde die Inschrift für das Gebäude genehmigt. Sie lautete nach dem Vorschlag der Professoren Wolf und Buttmann:

UNIVERSITATI LITTERARIAE
FRIDERICUS GUILELMUS III
REX A. CIↃIↃCCCVIIII

Diese Inschrift wurde bald danach in großen goldenen Lettern am Mittelrisalit angebracht. Ein Einfluss auf die Schriftgestaltung wird Schinkel zugeschrieben (Abb. 33). (Rave 1962) Ihren offiziellen Namen »Friedrich-Wilhelms-Universität zu Berlin« erhielt die neue Alma mater erst auf Grund der Kabinettsordre vom 28. Juni 1828. (Lang, Balk) Anlässlich der Eröffnung verfasste Clemens von Brentano auf die Inschrift am Gebäude einen Kantatenvers mit folgendem Wortlaut (Lenz): »Der Ganzheit, Allheit, Einheit, / der Allgemeinheit / gelehrter Weisheit / des Wissens Freiheit / gehört dies Königliche Haus! / So lege ich Euch die goldenen Worte aus: / Universitati Litterariae.«

Das Grundanliegen der Universitätsausbildung bringt Brentano an anderer Stelle seiner Kantate mit dem Satz zum Ausdruck: »Wir wollen Euch zu lernen lehren.« Die Universität zu Berlin war in zeitlicher Reihenfolge die 102. Hochschule in Europa. Dem Lehrkörper gehörten 58 Dozenten, darunter 24 ordentliche Professoren, an. Der hohe Ruf der jungen Alma mater wurde von so bekannten Vertretern ihres Faches wie Schleiermacher, Hufeland, Reil, Fichte, Thaer, Wolf, Savigny, Boeckh, Klaproth, Lichtenstein und anderen begründet.

33 Mittelrisalit mit Vorplatz nach Aufstellung des Helmholtz-Denkmals. Zustand 1909

LITTERARIAE FRIDERICVS GVILELMVS III REX A
HELMHOLTZ

34 J. C. A. Richter nach E. Gaertner. Universität mit Ehrenhof. Um 1827/31. Kolorierte Radierung. Staatliche Museen zu Berlin – Preußischer Kulturbesitz, Kupferstichkabinett

Die Baugeschichte des Universitätsgebäudes

Zustand, Veränderungen und Projekte 1810–1835

In den ersten 25 Jahren nach Gründung der Universität galt es, das alte Palais für den Vorlesungs- und Verwaltungsbetrieb sowie für die Aufnahme der umfangreichen naturwissenschaftlichen Sammlungen einzurichten. Außerdem mussten die dringendsten Reparaturen durchgeführt werden. Die Universität war nun zwar rechtmäßiger Eigentümer des Gebäudes, konnte jedoch vorerst nur über einen Teil der Räume verfügen, denn die noch verbliebenen Bewohner vor allem des Erdgeschosses wehrten sich erbittert gegen ihre Umquartierung. (Lenz) Obwohl bereits zu Ostern gekündigt, zogen die meisten erst 1812 widerstrebend aus. Auch General von Scharnhorst behielt die Büroräume der Generaladjutantur im Westflügel noch »als ihm zustehend«. Die Königliche Stallverwaltung verließ erst nach 26 Jahren das Stallgebäude sowie die dazugehörigen Kutscherstuben im Erdgeschoss des westlichen Kopfbaues. (Lenz)

Dennoch wurden für Unterbeamte der Universität und einige Professoren wieder Dienstwohnungen eingerichtet. In den ersten Jahrzehnten kamen und gingen also ständig neue Bewohner, deren Wohnbedürfnisse sich oft schlecht mit den Erfordernissen des Universitätsbetriebes verbinden ließen.

Zur Einrichtung des ersten Hörsaales, die bereits 1809 unter der Leitung des frühklassizistischen Baumeisters H. Gentz (1766–1811) erfolgte, schrieb dieser: »Dieser Saal liegt fern vom Geräusch der Straße nach dem Garten zu, soll sich sehr gut heizen lassen, ist mit guten, doch nicht prächtigen, und wohlerhaltenen Tapeten geziert und zu einem anständigen gesunden Hörsaale völlig geeignet.« Die Einrichtung mit Katheder, Tischen und Bänken veranschlagte er auf 175 Thr. 21 Groschen. So konnten im Winter die Professoren Wolf, Schleiermacher, Schmalz und Fichte die ersten Vorlesungen halten. Erst im Frühjahr 1810 wählte eine Kommission unter Mitwirkung von W. v. Humboldt, Uhden, Gentz und anderen einige weitere Räume zur Einrichtung als Hörsäle, für die Anatomie, zu Zeichensälen und zur Aufstellung der verschiedenen Sammlungen aus. (Doebler) Der für Bauangelegenheiten der Universität zuständige Bauinspektor M. F. Rabe (1775–1856) traf im Sommer 1810 erste Maßnahmen zur Einrichtung weiterer Räume. Die Oberbaudeputation Preußens beauftragte F. K. Schinkel (1781–1841) mit einer ersten Begutachtung der notwendigen baulichen Veränderungen, über die er am 15. August und am 12. September 1810 Bericht erstattete.[9]

Ferner äußerten Rektor und Senat den Wunsch, eine »weithin schallende Schlaguhr zu besitzen«, um die Vorlesungszeiten einhalten zu können. Man stellte sich auf

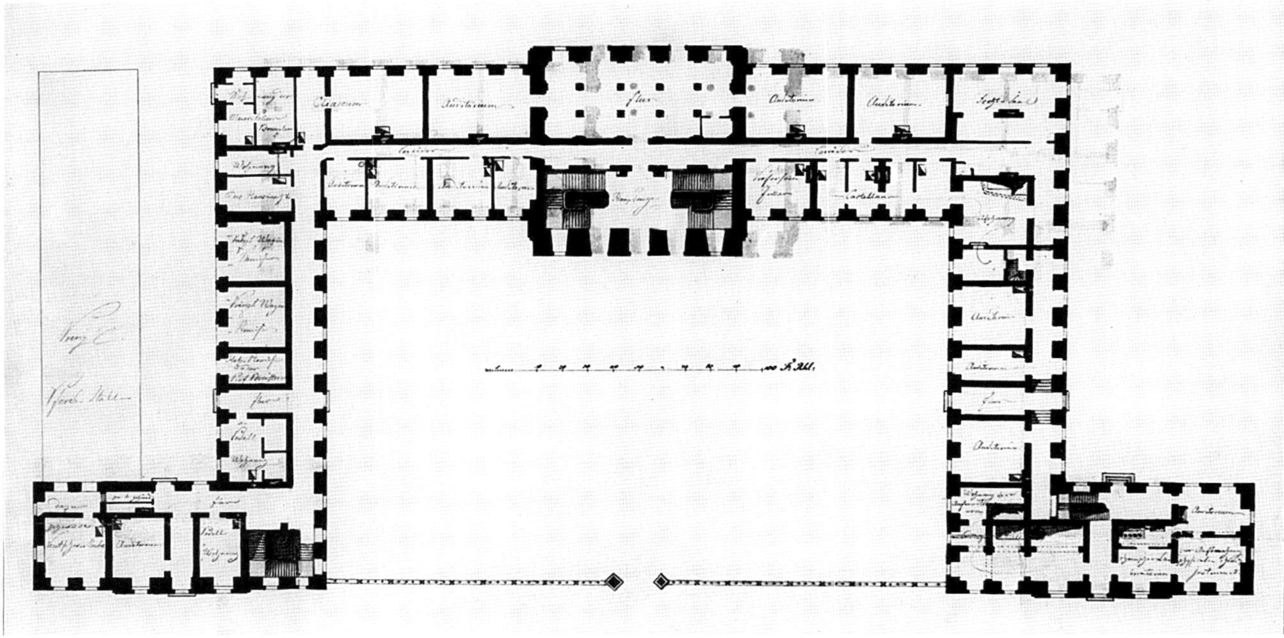

35–37 Grundrisse des Erdgeschosses, des 1. und 2. Obergeschosses. 1819. Zeichnungen. Berlin, Universitätsarchiv der Humboldt-Universität

dem Mittelteil des Gebäudes einen »Turmaufsatz für die Uhr« vor, die »mit einem Lokale für astronomische Observationen« zu verbinden wäre. »Dergleichen müßte mit viel Sachkenntnis und einem geläuterten Geschmack entworfen« werden, um den Aufsatz »ohne Nachteil der Festigkeit und Schönheit des Gebäudes anzuordnen«, hieß es im Bericht von Rektor und Senat vom 13. August 1811. (Rave 1962)

Der wiederum mit der Begutachtung beauftragte Schinkel schlug dafür eine Gloriette aus Holz vor und empfahl, einen Entwurf anfertigen zu lassen. Der Vorschlag blieb unausgeführt, und nach erneutem Antrag schlug Rabe im Winter 1817/18 vor, die Uhr in der Eingangshalle gegenüber der Haupttür aufzustellen. Vom Uhrmacher Möllinger für 520 Taler angefertigt, wurde sie am 3. August 1818 installiert und sie funktionierte dort bis 1945 (Abb. 56). (Rave 1962)

Ein drittes Gutachten von Schinkel und Simon vom 23. Oktober 1813 betraf die Unterbringung und zweckmäßige Aufstellung der Mineralogischen Sammlung in den sieben Zimmern des 1. Obergeschosses östlich der Aula. Drei der vorgesehenen Zimmer dienten aber vorerst noch der Aufbewahrung der Giustinianischen Gemäldesammlung, deren baldige Verlegung in ein anderes Gebäude empfohlen wurde.[10] (Rave)

Über die Einteilung der Innenräume im ersten Jahrzehnt geben uns Grundrisse von den drei Geschossen des Universitätsgebäudes Auskunft. Sie sollen vom Dezember 1819 stammen und werden im Archiv der Humboldt-Universität aufbewahrt. Die damalige Nutzungsweise der einzelnen Räume ist mit Bleistift eingetragen (Abb. 35–37).

Das Erdgeschoss im Mittelteil des Gebäudes erhielt einen durchgehenden Korridor, zu dessen beiden Seiten Auditorien, Verwaltungs- und Wohnräume für Angehörige

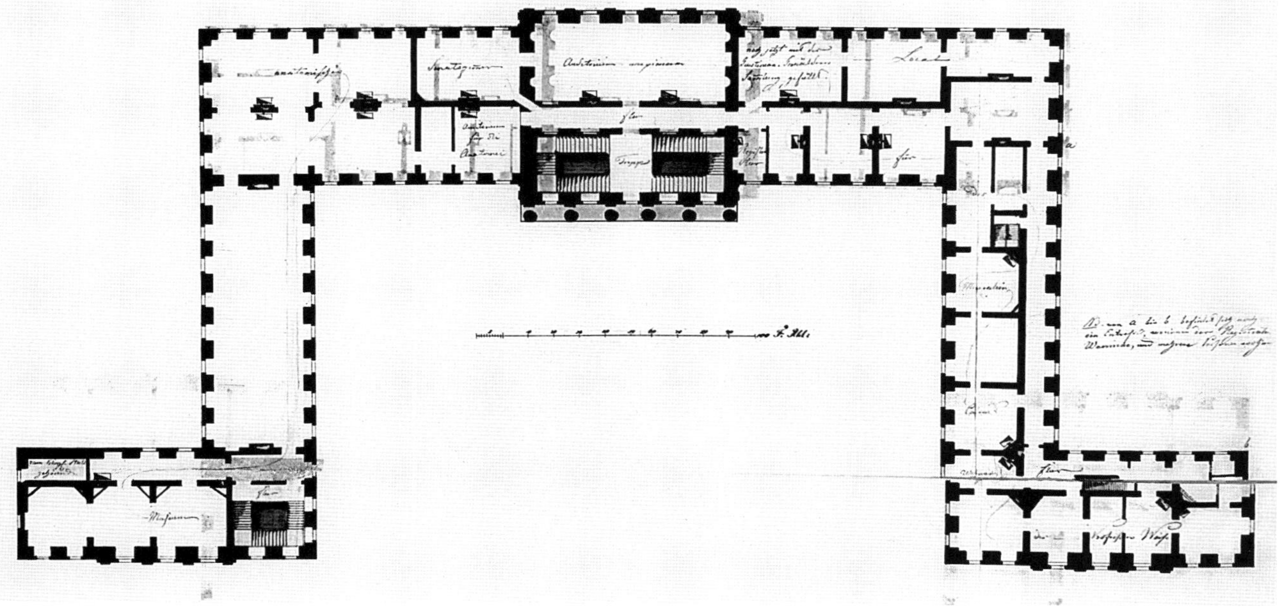

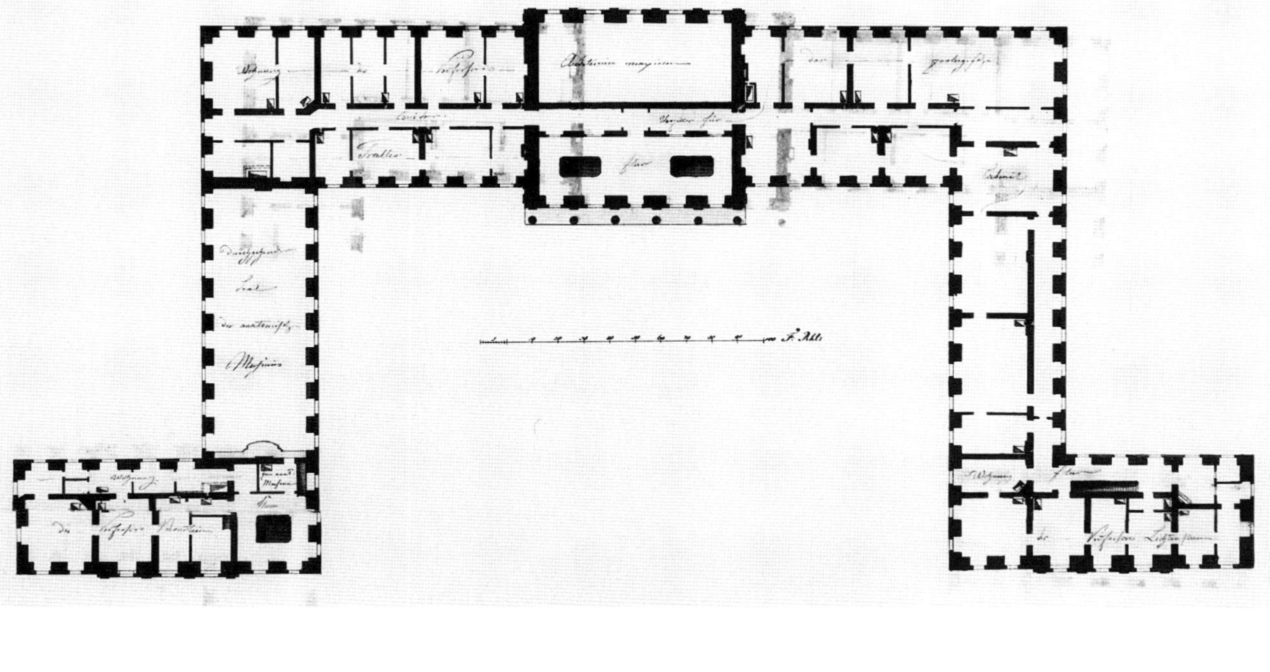

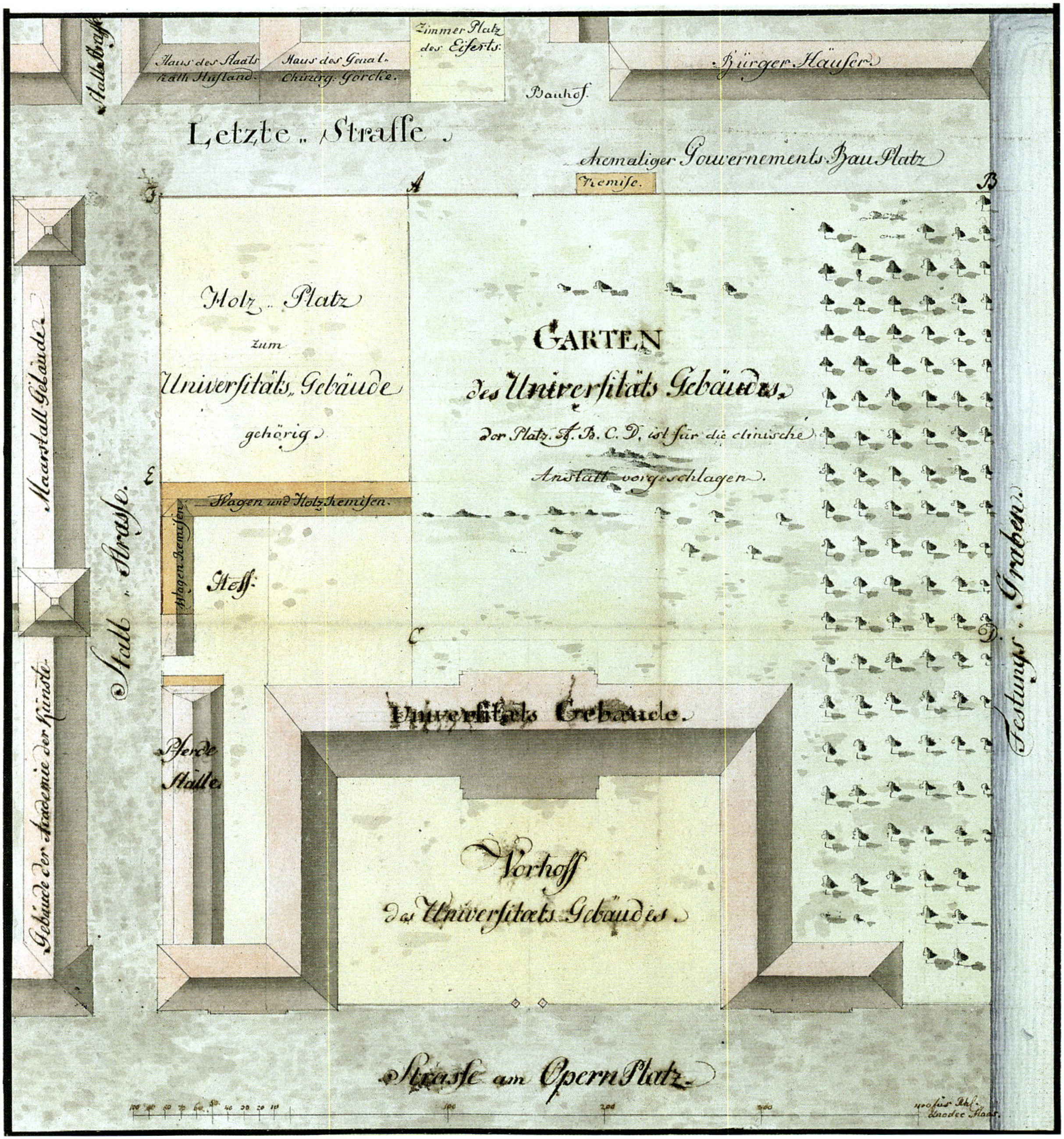

38 E. Mandel. Lageplan vom Universitätsgrundstück. 1811. Kolorierte Zeichnung. Berlin, Geheimes Staatsarchiv – Preußischer Kulturbesitz

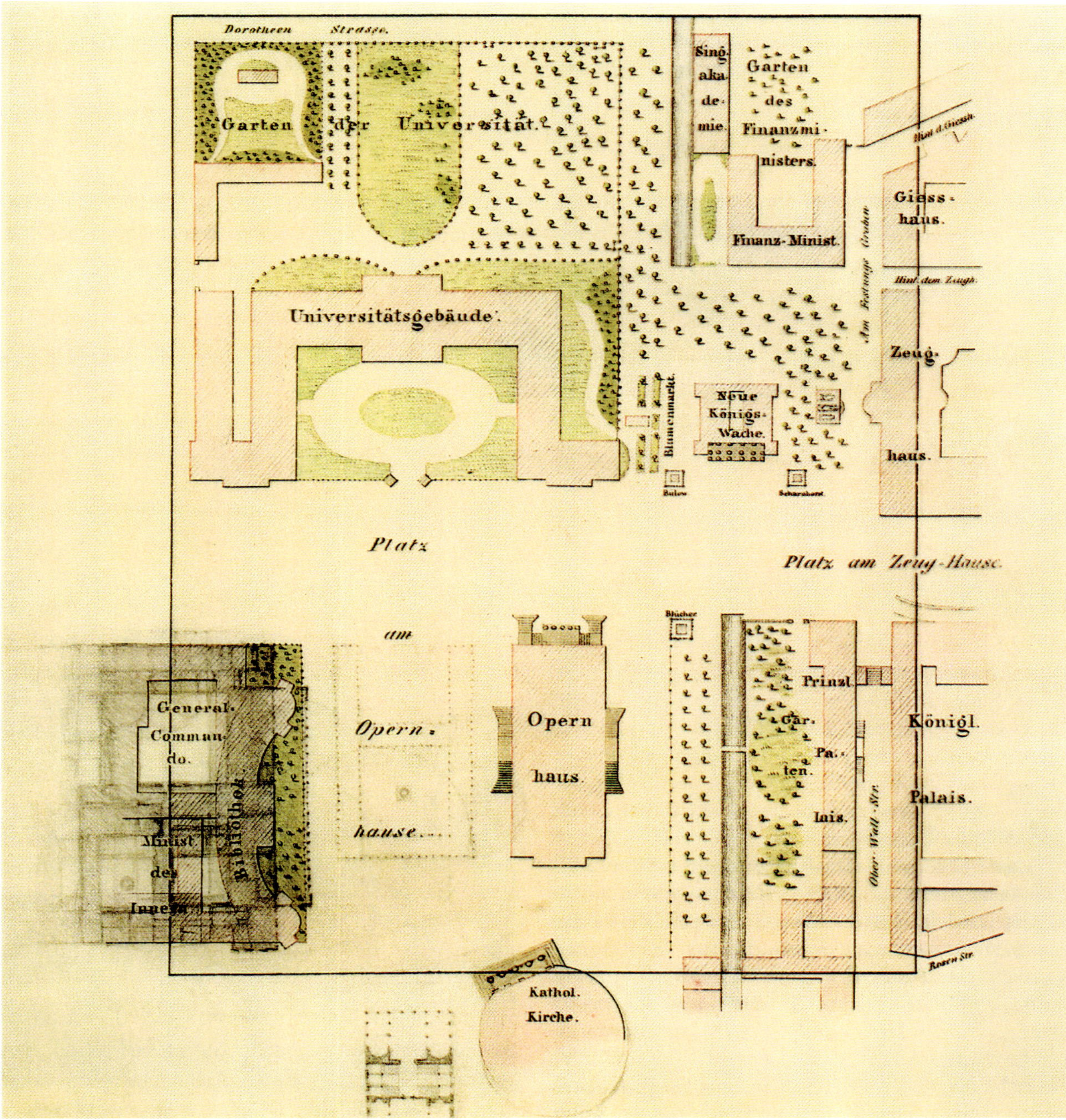

39 Plan vom Forum Fridericianum. Um 1840. Lithographie, farbig laviert, mit Bleistifteinzeichnung von Friedrich Wilhelm IV. (?). Stiftung Schlösser und Gärten Potsdam-Sanssouci

der Universität eingerichtet wurden. Westlich der Eingangshalle nach der Lindenseite zu lagen vier Auditorien, und an der Gartenseite befand sich ein weiterer Hörsaal sowie das »Clinicum« (Poliklinik) von Prof. Hufeland. Im Erdgeschoss des Westflügels gab es nach dem Stallhof zu drei Remisen für Kutschen des Kronprinzen und für Brennholz. Hinter einem Flur mit Ausgang zum Stallhof schloss sich die Pedellwohnung an. Im westlichen Kopfbau lagen das große Treppenhaus, ein Hörsaal und die Kutscherstuben an der Ecke der Universitätsstraße.

Östlich der Eingangshalle befanden sich im Erdgeschoss nach dem Ehrenhof zu ein Professorenzimmer und die Wohnung des Kastellans. Die Gartenseite nahmen zwei größere Auditorien ein und die Ostecke des Mitteltraktes der Fechtsaal für Studenten. Im Ostflügel waren drei weitere Hörsäle sowie eine Professorenwohnung, ferner im Rest des Kopfbaues ein Hörsaal, das Chemische Laboratorium und das Kabinett für physikalische Instrumente untergebracht. Hier wurden die Treppen verlegt, und beide Kopfbauten erhielten einen Ausgang nach Norden sowie an den schmalen Giebelseiten in allen drei Stockwerken je zwei Fenster. Beide Seitenflügel bekamen zum Ehrenhof hin in der jeweils sechsten Achse Türen, so dass eine kurze Querverbindung über den Hof möglich wurde. Im Erdgeschoss befanden sich nach den Eintragungen auf dem Plan bereits elf Hörsäle von geringer Größe (Abb. 35). (Gaedicke 1811)

Im 1. Obergeschoss beanspruchte das Anatomische Museum mit einem Hörsaal den gesamten Westflügel mit dem Kopfbau (Abb. 36). Aus vier ehemaligen Zimmern der Prinzessin war an der Nordwestecke des Gebäudes ein großer Saal entstanden. Die Große Galerie nahm nun die anatomischen Präparate auf.

In der Gebäudemitte lag der zum Auditorium maximum bestimmte frühere große Festsaal, links daneben an der Gartenseite schloss sich das Senatszimmer an. Beide Räume erfuhren zunächst nur geringfügige Veränderungen, und ihr Rokokozierat blieb erhalten. Abbildung 40 gibt einen Eindruck von dem ersten Senatszimmer, allerdings schon in einem später veränderten Zustand. Östlich der Haupttreppe lag die kleine Registratur. Die sich anschließenden Räume des Mitteltraktes nahmen das Mineralienkabinett auf, das zusätzlich alle Räume im Ostflügel beanspruchte. Im östlichen Kopfbau und im Entresol (vorher Kupferstichsammlung des Prinzen Heinrich) wohnten noch Angehörige der Universität.

40 Ehemaliges Senatszimmer der Universität. Zustand um 1909

Auch das 2. Obergeschoss des Mittelbaues (Abb. 37) war zum großen Teil mit zwei Professorenwohnungen belegt. Fast die gesamte östliche Hälfte der Etage nahm das umfangreiche »Zoologische Kabinett« ein, dessen Direktor Prof. Lichtenstein direkt daneben, im östlichen Kopfbau, seine große Dienstwohnung hatte.

In den ersten Jahren des Bestehens der Universität stiegen die Studentenzahlen nur langsam an. Mit Beginn der Befreiungskriege leerten sich 1813 die Hörsäle fast vollständig, und das Universitätsgebäude machte einen recht verwaisten Eindruck. Es sollte deshalb für Zwecke der Militärbehörden genutzt werden. Die Forderung nach Einrichtung eines Lazaretts wurde wegen hygienischer Bedenken abgewiesen. Die üblen Dünste aus dem damals noch offenen Festungsgraben, der die Ostgrenze des Grundstückes bildete, reichten aus, um das Vorhaben aufzugeben. Der Hörsaal 9 und der Fechtsaal wurden vom Senat für die Musterung von Landwehrleuten freigegeben. Im Garten fanden zunächst Exerzierübungen für Offiziere, danach für Mannschaften sowie Appelle und Musterungen statt. (Lenz) Für die Siegesfeier wurden vor der Universität Beutewaffen zur Schau gestellt (Abb. 41).

Mit dem Bau der »Neuen Wache« (1816–1818) (Abb. 43) war auch die Umgebung der Universität aufgewertet worden. Nach Beendigung des Krieges verstärkte sich der Zustrom zur Berliner Universität ganz erheblich, und

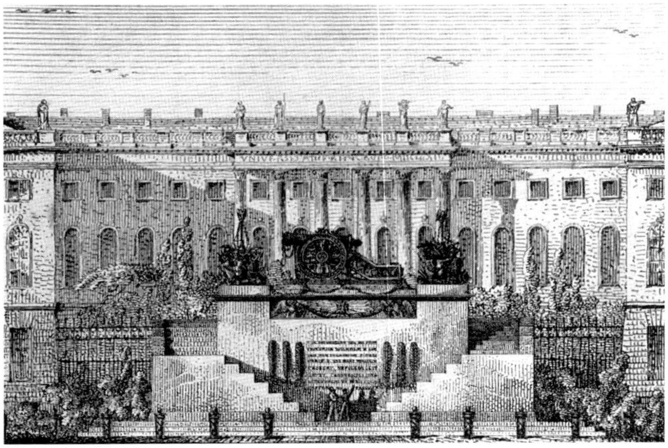

41 H. Schuberth. Entwurf zur Aufstellung von Beutewaffen. 1813. Federzeichnung in Grau. Staatliche Museen zu Berlin – Preußischer Kulturbesitz, Kupferstichkabinett

1817/18 waren bereits 942 Hörer eingeschrieben. (Diestel) Nun begann die seitdem anhaltende Raumnot, die einherging mit dem immer spürbarer werdenden baulichen Verfall. Die großen Sammlungen nahmen schon mehr als ein Geschoss ein, dringend benötigte Räume wurden für Amtswohnungen genutzt, so dass es immer schwieriger wurde, mehr und größere Hörsäle einzurichten. Weitere umfangreiche Sammlungen, notdürftig untergebracht in Nebengelassen und unter dem Dach, harrten ihrer Aufstellung.

Kastan beschrieb die erste Innenausstattung als sehr einfach oder gar dürftig, denn bei allem musste gespart werden, und die alten Schriftwechsel in den Archiven deuten auf umständlichste Verfahrensweise bei der Beantragung und Genehmigung von Anschaffungen, Reparaturen oder baulichen Veränderungen.[11] Die Hörsäle hatten kahle, graugrün getünchte Wände, über dem Katheder hing lediglich eine schwarze Holztafel. Geheizt wurde mit Kachelöfen von den Fluren aus, und im Winter sollen Hitze, Rauch, fehlende Lüftung und ärmliche Beleuchtung den Aufenthalt in den meist überfüllten großen Hörsälen zeitweilig unerträglich gemacht haben. Mit kärglichen Ausstattungen und »armseligen Zurüstungen für Versuchsanordnungen« wurden trotzdem wissenschaftliche Ergebnisse ersten Ranges, zum Beispiel in der Physiologie, erzielt. Abbildung 42 zeigt das Universitätsgebäude um 1815.

Im Jahre 1820 wurde von Schinkel der Bauinspektor F. Schramm für die Leitung der Bauangelegenheiten des Universitätsgebäudes benannt, der den bisher zuständigen Hofbauintendanten Prof. Rabe ablöste. Schramm schlug 1820/21 eine Reihe von Maßnahmen zur Gewinnung weiterer Räume und zur Vermeidung vorhandener Störungen und Unfallgefahren vor.[12] Darunter sind auch Entwürfe zur Veränderung am Stallhof und an der Wagenremise im Garten, deren Nutzungsweise den Lehrbetrieb störte. Jetzt stellte sich heraus, dass aus dem von W. von Humboldt errechneten Gesamtjahresetat der Universität von 150.000 Talern nichts mehr für größere Bauausgaben übrig blieb, denn Dreiviertel der Summe und mehr wurde für die Gehälter von Dozenten und Angestellten verbraucht. (Lenz) Bald standen nur noch 4.000 Taler im Jahr zum baulichen Unterhalt sämtlicher Institute zur Verfügung, die nur geringfügige Veränderungen ermöglichten.

42 J. D. Laurens und F. C. Dietrich nach F. A. Calau. Das Universitätsgebäude. Um 1815. Radierung und Aquatinta

43 Unbekannt. Universitätsgebäude und Neue Wache. Um 1823. Zeichnung. Landesarchiv Berlin

Der prächtigste Raum der Universität war die Aula, deren Einrichtung jedoch offenbar schon bald den Ansprüchen des Senats nicht mehr genügte. 1825 wünschte der zuständige Minister Altenstein ihre gründliche Ausbesserung und Umgestaltung. Schinkel besichtigte als Chef der Oberbaudeputation mit Schramm den Saal und erstellte ein Gutachten mit Vorschlägen für Veränderungen und Reparaturen.

Damals standen das Katheder und ein Schrank vor der Tür zum Senatssaal, so dass sich die Professoren beim Eintritt in diesen »durch den Engpaß winden« mussten. (Lenz) Amphitheatralisch ansteigende Bänke verkleinerten den Saal.

Schinkel empfahl deshalb, die Kathedereinrichtung auf die östliche Schmalseite zu verlegen, auf die Bänke zu verzichten und vor den seitlich des Katheders erhöht angeordneten Sitzplätzen für die Honoratioren eine einfache Barriere aufzustellen (Abb. 46). Schon vorher waren auf seinen Rat hin die aus der Zeit Prinz Heinrichs stammenden vier lebensgroßen »höchst widrigen Statuen aus Stuck« von Mars, Herkules, Minerva und Flora aus den Nischen an den Schmalseiten entfernt, zerschlagen und als »Material« verkauft worden, da sie ohne künstlerischen Wert seien. (Lenz, Rave 1962) Dafür wurden die Büsten König Friedrich Wilhelms III. von Rauch und König Friedrichs II. in den Nischen beiderseits der Tür zum Senatssaal

44 E. Barth.
Die Gartenseite der Universität. Um 1830. Deckfarben. Staatliche Museen zu Berlin – Preußischer Kulturbesitz, Kupferstichkabinett

45 E. Barth. Blick aus dem Westflügel der Universität zum Stadtschloss. Um 1830. Deckfarben. Staatliche Museen zu Berlin – Preußischer Kulturbesitz, Kupferstichkabinett

aufgestellt. An der Schmalseite gegenüber befanden sich zwei Stelen mit den Namen von 42 Gefallenen der Alma mater von 1813. Schinkel empfahl, das Deckengemälde von Guglielmi unangetastet zu lassen und auch alle beschädigten Rokokoverzierungen an der Decke, den oberen Wandteilen und am Hauptgesims wiederherzustellen. Abgeschlagen werden sollten die schon schadhaften Verzierungen unterhalb des Gesimses, die rahmenden Palmenzweige um Türen und Fenster. Der Stuckmarmor an den Wänden sollte originalgetreu wiederhergestellt werden.

Auch Türen, Fenster sowie der Fußboden aus Eichenholzparkett waren zu erneuern. Wirklich ausgeführt wurden 1825 jedoch nur die Holzteile von Kathedern und Schränken sowie die Bänke. Sie waren aus »braun gebeizten und polierten elsenen [also Erlen-]Holz zu machen und alles [war] in Übereinstimmung und in einen würdigen Charakter zu bringen«. Die Katheder erhielten »in Holzton gestrichene Zinkgußornamente«, die auf dem Eichenholz »wie Schnitzarbeit« wirkten. Die Zeichnungen für drei in »flachem figürlichen Bildwerk« angelegte Füllungen fertigte Schramm nach Skizzen von Schinkel an. (Rave 1962)

Die alten Öfen waren verbraucht, und es wurden dafür neue »nach gewöhnlicher Art« eingebaut. (Lenz) Einige geringfügige Veränderungen des Skulpturenschmuckes am Katheder erfolgten durch den Bildhauer A. Kleemeyer, der 1825 einen Kostenanschlag dafür machte.[13] Die Stuckarbeiten an Säulen und Wänden wurden 1826 beendet.[14] Die gesamte Reparatur der Aula kostete 1.214 Taler.[15]

1825 wurde auch das Senatszimmer instand gesetzt und dabei mit klassizistischen Dekorationselementen an Decke und Wänden verziert (Abb. 40).[16] Wahrscheinlich wurden jetzt die alten Tapeten des Raumes übermalt, wenn dies nicht schon gleich nach der Gründung geschah. 1909 wurden nämlich Wandbildnisse von den »4 Fakultäten« – als weibliche Figuren dargestellt – sowie von der Akropolis unter den gelblich übergestrichenen Wänden des Senatszimmers wiederentdeckt.[17]

Bisher ungelöst war auch das Beleuchtungsproblem im Gebäude. Auditorien, Treppen und Flure wurden durch wenige Lampen nur notdürftig erhellt, Ehrenhof und Garten blieben unbeleuchtet. Die Dozenten mussten selbst für die Beleuchtung der Hörsäle mit Kerzen sorgen und forderten für diesen »Service« ein Lichtgeld: Für zwei Stunden Kerzenlicht waren zum Beispiel zwanzig bis dreißig Groschen zu zahlen! Dozenten hatten eine Wachskerze, die Studenten mussten sich mit billigen, blakenden »Fettkerzen« begnügen. Die Kerzentülle wurde mit der Spitze einfach auf die Holzbänke gestoßen. Gut vorstellbar ist die bei dieser Beleuchtungsweise in den dicht besetzten Hörsälen entstehende qualmig-stinkende Atmosphäre bei düster flackerndem Kerzenschein. (Lenz) Im Winter 1824/25 wurde deshalb die Hörsaalbeleuchtung mit Hilfe von 48 »Argant'schen Lampen« – also mit Öllampen – zu dreihundert Stunden jährlicher Brennzeit eingeführt, die mit Bedienung durch den »Illuminateur« des königlichen Theaters 150 Taler im Jahr kostete. (Lenz)

1826 wurde versuchsweise der Hörsaal 6 mit Gaslicht erhellt, der jedoch zu dunkel blieb. Es roch nach Gas, so dass man die alte Methode beibehielt.[18] Der Illuminateur Baethge verdiente allein mit dieser Tätigkeit so gut, dass er ab 1831 als selbständiger Unternehmer den Vertrag zur Beleuchtung der Universitätsgebäudes abschloss. Auch der Umbau der beiden Räume westlich des Senatszimmers zu einem großen Auditorium mit 360 Plätzen, in dem im Wintersemester 1827/28 A. von Humboldt seine berühmten Kosmos-Vorlesungen hielt, konnte begonnen werden. Der ehemalige Fechtboden wurde Registratur.

Schon seit 1825 drohte das Dach einzufallen. 1828 mussten deshalb die Dachräume gesperrt werden. Die Dachbalken waren nass eingebaut worden und faulten, Wurmfraß kam hinzu. Schon senkten sich einige Decken

46 Alte Aula der Universität (ehemaliger großer Fest- und Audienzsaal). Zustand um 1909

im Obergeschoss bedenklich, und lange Deckenrisse traten auf. Die Sammlungen waren stark gefährdet, der Aufenthalt im oberen Geschoss wurde stellenweise »lebensgefährlich«. (Lenz) Deckenputz fiel herab, der Sandstein von Gesimsen, Balustraden und Attika bröckelte bedrohlich. 1828 verlangte Bauinspektor Schramm schließlich die Sperrung des nördlichen Portals, da herabfallende Bruchstücke der schadhaften Kartusche die Passanten gefährdeten.[19] Ein Schutzdach musste über dem Eingang errichtet werden, und ein Bauzaun wurde gezogen, um Passanten zu schützen.

Im Inneren des Gebäudes war die Dielung der großen Eingangshalle schadhaft, so dass Schramm 1826 die Erneuerung des eichenen Holzpflasters beantragte.[20]

Von 1827 bis 1830 dauerte der Kampf um die Anlage von Latrinen für die Studierenden, die es bisher im Gebäude überhaupt noch nicht gab! Sehr geklagt wurde deshalb über die sich verbreitende Unreinlichkeit in den Höfen und Gärten.[21] Endlich wurde mit einem Anbau am Stallgebäude an der Universitätsstraße Abhilfe geschaffen.

Umbau und Generalreparatur 1836–1846

Zehn Jahre lang – von 1826 bis 1835 – bemühte sich die Universität unablässig um die Zustimmung des »Ministeriums für die Geistlichen-, Unterrichts- und Medicinal-Angelegenheiten« zur längst fälligen Generalreparatur des Gebäudes. Wiederholte Gutachten der Oberbaudeputation kennzeichnen den Bauzustand als immer bedrohlicher werdend und empfehlen dringend den baldigen Beginn der Ausbesserungsarbeiten, deren voller Umfang noch gar nicht abschätzbar war. Noch 1833 weigerte sich König Friedrich Wilhelm III., die erforderlichen Gelder zur Verfügung zu stellen. Zugleich empfahl er dem Rektor und Senat, das Universitätsgebäude hypothekarisch zu verpfänden, um selbst die notwendigen Mittel für die Reparatur aufzubringen![22] Aber erst nach einem weiteren Gutachten der Oberbaudeputation vom 22. März 1834 und auf Grund der Kabinettsordre vom 4. August 1834 bewilligte das Staatsministerium ab 1835 zunächst jährlich 20.000 Taler für die Durchführung der Bauarbeiten, für die zuerst sechs Jahre veranschlagt wurden.[23] Die Universität hatte 1832 zwar neunzehn Hörsäle mit insgesamt 1.950 Plätzen für etwa 2.300 Studenten und für etwa 200 Gasthörer. Der Senat wies aber nach, dass nur zwölf Hörsäle für 208 angekündigte Lehrveranstaltungen praktisch verfügbar waren, obwohl der Vorlesungsbetrieb im Sommer täglich von 7 bis 20 Uhr dauerte. Mindestens sechs weitere Hörsäle, darunter einer für Physik, wurden benötigt.[24]

Die Leitung des komplizierten Bauvorhabens wurde dem Oberbaurat C. F. Busse (1802–1868), einem Schinkel-Schüler, übertragen. Es wurde in vier Bauabschnitten von 1836 bis 1846 bei laufendem Lehrbetrieb ausgeführt, ohne dass die umfangreichen Sammlungen nach außerhalb verlagert werden mussten. (Rellstab) Die Arbeiten begannen im Westflügel, der am baufälligsten war und grundlegender Umgestaltung bedurfte. Die bisher bis in das 2. Obergeschoss reichende Große Galerie wurde durch Einziehen von Zwischendecken und -wänden unterteilt. Der Umbau des Westflügels, in den eine neue Treppe eingefügt wurde (Lenz), dauerte bis 1840. Der Ostflügel wurde erst 1846 endgültig fertiggestellt. Von 1839 bis 1843 konzentrierten sich die Arbeiten auf den Mittelbau, wobei die Aula unverändert erhalten blieb. 1836 wurde endlich der so lange umstrittene Pferdestallanbau in der Universitätsstraße von der kronprinzlichen Stallverwaltung freigegeben, 1838 abgerissen und an seiner Stelle 1839 ein neues »Beamtenhaus« erbaut.[25]

47 F. Brohm.
Die Universität.
Um 1830. Stahlstich

48 Die heutige
Ansicht vom
gleichen Standort

49 Unbekannt. Universität und Akademie der Künste. Um 1840. Lithographie

Neben der Einrichtung neuer Hörsäle im Erdgeschoss und im ersten Obergeschoss wurden im Mezzaningeschoss zusätzlich Räume für die Sammlung von Gipsabgüssen, Gemälden, Antiken und Münzen sowie für physikalische Apparate und für das Kabinett von chirurgischen Instrumenten und Bandagen geschaffen. (Eckenstein) Von 1842 bis 1843 wurde der östliche Teil des Mitteltraktes ausgebaut. Zur Erweiterung der Aufstellungsmöglichkeiten wurden in den Sälen der naturwissenschaftlichen Sammlungen im obersten Geschoss Galerien eingebaut. Bei dem gesamten Umbau blieb, wie Busse berichtet, eigentlich nur das Mauerwerk des alten Palais stehen.[26] Erneuern musste man fast sämtliches Holzwerk der Decken, des Daches, die Fenster, Türen und den Fußboden sowie die Öfen. Zu den Hauptarbeiten gehörten ein neues Dach und die fast vollständige Rekonstruktion des »sehr kostbaren Hauptgesimses«, der Sandsteinbalustrade und der Sandsteinabdeckung (Flinte) am Gebäudesockel. An Nebengebäuden entstanden zusätzlich das Beamtenhaus, das Gewächshaus mit Gärtnerwohnhaus (1843) und ein »Abtrittsgebäude« (1846) an einem Weg im Kastanienwäldchen. Dazu kamen noch Entwässerungsanlagen, Wegebefestigungen und 1846 die Reparatur der Torhäuser und des Gitters an der Lindenseite sowie Einfriedigungen

50 A. von Menzel. Universität. Um 1840. Bleistiftzeichnung. Staatliche Museen zu Berlin – Preußischer Kulturbesitz, Kupferstichkabinett

der übrigen Grundstücksseiten mit Eisenzäunen. Die Gesamtkosten betrugen 1843 bereits 359.192 Taler.[27]

Das Dach des Universitätsgebäudes erhielt eine neue Konstruktion und Form. Anstelle des alten, steileren Ziegeldaches, das bis 1837 erst hinter der Balustrade ansetzte, wurde nun der Dachstuhl bis zur Balustrade hochgezogen, um höhere, nutzbare Bodenräume zu gewinnen. Es entstand ein flachgeneigtes Dach, das noch die Balustrade überdeckte, ein so genanntes »Dornsches Dach« (Knoblauch), dessen Dachhaut aus einer etwa 2 bis 3 cm dicken Lehmschicht auf Holzschalung bestand und mit Steinkohlenteer getränkt war.[28] Schon während des Baues schlug Busse eine Deckung mit Zinkblech vor, die jedoch wegen der höheren Kosten abgelehnt wurde. Auf Drängen verschiedener konkurrierender Bauunternehmer wurde dann beim zweiten Bauabschnitt »natürlicher Asphalt« als Dichtungsmittel auf die Lehmschicht aufgebracht, und andere Kombinationen folgten. Zur Belichtung des Dachraumes wurden kleine Glaskuppeln auf den Dachfirst gesetzt. (Runge)

Die umfangreichen Steinmetzarbeiten am Hauptgesims und der Balustrade wurden in Postelwitzer Sandstein von den Meistern Cantian und Trippel ausgeführt.[29] Dabei wurde 1839 auch die brüchig gewordene 16 Fuß hohe

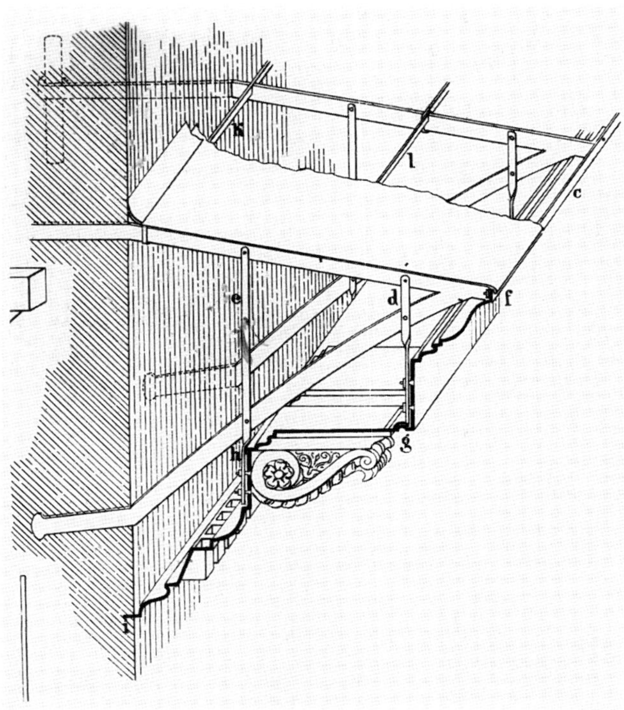

51 Konstruktion des Hauptgesimses aus vorgefertigten Zinkblechformen am Universitätsgebäude beim Umbau durch Busse 1836–1846 (nach Runge, 1840)

Kartusche mit Wappenschild, Krone und Adler von der nördlichen Attika des Mittelbaues entfernt (Abb. 44). Als Ersatz wurden dann bis 1845 nach Vorschlag von Busse sechs einheitliche Vasen aus Sandstein oder Zinkguss auf der Attika aufgestellt. 1841 wird erwähnt, dass am östlichen Teil des Mittelbaues vorgefertigte Formen aus Zinkguss für das Hauptgesims verwendet wurden (Abb. 51).[30] Auch andere Gesimsteile, so zum Beispiel die an beiden Kopfbauten heute noch vorhandenen, wurden mit diesem billigeren Material ausgeführt. (Runge) 1842 sind fünf Karzer im Dachraum ausgebaut worden[31], die aber wegen Unzumutbarkeit für die dort eingesperrten Studenten bald wieder verlegt werden mussten. Im gleichen Jahr empfahl Oberbaurat Busse, die stark verwitterten Kopfsteine über den Fensterbögen des Mittel- und Ostrisalites durch neue Köpfe »nach antiken Mustern« ersetzen zu lassen, wegen der Einheitlichkeit des Aussehens aber auch die am Westrisalit mit zu erneuern, da er die alten Köpfe als »unkünstlerisch« empfand.[32] Hier findet sich also der erste Hinweis, dass diese Kopfsteine an der Lindenseite wahrscheinlich schon seit der Erbauungszeit vorhanden waren und dann, zumindest in der Mitte, erst im Rahmen dieses Umbaues in Gips erneuert wurden. (Keibel und S. 163)

Als 1846 die umfassende Rekonstruktion endlich abgeschlossen war, regnete es noch immer beziehungsweise schon wieder durch das soeben fertiggestellte Dach, da man aus Unsicherheit über die Art der Deckung schließlich vier verschiedene Methoden auf den einzelnen Dachabschnitten ausprobiert hatte. Schon 1848 bestand erneut Gefahr für das große Deckengemälde in der Aula durch eindringendes Wasser. So erwiesen sich die Dachkonstruktion und die technisch nicht bewältigte Dachdeckung schon kurz nach der Rekonstruktion als ein großer Fehlschlag.

Bauliche und räumliche Situation 1847–1888

In den zweiundzwanzig Jahren nach Abschluss des großen Umbaues bis zum Beginn der nächsten Rekonstruktion der Jahre 1868/69 blieb das Gebäude von weiteren Reparaturen und Umbauten nicht verschont. Bald machte sich wieder akuter Raummangel in dem für den wachsenden Universitätsbetrieb nicht ausreichenden Bauwerk bemerkbar. In mehreren Abschnitten wurde von 1850 bis 1858 das Dach doch mit Zinkblech gedeckt, eine Maßnahme, die den desolaten Zustand nur noch mehr verschlimmerte. Feuchtigkeit drang von oben, von der Seite durch den schadhaften Putz und vom Erdboden über die Sand-

52 F. Hirschenheim nach C. Würbs. Universität 1852. Stich

steinverblendungen am Sockel in das ungenügend geheizte Gebäude, dessen Westhälfte noch nicht unterkellert war, ein. Am Senatssaal und im Ostflügel wurde bald Schwammbefall festgestellt.[33]

Als weitere Sammlung musste 1857 in das bereits übervolle Haus das umfangreiche und kostbare Herbarium von Prof. Weiß aus Schöneberg »vorübergehend« in den Ostflügel übernommen werden, das dann aber bis 1871 im Erdgeschoss des östlichen Kopfbaues verblieb. Danach wurde dort das erste Labor für Prof. Helmholtz eingerichtet.[34]

1858 wurde die anhaltende »Beleuchtungs-Misere« im Universitätsgebäude durch die Einführung der Gasbeleuchtung im ganzen Hause auf Initiative von Prof. E. Mitscherlich einigermaßen behoben. Danach baute man 1860 anstelle der bisherigen Holztreppen eine freitragende Treppe aus Granitstufen ein. 1863 begann die Erneuerung des sehr schadhaften Fassadenputzes an der Lindenseite.

Zugleich verfassten Rektor und Senat die umfangreiche Denkschrift vom 18. März 1863: »Betrifft das wachsende Bedürfnis der Universität nach Vermehrung und Erweiterung der Räume für die Lehrzwecke, Sammlungen und Institute.« Erstmalig wird dabei auf einen notwendigen Neubau nahe dem Universitätsgebäude hingewiesen.[35]

53 F. A. Borchel. Opernplatz mit Universität. Um 1860. Bleistiftzeichnung. Berlin, Märkisches Museum

Als sich 1867 plötzlich lange Risse an der Decke des Senatssaales zeigten, wurde auf Grund eines technischen Gutachtens des Bauinspektors L. F. Hesse (1795–1876) die nächste größere Renovierung des Gebäudes eingeleitet.[36] Es wurde beschlossen, die durch Baufehler aufgetretenen Mängel durch einen vollkommenen Umbau des Daches, durch sorgfältigen Neuverputz und einwandfreie Entwässerungsmaßnahmen zu beseitigen. 1868 wurde mit dem Umbau des Daches begonnen. Man stellte die ursprüngliche, steiler geneigte Dachform wieder her, und der Dachansatz lag nun wieder hinter den Balustraden. Um das »Einrauchen der Öfen« zu vermeiden, ragten jetzt höhere Schornsteine über das mit Schiefer neu gedeckte Dach.[37] Bis zum Herbst 1868 wurden die drei übrigen Fassaden neu verputzt.[38]

Schon 1870 kritisierte der König wieder den schlechten Zustand der frischgeputzten Fassaden, deren 1871 erneut ausgebesserter Putz wiederum abbröckelte.[39] Auch das Dach blieb undicht und musste im selben Jahr umgedeckt werden.

1875/76 brachten Bauarbeiten erneut Unruhe in das alte Gebäude. Sämtliche Räume im Erd- und Mittelgeschoss wurden gestrichen und ausgebessert, die Hörsäle erhielten neue Lüftungsanlagen (Ventilation). 1876 wurde dann das Universitätsgebäude an die eben gebaute städtische Kanalisation angeschlossen. 1877 musste das Abortgebäude im Kastanienwäldchen abgerissen werden.[40]

1878 war der Mangel an großen Auditorien so spürbar, dass der Errichtung eines provisorischen Bauwerks auf dem Grasplatz nördlich des Gebäudes, gegenüber vom Garteneingang, zugestimmt wurde.[41] Hier entstand im selben Jahr das »Barackenauditorium«, in dem ab 1885 die Akademische Lesehalle untergebracht war. Hinter diesen Bezeichnungen verbirgt sich ein bisher wenig bekanntes Detail der Universitätsgeschichte, so dass sich hier ein kurzer Exkurs über das Gebäude und seine Bedeutung für die damalige Studentenschaft anschließen soll.

Das Barackenauditorium war ein schlichter eingeschossiger Fachwerkbau und diente zunächst vorwiegend als Hörsaal für die stark besuchten kunstgeschichtlichen Vorlesungen. Das Gebäude hatte auf jeder Seite fünf Fenster und drei Oberlichter. Gaslampen erhellten notdürftig den Raum. Einzige Verzierung der »Baracke« war ein bescheidenes Zimmermannsornament am Giebel.[42]

54 Die Akademische Lesehalle im Gartenhof der Universität, Innenansicht. 1892. Zeitungsillustration nach einer Zeichnung von G. Lulvès

Nach seiner Renovierung wurde das Barackenauditorium im Oktober 1885 als Akademische Lesehalle eingerichtet. Diese Bezeichnung galt nicht nur der dem Literaturstudium dienenden Räumlichkeit, sondern war zugleich Name für eine aus der studentischen Reformbewegung gegen die bestehenden »Verbindungen« (Corps) und das unsinnige Duellieren hervorgegangene gemeinnützige Bildungsinstitution – eine Art Leseverein als Ort geistiger Auseinandersetzung der Studentenschaft mit den aktuellen Problemen der Zeit.[43] Die Akademische Lesehalle war also lange Zeit ein »geschichtsträchtiger Ort« für die Berliner Studentenschaft und blieb bis zu ihrem Abriss 1916 ein Platz politischer Richtungskämpfe, vor allem gegen reaktionäre und antisemitische Vertreter (Abb. 54). 1916 musste sie, einst als ein Provisorium erbaut, nach fast vierzig Jahren der Erweiterung des alten Hauptgebäudes weichen.[44] Erst 1926 wurde die Akademische Lesehalle im Erdgeschoss des neuen Westflügels im Saal der jetzigen Hauptmensa wiedereröffnet. (Balk)

Endlich war um 1870 mit dem Bau neuer Institutsgebäude für die naturwissenschaftlichen und medizinisch orientierten Disziplinen begonnen worden. Hierzu zählten das Anatomiegebäude im Garten der Tierarzneischule, das Chemische Institut in der Georgenstraße 34, die Universitätsbibliothek in der Dorotheenstraße 9 sowie das neue Naturkundemuseum und die Landwirtschaftliche Hochschule in der Invalidenstraße 42.

1878 zogen das Physiologische und das Physikalische Institut in neue Gebäude.[45] Damit wurden im 2. Obergeschoss des Westflügels die bisher mit den physiologischen Sammlungen belegten Räume frei.

Weitere Sammlungen wurden nun verlagert; die Entomologische Sammlung kam 1884 zunächst provisorisch in

Seite 76/77:
55 Ehrenhof mit Helmholtz-Denkmal und Büchertischen. 2004

56, 57 Universität mit Opernplatz.
Um 1875 und um 1891

58 Die alte Eingangshalle (vorn) und die Säulenhalle (hinten) im Mittelbau

59 Die so genannte Säulen- oder Wandelhalle an der Gartenseite des Mittelbaues. Beide Aufnahmen um 1909

das Gebäude der alten Börse.[46] 1886 folgten weitere Sammlungen, so dass nun drei große Hörsäle im 2. Obergeschoss neu eingerichtet werden konnten. Die Zoologische und die Mineralogische Sammlung zogen erst 1888 in das neuerbaute Naturkundemuseum um. Bevor die nächsten großen Umbauten nach dem Auszug der naturwissenschaftlichen Sammlungen und Institute begannen, wurden 1878 im alten Universitätsgebäude Be- und Entwässerungsleitungen installiert und 1880 die wieder sehr schadhaften Seiten- und Hinterfassaden mit neuem Putz und einem grauen Ölfarbenanstrich versehen. 1883/84 folgte der sorgfältige Verputz der Lindenfassade. Nach Farbproben wurden drei abgestufte Grau- und Gelbtöne verwendet, wodurch das Gebäude plastischer und freundlicher als vorher wirkte (Abb. 56, 57).[47] 1885 wurde die alte Holzkonstruktion des Gewächshauses im Universitätsgarten durch eine moderne Eisenkonstruktion ersetzt.[48]

Der große Umbau 1889–1892

Über den nächsten Umbau des alten Universitätsgebäudes, das in seinem Äußeren noch immer unverändert war, berichten die »Chronik der Königlichen Friedrich-Wilhelms-Universität« und die in den Archiven bewahrten Aktenbände.[49]

Im Original erhalten sind auch die Grundrisse von 1892 für die drei Geschosse (Abb. 62–64).[50]

Die Zielstellung für den Umbau strebte folgende Veränderungen an:

1. Einrichtung des Erdgeschosses für Verwaltungsräume, Seminarräume, Arbeits- und Lesezimmer für Studierende und zwei Wohnungen für Hausverwalter
2. Im 1. und 2. Obergeschoss Einrichtung von Hörsälen in bedarfsgerechter Anzahl und Größe

HUMBOLDT · UNIVERSITAET

60 Mittelfront der Universität im Frühling

3. Vergrößerung der Eingangshalle, Verbreiterung der Korridore
4. Anlage neuer Treppen
5. Einrichtung von Toiletten im Gebäude
6. Ausstattung mit moderner Zentralheizungs- und Lüftungsanlage
7. Installation einer elektrischen Beleuchtungsanlage
8. Neubeschaffung und Ergänzung des Inventars

Zugleich wurde erstmalig die Errichtung eines separaten Aula-Gebäudes im Garten erwogen.[51] Um den Lehrbetrieb nicht zu unterbrechen, wurde der Umbau in zwei Etappen durchgeführt. Die Arbeiten begannen im Frühjahr 1889 im Ostflügel und kamen dort 1890 zum Abschluss. Im Dachgeschoss wurden alle inzwischen erfolgten Einbauten entfernt, um Platz für Sammelkanäle für Heizung und Belüftung zu schaffen. Im 1. Obergeschoss beseitigte man noch vorhandene Zwischendecken. Erstmalig wurden in jedem Geschoss Toiletten eingebaut. Die Seitenflügel erhielten neue Treppenanlagen, und einige Korridore wurden verbreitert. Zum ersten Bauabschnitt gehörte auch der Abriss des 1839 erbauten Beamtenhauses hinter dem Kopfbau an der Universitätsstraße. An gleicher Stelle errichtete man ein neues Kesselhaus mit drei Kesseln (Abb. 62). 1890 entstand der dazugehörige eiserne Schornstein, der im Kern der Treppenanlage des Westflügels eingebaut war und deshalb von außen unsichtbar blieb.[52]

Der Umbau des Mitteltraktes und des Westflügels vollzog sich vom Herbst 1890 bis zum Frühjahr 1891 in zügigem Tempo. Anstelle der geplanten Arbeits- und Leseräume für Studenten im Erdgeschoss des Westflügels wurde eine Wohnung für den »Heizungs-Maschinisten« eingerichtet. Aula und Senatssaal blieben von Umbauten verschont, lediglich eine gründliche Reinigung des Zierates der wenigen noch stilgerechten Räume aus der Entstehungszeit erfolgte.

61 Hauptportal und Balkon. Zustand um 1930

1891 wurde die neue zentrale Anlage zur Zeitanzeige mit sieben Zeiger- und vier Läutewerken eingebaut, die, vom zentralen Uhrwerk in der Eingangshalle durch eine Druckluftleitung betrieben, viertelstündlich zu hören waren.[53] Im gesamten Gebäude wurde eine elektrische Beleuchtung installiert. Die Aula, die Eingangshalle und die Wandelhalle (Abb. 58, 59) sowie beide Mittelkorridore erhielten zusätzlich Bogenlicht. Für alle übrigen Räume wählte man »Glühlicht in einfachster Fassung«.[54] Ebenso sparte man an der Möblierung der neuen Hörsäle, so wurden im 2. Obergeschoss die alten Banksitze nur renoviert und wiederverwendet.

Eine durchgehende Modernisierung erfuhren die Heizungs- und Belüftungsanlagen. Das neue Kesselhaus betrieb zwölf Kreisläufe einer neuen Warmwasserheizung. Noch mit Dampf geheizt wurden Aula, Eingangshalle und die dahinterliegende Wandelhalle (heute liegt hier die Haupttreppe). Zur Ermittlung der kostensparendsten und rauchärmsten Betriebsvariante begannen ab 1894 Versuche mit verschiedenen Brennstoffen. Die eingebaute moderne »Donnely-Feuerung« der Kesselanlagen hatte eine geringere Rauchentwicklung als andere Feuerungssysteme, jedoch blieb Rauchbelästigung auch weiterhin recht spürbar.[55] Die Belüftungsanlage verbesserte nun die Frischluftversorgung der Hörsäle.[56]

Zu den äußeren Veränderungen gehörten der Einbau einer neuen Tür für den Haupteingang im Stil der Renaissance (Abb. 61) und die Aufstellung von zwei Beleuchtungsmasten vor dem Mittelrisalit. Die Fassade wurde neu gestrichen, wahrscheinlich mit grauer Ölfarbe. Die Fensterrahmen waren braun gehalten.

Die »Chronik« vermerkt den Abschluss aller Bauarbeiten am 1. Oktober und die Übergabe des Hauses an die Universität am 13. Oktober 1891.[57]

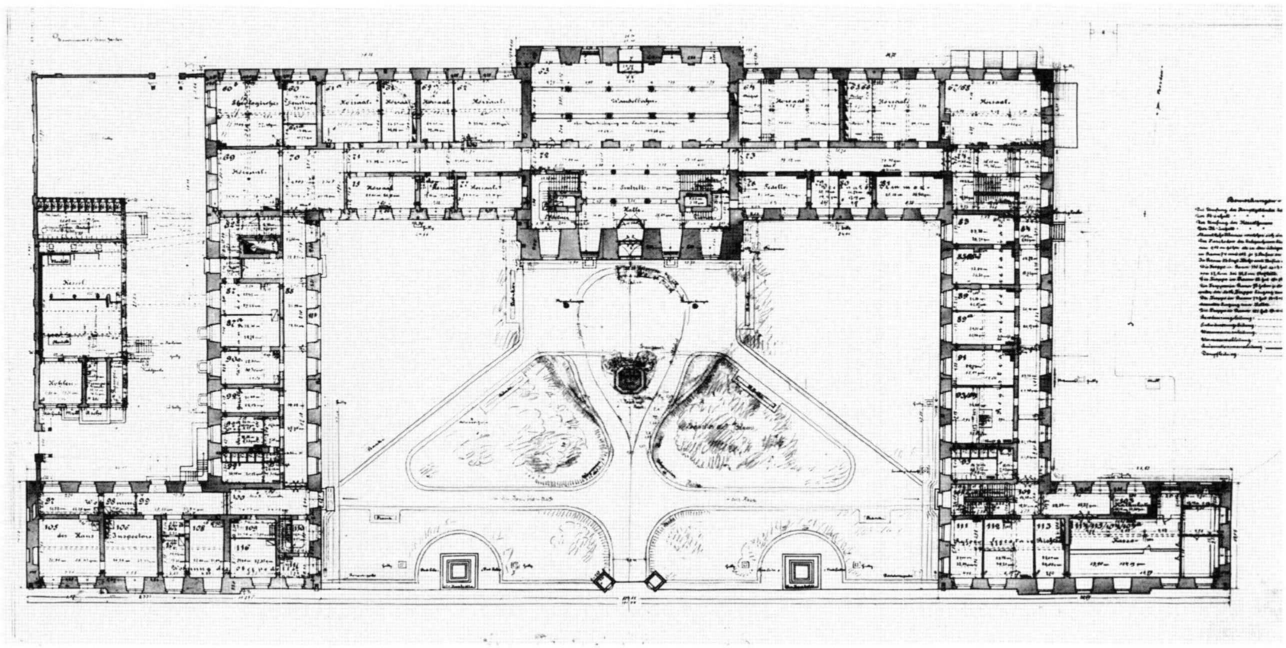

62 Grundriss des Erdgeschosses nach dem großen Umbau 1889–1891. Im Ehrenhof Einzeichnung für den Standort des neuen Helmholtz-Denkmals (1899). 1892. Farbig getuschte Zeichnung. Berlin, Universitätsarchiv der Humboldt-Universität

63, 64 Grundrisse des 1. und 2. Obergeschosses nach dem Umbau 1889–1891. 1892. Farbig getuschte Zeichnungen. Berlin, Universitätsarchiv der Humboldt-Universität

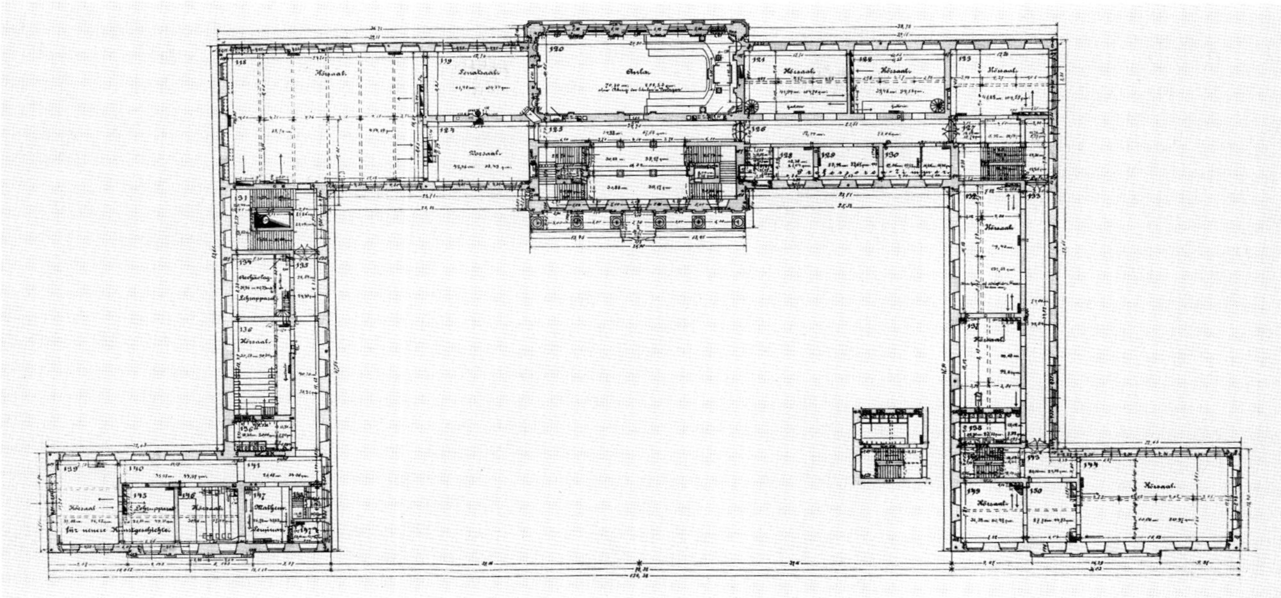

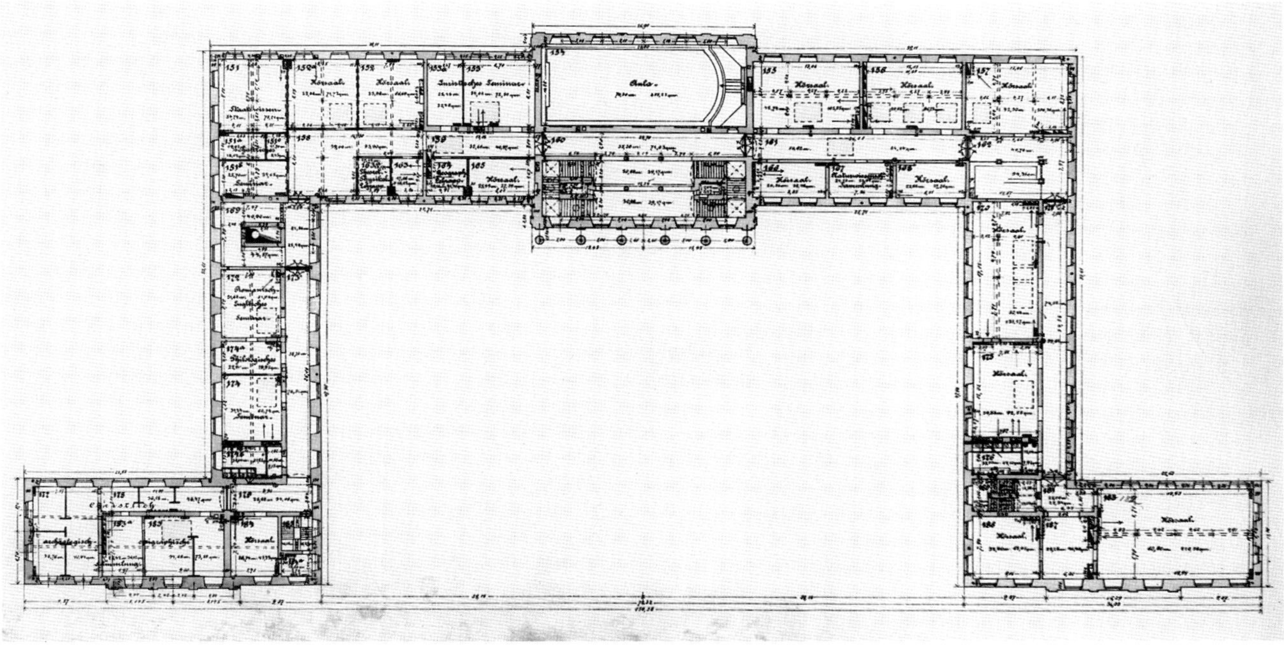

65 Die Universität vor dem Anbau der Seitenflügel. Blick auf die Gartenseite zur Universitätsstraße mit dem alten Akademie- und Stallgebäude. Zustand um 1906

66 Säulenhalle im 1. Obergeschoss vor der alten Aula (heute befindet sich hier der Senatssaal). Zustand um 1909

Die Raumeinteilung hatte sich nun wesentlich verändert. In den einzelnen Geschossen, die durch neue Treppen bequemer zugänglich waren, erleichterten durchgehende Korridore die Verbindung zwischen den einzelnen Räumen. Die Aufenthaltsbedingungen waren verbessert worden. Die Grundrisspläne für die umgebauten drei Geschosse zeigen die neue Raumeinteilung (Abb. 62-64).[58]

Im Erdgeschoss des Mittelbaues befanden sich nun beiderseits der Eingangshalle (Abb. 58) und der dahinter liegenden »Wandelbahn« elf Hörsäle, das Theologische Seminar sowie Zimmer für die Dekanate und Pedelle. Im Kopfbau des Ostflügels lagen das Rektorat und die Universitätskasse, an der Hofseite die Sekretariate und die Registratur sowie die neuen Toilettenräume. Im Westflügel gab es drei Wohnungen für Oberpedell, Hausinspektor und Heizer, den Karzer - die Haftzellen für Studenten - sowie Toiletten und Geräteräume.

Im 1. Obergeschoss des Mittelbaues befand sich links von Aula und Senatssaal das Auditorium maximum (ehemals Hörsaal für Kosmos-Vorlesungen) mit einem Vorsaal. Auf der rechten Seite lagen nach dem Garten zu drei Hörsäle und am Ehrenhof vier Professorenzimmer. Vor der alten Aula an der Stelle des heutigen Senatssaales war eine Säulenhalle (Abb. 66). Den Ostflügel nahmen vier Hörsäle und Nebenräume ein. Im Westflügel entstanden drei weitere Hörsäle und Räume für den »Archaeologischen Lehrapparat«, das Mathematische Seminar und den Lehrapparat für neuere Kunstgeschichte.

Im 2. Obergeschoss gab es jetzt insgesamt dreizehn Hörsäle sowie Räume für das Juristische, Staatswissenschaftliche, Romanisch-Englische, Philologische Seminar sowie für die Christlich-archaeologisch-epigraphische Sammlung, den Theoretisch-physikalischen Lehrapparat und den Geographischen Lehrapparat mit den erforderlichen Nebenräumen, Fluren und neuen Treppen.

Am Ehrenhof wurden mit der neuen Grundrissstruktur die seitlichen Türen im Erdgeschoss der Seitenflügel nach der Lindenseite hin von der 6. in die 3. Achse verlegt. Die nach Norden zum Garten hin gelegenen Türen an beiden Kopfbauten gestaltete man zu Fenstern um, die beiden seitlichen Türen im Mittelrisalit der Gartenseite wurden erst 1912 anstelle der Mitteltür eingebaut (Abb. 65).[59]

Erst nach dem Umbau der Innenräume wurde 1895/96 für 20.000 Mark das Dach neu eingedeckt.[60] Da die alte Aula nicht mehr genügend Platz bot, wurden zwei Entwürfe für Erweiterungsbauten im Garten erarbeitet. Die Varianten sahen den Standort anstelle des abzureißenden Barackenauditoriums beziehungsweise an der Dorotheenstraße als zweigeschossigen Bau mit Hörsälen im Erdgeschoss vor.[61]

Pläne zur Erweiterung des Universitätsgebäudes 1900–1913

Nach weiteren zehn Jahren genügte der durch die Rekonstruktionsmaßnahmen erzielte Raumgewinn nicht mehr den Anforderungen der hier verbliebenen Wissenschaftsgebiete. Ohne einen Erweiterungsbau war nun nicht mehr auszukommen.[62] (Ehrenberg) Erste Pläne zur Vergrößerung des Universitätsgebäudes wurden bereits 1901 mit Kaiser Wilhelm II. beraten.[63] Inzwischen gab es auch Überlegungen, die Universität ganz aus dem Stadtzentrum herauszunehmen. Eine Verlegung nach Dahlem, nach dem alten Botanischen Garten in Schöneberg oder in den Invalidenpark wurde diskutiert.[64] Empfindlicher Mangel bestand besonders an großen Hörsälen für die Hauptvorlesungen. 1901 wurde deshalb im Garten neben dem bereits bestehenden Barackenauditorium eine weitere Baracke als Behelfsauditorium gebaut und eingerichtet.[65]

Die Befürworter einer vollständigen Verlegung der Universität an den Stadtrand konnten sich aber nicht durchsetzen. So richtete man das Augenmerk auf den Erwerb und die Bebauung benachbarter Grundstücke. Bereits 1901 wurden Möglichkeiten der Erweiterung des alten Gebäudes durch einen Anbau am Westflügel längs der Universitätsstraße erörtert.[66] Eine gewisse Entlastung brachte die Verlegung von Instituten in die Dorotheenstraße 94 und 95/96. Im Altbau der Universität konnten durch Nutzungsänderungen noch einmal vier Hörsäle gewonnen werden.[67]

Ebenfalls noch im Jahre 1901 bemühte sich die Universität, Grundstücke nördlich des Gebäudes Dorotheenstr. 5 zu erwerben, in dem bereits die Institute für Botanik und Altertumskunde sowie das Englische, Germanische und das Historische Seminar sehr beengt untergebracht waren.[68]

1905/06 erfolgte der Neubau eines Hörsaal- und Seminargebäudes im Hinterland der Dorotheenstraße 5, in dem sich heute der Fritz-Reuter-Saal befindet.

Indessen wurden mehrere Varianten zur Erweiterung des Altbaues auf dem Gartengelände der Universität erarbeitet und wieder verworfen. Das Ministerium für öffentliche Arbeiten plante einen wuchtigen Bau an der Südseite der Dorotheenstraße.[69] Das nächste Projekt sah einen hufeisenförmigen Bau längs der Universitätsstraße vor, der den Garten vollständig verdrängt hätte und keine Rücksicht auf den Kernbau nahm.[70] Keiner der Pläne entsprach der vorhandenen Architektur, ebenso wenig berücksichtigten sie die Gartensituation und den alten Kastanienbestand. Anlässlich des 100-jährigen Bestehens der Friedrich-Wilhelms-Universität im Jahre 1910 wurde ihr die neue Aula in der Königlichen Bibliothek am Opernplatz (»Kommode«) feierlich übergeben, so dass auf das früher geplante Gebäude im Garten verzichtet werden konnte. Aus der alten Aula wurden etwa 40 Professorenbüsten in das Vestibül der neuen überführt.[71] Ihre Stirnseite schmückte das Monumentalgemälde von A. Kampf, das J. G. Fichte bei seinen Reden an die Deutsche Nation darstellte.

Die Erweiterungsbauten 1913-1920

Die Notwendigkeit einer baulichen Erweiterung des Universitätsgebäudes wurde auch damit begründet, dass für das bisher sehr beengt untergebrachte Institut für Altertumskunde und den Archäologischen Apparat entsprechend ihrer damaligen internationalen wissenschaftlichen Bedeutung ausreichender Raum geschaffen werden müsse. Der für dieses Institut als Seminargebäude 1912 entworfene Neubau sollte im Universitätsgarten stehen.[72]

Kurz bevor dieses bereits von allen Instanzen gebilligte Vorhaben, das die akademische Öffentlichkeit jedoch strikt ablehnte, dem Berliner Abgeordnetenhaus zur Entscheidung vorgelegt wurde, hatte der damalige Stadtbaurat von Berlin, L. Hoffmann (1852-1932), einen Gegenvorschlag für die Erweiterung des alten Universitätsgebäudes erarbeitet. Sein Plan enthielt nicht nur den geeignetsten Lösungsweg, sondern bezog auch die städtebauliche Neuordnung des gesamten Baugebietes hinter der Universität zwischen Hegelplatz und Pergamonmuseum ein. Hoffmann wollte mit seinem Entwurf eine klare Beziehung zwischen dem neuen Gartenhof der Universität und dem bisher ungünstig gestalteten Hegelplatz sowie dem damals gerade im Bau befindlichen Pergamonmuseum herstellen. Als Abschluss des Hegelplatzes war ein halbkreisförmiges Gebäude mit Säulengang für ein Reichsschulmuseum vorgesehen. Eine diagonal verlaufende, gerade Straße sollte von dort auf den Haupteingang des Pergamonmuseums zuführen, was allerdings eine Umgestaltung des Bauhofviertels zur Folge gehabt hätte (Abb. 67). Hoffmann bezog damit einen früheren Plan des Museumsarchitekten Wille in seinen Bebauungsvorschlag ein[73], dessen am 22. Mai 1913 von der Berliner Stadtverordnetenversammlung gebilligter Plan für den Straßenbau nicht mehr zur Ausführung kam.[74]

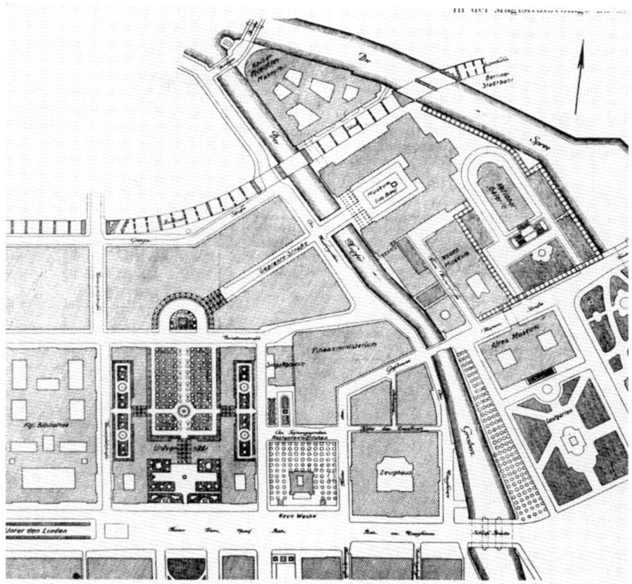

67 Plan zur Erweiterung des Universitätsgebäudes mit Vorschlag zur Umgestaltung des Hegelplatzes und seiner Verbindung mit den neuen Museumsbauten. 1912. Nach dem Entwurf von L. Hoffmann

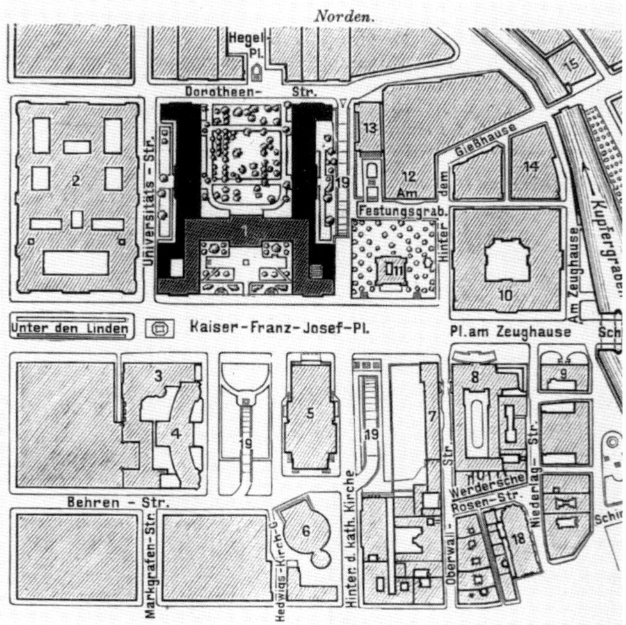

68 Lageplan der Universität mit den neuen Erweiterungsbauten. 1920

69 Luftaufnahme vom Universitätsgrundstück nach Fertigstellung der Erweiterungsbauten. Vor 1920

Hoffmanns Entwurf für die Erweiterung des alten Palais fand schließlich trotz anfänglicher Bedenken wegen Inanspruchnahme eines Teiles der Gartenfläche die Zustimmung einer breiten Öffentlichkeit (Abb. 68). (Hegemann) Er sah eine fast quadratische Ergänzung der beiden Flügelbauten an der Lindenseite vor, die nun je einen kleinen Hof umschlossen. An der Gartenseite im Norden sollten zwei lange Flügel an den Altbau angesetzt und an der Dorotheenstraße mit zwei querliegenden Kopfbauten abgeschlossen werden. Die Gebäudegrundfläche vergrößerte sich von 4.500 auf 6.000 m². So entstand der charakteristische H-förmige Grundriss. Er ermöglichte die Anlage eines großen baumbestandenen Gartenhofes zwischen den beiden neuen Flügelbauten[75] und zweier schmaler Vorgärten vor den zurückgezogenen Baufluchten an der Universitätsstraße und am ehemaligen Lindentunnel (s. S. 136).

Die innere Organisation der Erweiterungsbauten ermöglichte eine durchgehende Verbindung zwischen Alt- und Neubauten in allen Stockwerken, so dass auch im Altbau Veränderungen notwendig wurden und man von einer fast vollständigen Rekonstruktion des Universitätsgebäudes sprechen kann.

Die alte Dampfheizung wurde durch eine gesundheitlich zuträglichere Niederdruckdampf-Warmwasserheizung ersetzt[76], die elektrische Beleuchtung modernisiert. Die Hörsäle bekamen halbindirekte Beleuchtung, und das Gebäude erhielt eine Telefonzentrale. (Seidel, W.)

Einen Gesamteindruck der damaligen Gebäude und Gartenanlagen vermittelt das um 1920 entstandene Luftbild (Abb. 69).

Die Bauausführung begann im Jahre 1913 mit der Errichtung des Ostflügels. Im Frühjahr 1915 waren beide Flügel im Rohbau ausgeführt, der Westflügel musste noch eingedeckt und verputzt werden. Durch den Ersten Weltkrieg jedoch verzögerte sich die Fertigstellung der neuen Gebäude. Im Frühjahr 1916 konnten acht Hörsäle in den beiden Obergeschossen ihrer Bestimmung übergeben werden. Im Oktober 1917 belegten das Institut für Theoretische Physik (Prof. M. Planck), das Germanische Seminar und der Prähistorische Apparat den fertiggestellten Ostflügel. Das neue im selben Flügel über zwei Geschosse sich erstreckende Auditorium maximum befand sich 1917 noch im Ausbau. Von 1917 bis 1920 wurde nach und nach auch der Westflügel bezugsfertig, in den das Institut für Altertumskunde (1. Obergeschoss) und das Archäologische Seminar mit seinen Sammlungen (2. Obergeschoss) einzogen. 1920 wurde als letzter Teil der westliche Kopfbau als Notstandsarbeit fertiggestellt.[77]

Die Fassadengestaltung der neuen, 100 m langen Seitenflügel war derjenigen des alten Palais in vollkommener Weise angeglichen, so dass die unterschiedlichen Entstehungszeiten äußerlich nicht mehr erkennbar sind. An jedem der Seitenflügel mit 25 Achsen ist an den nach außen gewandten Fassaden je ein Mittelrisalit mit fünf Fensterachsen angeordnet, die zwischen sechs Pilastern mit korinthischen Kapitellen liegen. Diese Rundbogenfenster werden wie am Altbau mit Schlusssteinköpfen und Girlandenwerk abgeschlossen. Im Norden der Seitenflügel liegen Kopfbauten mit fünf Achsen, die wieder durch Mittelrisalite betont werden. Die Attiken der Mittelrisalite zu beiden Seiten der langen Seitenflügel sind mit je fünf großen Vasen aus Sandstein, die Risalite an den Kopfbauten mit je drei Vasen bekrönt. Die Angleichung an die vorhandene Architektur hatte den Nachteil, dass die Raumhöhen des Altbaues auch in den Neubauten fortgesetzt werden mussten und so die Ausnutzung des umbauten Raumes recht unwirtschaftlich blieb.

Die Grundrisse der drei Geschosse zeigen die neue räumliche und funktionelle Aufteilung des im Inneren wiederum gründlich veränderten Gebäudes (Abb. 70–72). Jeder der neuen Seitenflügel hatte zwei Eingangshallen

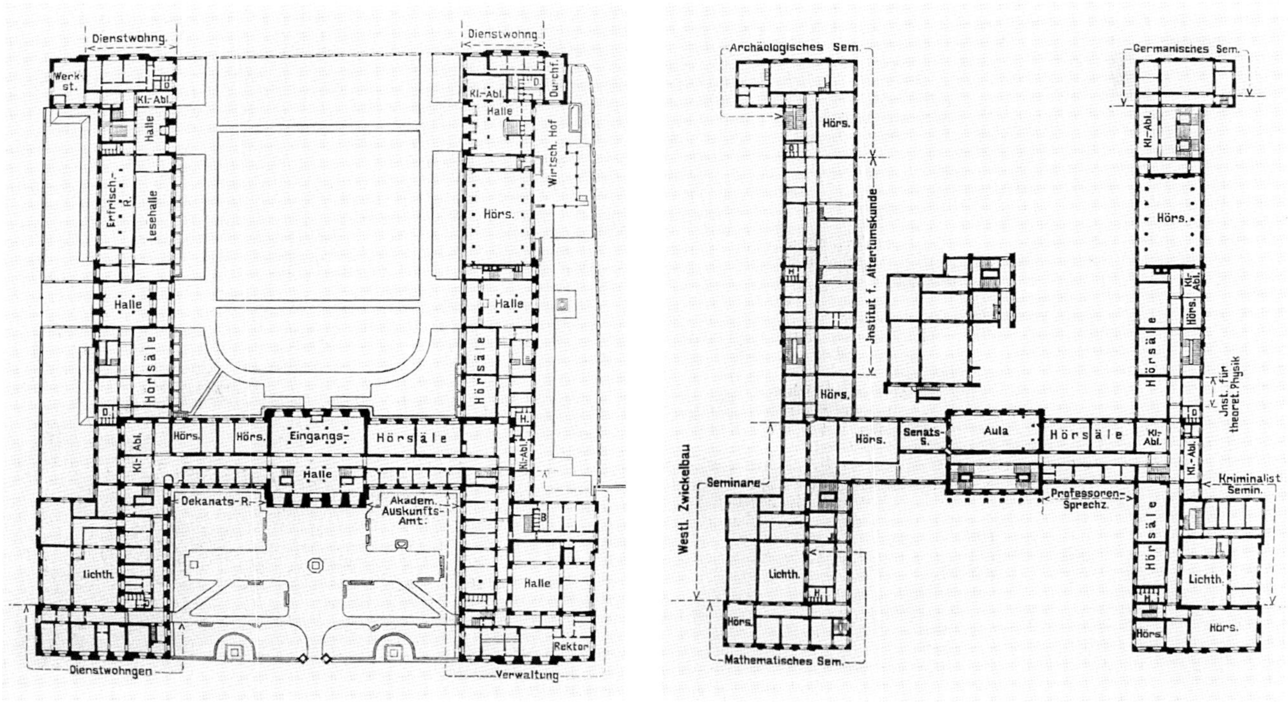

70–72 Grundrisse des Erdgeschosses, des 1. und 2. Obergeschosses nach der Fertigstellung der Erweiterungsbauten. 1920

mit Treppenanlagen (Abb. 74, 75). Den südlich gelegenen Eingängen war am Garten eine offene Halle mit drei Achsen vorgelegt (heute »Säulenmensa« und Halle am Ginkgobaum).

Den größten Teil des Raumes im neuen Ostflügel nahmen die drei übereinanderliegenden großen Hörsäle ein, darunter das zweigeschossige Auditorium maximum mit einer Galerie und insgesamt 630 Plätzen (Abb. 76). Der Hörsaal im Erdgeschoss hatte 540 Plätze, das im Dachgeschoss gelegene Auditorium mit 390 Plätzen wurde durch ein Glasdach belichtet. Lage und Raumfolgen der im Ostflügel neu eingerichteten Institute und Seminare sowie der Hörsäle sind aus den drei Grundrissen zu ersehen. Im Erdgeschoss des östlichen Kopfbaues an der Lindenfront waren das Rektorat sowie Verwaltungen untergebracht. Um den mit Glas gedeckten Lichthof verteilten sich die Quästur und Kassenräume.

Eine ganz andere räumliche Aufteilung hatten die drei Geschosse des neuen Westflügels, in denen das Archäologische Seminar mit seinen umfangreichen Sammlungen untergebracht wurde. Das Erdgeschoss im nördlichen Kopfbau wurde von Werkstätten und Amtswohnungen (jetzt Restaurant »Cum laude«) und – nach Süden anschließend – von der Akademischen Lesehalle (heute Hauptmensa) sowie einem Erfrischungsraum (heute Küche) eingenommen. Die Halle am Haupteingang dieses Flügels zeigt Abbildung 75. Im 1. Obergeschoss des nördlichen Kopfbaues bekam das Archäologische Seminar sei-

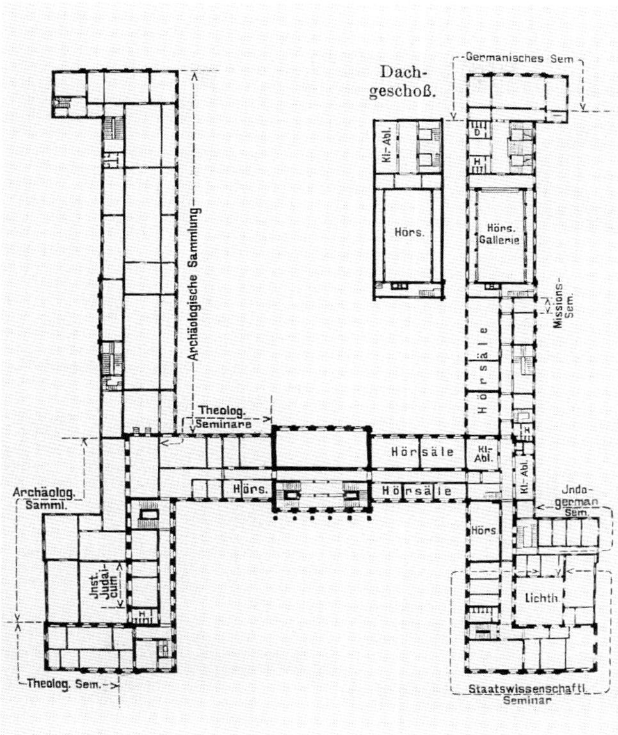

ne Räume (Winckelmann-Institut). Die gesamte übrige Fläche dieses Geschosses nahmen die Dozentenzimmer sowie Hörsaal, Bibliothek und Übungsräume des Instituts für Altertumskunde ein. Der so genannte Arbeitssaal maß 48 x 9 m (Abb. 77). Er hatte eine dunkelbraune Holzverkleidung, weiße Pfeiler und violett getönte Wandflächen und war mit einer Galerie und zahlreichen Bücherborden ausgestattet. Er sollte »die Bedeutung der deutschen Altertumswissenschaft in eindrucksvoller Form zum Ausdruck bringen und hat deshalb eine etwas reichere Ausstattung erhalten, als das sonst bei Universitätsinstituten üblich ist«. (Seidel, W.)

Im 1. Obergeschoss an der Lindenseite lagen das Mathematische und andere Seminare. Das gesamte 2. Obergeschoss des neuen Westflügels war mit den 1921 eröffneten Museumsräumen des Archäologischen Seminars belegt. Die hier in zehn Hauptsälen und vierzehn seitlichen Galerien repräsentativ aufgestellte archäologische Sammlung enthielt die Gipsabgüsse griechischer und römischer Kunstwerke (Abb. 78, 79). Die Farbgebung in Grün, Tiefbraunrot und Bläulichviolett in den Sälen, in den Galerien in gelben und blauen Farbtönen kontrastierte angenehm zum Weiß der Abgüsse.[78] Ein Lastenaufzug erleichterte den Transport der zerbrechlichen Plastiken zwischen Museum und Depoträumen. (Seidel, W., Schindler, Stürmer/Wrede)

Im Mitteltrakt ergaben sich bis auf die Anschlussstellen an die neuen Seitenflügel kaum einschneidende Veränderungen. Das Erdgeschoss enthielt an der ruhigen Gartenseite Hörsäle, am Ehrenhof die Dekanate und das akademische Auskunftsamt.

Die alte Aula und das Senatszimmer im 1. Obergeschoss blieben unverändert. Professorenzimmer und Hörsäle nahmen den Raum zu beiden Seiten ein. Im 2. Obergeschoss - dem Mezzaningeschoss - befanden sich das Theologische Seminar, das Institutum Judaicum, Teile der Archäologischen Sammlung und weitere Hörsäle. Im Allgemeinen waren die neuen Institutsräume recht schlicht ausgestattet, nur hin und wieder wies die architektonische Gestaltung von Treppenhäusern und Hallen einige Besonderheiten, vorwiegend klassische Formenelemente, auf, die vereinzelt bis heute erhalten geblieben sind.

Kaum fertiggestellt, erlitt das Gebäude erneut Schaden. Bei Kämpfen zwischen Revolutionären und Militäreinheiten während der Novemberrevolution schlugen zwischen dem 9. und 12. November 1918 mehrere Granaten in die Lindenfassade ein.[79]

Seite 92/93:
73 Gesamtansicht der Universität vom Opernplatz mit Helmholtz-Denkmal und Baumbestand im Ehrenhof. Zustand um 1909

74, 75 Südliches Treppenhaus im Ostflügel; Haupteingangshalle im neuen Westflügel. Aufnahmen um 1921

Rechte Seite oben:
76, 77 Auditorium maximum im neuen Ostflügel; Arbeitssaal des ehemaligen Instituts für Altertumskunde im 1. Obergeschoss des Westflügels

Rechte Seite unten:
78 Archäologische Sammlung im 2. Obergeschoss des Westflügels. Raum 11 mit griechischen Skulpturen von Myron, Polyklet und anderen. Zustand um 1936

79 Parthenon-Saal der Archäologischen Sammlung im 2. Obergeschoß des Westflügels. Saal D. Zustand 1929

Das Gebäude zwischen beiden Weltkriegen

In den nun folgenden zwanzig Jahren sind vor allem zwei wesentliche Ereignisse in der baulichen Entwicklung der Universität erwähnenswert: die denkmalpflegerische Rekonstruktion der alten Aula und die große Fassadenrestaurierung im Zusammenhang mit der Neugestaltung des Ehrenhofes an der Lindenseite.

Mit den Seitenflügeln hatte das Universitätsgebäude eine völlig veränderte Grundstruktur erhalten, während der Ehrenhof unverändert geblieben war und mit seinem hohen Baumbestand einem kleinen Park glich, in dem die Denkmäler von Helmholtz, Mommsen und Treitschke standen (s. S. 140 und Abb. 73). Nördlich des Gebäudes war ein neuer Gartenraum entstanden.

Die baulichen Aktivitäten verlagerten sich nun mehr in die Freiräume. So griffen zum Beispiel die Errichtung eines Denkmals für die Gefallenen des Ersten Weltkrieges und der Bau des Lindentunnels (s. S. 135) in den bisherigen Gartenbestand ein.

Obwohl das Universitätsgebäude nun stattliche Ausmaße erreicht hatte, trat doch bald wieder Raumnot ein. Zahlreiche Institute und Einrichtungen waren in anderen Gebäuden untergebracht worden, was die Kommunikation mit dem Hauptgebäude erschwerte. Die Bemühungen richteten sich deshalb auf den Erwerb von Gebäuden, die in nächster Nachbarschaft lagen. 1927 konnte das Grundstück Universitätsstraße 3b in Besitz genommen werden, in dem Institute ihre Heimstatt fanden, die bis dahin in der alten Bauakademie am ehemaligen Schinkelplatz und an anderen Stellen untergebracht waren.[80] Die unaufhaltsame Vergrößerung der wissenschaftlichen Einrichtungen führte bald zu weiteren Gebäudeforderungen. So wird zum Beispiel 1931 von Absichten berichtet, das Marstallgebäude für Universitätszwecke zu nutzen[81], da die Seminare einiger Fachgebiete wie Germanistik, Staatswissenschaften, Theologie, Kriminalistik, Theoretische Physik und andere mit relativ wenigen Räumen auskommen mussten und auch die sich vergrößernden Verwaltungen und Leitungseinrichtungen der Universität inzwischen mehr Räume brauchten. Lediglich im Archäologischen Institut (seit 1951 Winckelmann-Institut) wurden 1934 durch Einziehen von Zwischendecken neue Räume gewonnen. (Schindler)

Rekonstruktion der alten Aula

Bei dem häufigen Wandel im Inneren des Gebäudes mutet es fast wie ein Wunder an, dass als wohl einziger Raum die alte Aula fast unangetastet blieb. Vorhanden waren noch die ursprünglichen Wanddekorationen und das große Deckengemälde sowie der von Schinkel entworfene Kathederaufbau (s. S. 63).

Im Laufe der Jahrzehnte entstand an den Längswänden eine Galerie von Marmorbüsten verdienstvoller Professoren dieser Alma mater. Vorschläge für eine solche Ehrung waren erst zehn Jahre nach dem Tode eines Gelehrten möglich. Bis 1899, übrigens dem Jahr, in dem die erste Frau an dieser Universität ihren Doktortitel verteidigen durfte, wurden 35 Büsten aufgestellt, und ihre Zahl erhöhte sich nur langsam. Die Büsten von Friedrich Wilhelm III. und von Friedrich II. wechselten ihren Aufstellungsort zwischen östlicher und westlicher Schmalseite der Aula.

Zu beiden Seiten des Kathederpodiums waren dreistufig die Sesselreihen für den Lehrkörper angeordnet, und die mittlere Fläche war mit lederbezogenen Stühlen ausgefüllt.

Am Ende des 19. Jahrhunderts wurden Zentralheizungen und Lüftungen eingebaut. Die elektrische Beleuch-

80 Alte Aula der Universität nach der Rekonstruktion 1926/27. Blick nach Osten. Zustand 1928

tung erfolgte durch drei kugelförmige Deckenleuchten (Abb. 46). Diese wenig einfühlsame Anordnung und Gestaltung der Inneneinrichtung beeinträchtigte die repräsentative Wirkung des traditionsreichen Festraumes in starkem Maße. Das Deckengemälde und die übrige Farbgebung hatten in den etwa 160 Jahren jeden Glanz verloren. So bestand die nächste große Bauaufgabe in der stilgerechten Restaurierung des originalen Raumes.

Die gründliche Wiederherstellung des Saales erfolgte 1926/27. Der Reinigung sowie den Reparaturen des Zierwerkes und der Erneuerung des Anstriches folgte die Restaurierung des Deckengemäldes von G. Guglielmi (Abb. 29). Von den Wänden wurde die Gelehrtengalerie entfernt, und an den bisher kahlen Wandflächen neben der Mitteltür wurden wieder die Wandbilder von A. Van Loo angebracht (seit 1945 verschollen) (Abb. 80).[82]

Zurückgewonnen wurde auch die alte Farbgebung mit dezenten grauen Wandflächen und den in einem Gold-Bronzeton gehaltenen Girlanden um Fenster und Türen. Im Deckengemälde herrschten rosarote Farbtöne vor. In diesen Rahmen fügten sich rote Vorhänge, die Wandbilder sowie ein neues Gestühl mit festlich wirkenden roten Bezügen ein. Zwei große Kristallkronleuchter ersetzten die Kugellampen. Die Kathederwand unter der Empore wurde durch eine vorgezogene geschwungene Stufenanlage gefälliger in den Raum einbezogen und die Gedenkstelen in die Wandnischen beiderseits des Katheders versetzt. Die Büsten der preußischen Könige auf hohen Postamenten nahmen nun die beiden Nischen an der westlichen Schmalseite des festlichen Saales ein. (Hildebrandt)

Die Wiederherstellung war eine anerkannte denkmalpflegerische Leistung, die das künstlerische Erbe einer vergangenen Epoche zu sinnvoller Nutzung in das sonst recht sachlich-nüchterne Milieu des Universitätsgebäudes einbezog. Auch Musikveranstaltungen fanden von nun an hier statt.[83]

Restaurierungsarbeiten 1935/36

Vordergründiger Anlass einer ersten Aktion zur komplexen Restaurierung der kunst- und kulturhistorisch bedeutsamen Bauten am Forum Fridericianum waren die in Berlin stattfindenden Olympischen Spiele im Jahre 1936 sowie die 700-Jahr-Feier der Stadt im Jahre 1937. Die braunen Machthaber wollten die zahlreichen Teilnehmer und Gäste, die zu diesen Ereignissen aus aller Welt erwartet wurden, auch durch ein gepflegtes Stadtbild über ihre menschenfeindlichen Absichten hinwegtäuschen. Wie es hieß, sollte die Hauptstadt dazu einer »Generalsäuberung« unterzogen werden.[84]

Bis 1935 bot die Lindenseite der Universität einen »trostlosen Gesamteindruck« (Keibel), verursacht durch den mangelhaften Fassadenzustand, aber auch durch den ungeordneten, dichten Baumwuchs im Ehrenhof. Die eigentliche Schauseite des Gebäudes war den Blicken weitgehend entzogen.

Die staatliche Bauverwaltung hatte den Auftrag, die Schäden und architektonischen Verfälschungen, die im Laufe der Zeit an der Universität, der Alten Bibliothek (»Kommode«) und an der Staatsoper entstanden waren, zu beheben und die ursprünglich vorhandene städtebauliche Gesamtkomposition des Linden-Forums wieder voll zur Wirkung zu bringen. Diese denkmalpflegerische Aufgabe wurde in mehreren Teilabschnitten von 1935 bis 1936 durchgeführt. Noch vor 1935 erfolgte die Rodung der meisten Bäume im Ehrenhof bis auf den großen Ahorn- und den Ginkgobaum. Die Denkmäler von Helmholtz, Mommsen und Treitschke wurden vom Ehrenhof in den Vorgarten an der Universitätsstraße versetzt (s. S. 142). 1936 erfolgte die gartenarchitektonische Umgestaltung des Ehrenhofes und die Fassadenreparatur (Abb. 81), wobei Schäden ausgebessert wurden und die Fassade an der Lindenseite wieder einen Ölfarbenanstrich erhielt. Die hervortreten-

81 Blick vom Opernplatz auf das Universitätsgebäude und den Ehrenhof nach der Rekonstruktion 1935/36

den Architekturteile wurden in dunklem, die übrigen Fassadenflächen in hellerem Grau gestrichen, die Fensterrahmen waren in Weiß gehalten. Am figürlichen Schmuck über den Rundbogenfenstern wurden Instandsetzungsarbeiten vorgenommen. Von den sechs Attikafiguren auf dem Mittelrisalit am Ehrenhof wurden vier gründlich restauriert, nachdem andere Statuen, die stärker verwittert waren, bereits zwischen 1929 und 1931 ausgebessert und gesäubert worden waren (s. S. 157). Bei sonst unveränderter Fassadengestaltung wurden lediglich ein Gitter vor das Oberlicht des Hauptportals gesetzt[85] und zwei schlichte Ampeln aus Kupfer und Schmiedeeisen beiderseits der Tür angebracht.[86] (Keibel)

Im Rahmen der gartenarchitektonischen Umgestaltung des Ehrenhofes wurde die gepflasterte Rampe, die bisher den Höhenunterschied zwischen dem Gehweg vor dem Zaun und dem Innenhof überwand, durch zwei Stufen zwischen den beiden Torhäuschen ersetzt. Zusammen mit den anderen restaurierten Bauten des Linden-Forums bot sich nun die gesamte Lindenfront wieder vollständig sichtbar dem Beschauer dar. Die architektonische Wirkung des Forums hatte durch die im Jahre 1928 ausgeführte rasterförmige Pflasterung des Opernplatzes eine Steigerung erfahren.

Mit Abschluss der Arbeiten blieb dieser Zustand bis auf geringfügige Veränderungen im Inneren und Reparaturen sowie einige Schutzbauten bis zur Zerstörung des Gebäudes im Zweiten Weltkrieg erhalten.

82 Das zerstörte Universitätsgebäude mit dem Haupttor. Im Dezember 1947

83 Starke Kriegsschäden am Mittelbau und Ostflügel der Universität. Um 1946

Das Zerstörungswerk des Zweiten Weltkrieges

Ende 1943 schlugen die ersten Brandbomben ein, wobei unter anderem auch die Archäologische Sammlung Schäden davontrug. Beschleunigt wurden nun Vorkehrungen zur Sicherung der wertvollen Sammlungen getroffen, deren Bestände zum Teil in die Keller oder an andere, sicherer scheinende Orte verlagert wurden. Starke Schäden und Zerstörungen traten im Sommer 1944 durch mehrere Luftangriffe der amerikanischen Bomberverbände ein, wobei auch drei Luftminen Unter den Linden einschlugen. Der Ostflügel brannte vollständig aus, und auch vom Mittelbau blieben nur noch die Außenwände stehen (Abb. 82, 83). Teile des Westflügels wurden ebenfalls zertrümmert. (Abb. 84, 85). Von den vierzehn Sandsteinfiguren auf der Attika der Risalite war nur noch eine schwer beschädigte an ihrem Standort verblieben. Zahlreiche Schmuckvasen auf den Risaliten sowie eine Puttengruppe auf dem östlichen Torhaus waren zerstört worden. Kurz vor Beendigung der Kämpfe in Berlin legten Angehörige der Waffen-SS noch Feuer, um belastende Dokumente zu vernichten.[87] Auch die Straßenkämpfe im Frühjahr 1945 hinterließen viele Einschussstellen an dem schon fast völlig zerstörten Universitätsgebäude.

Damit schien zunächst die knapp 200-jährige Geschichte des traditionsreichen Gebäudes der Alma mater berolinensis beendet zu sein.

84 Zerstörter Saal »K« der Antikensammlung im Westflügel. 1946

85 Der stark beschädigte Westflügel (heute mit Hauptmensa) mit dem zerstörten Gartenhof. 1947

Wiederaufbau 1945-1961

Kurz nach Beendigung der Kampfhandlungen begannen engagierte, verantwortungsbewusste Mitarbeiter der Universität unter Leitung des damaligen kommissarischen Rektors Prof. Eduard Spranger (1882-1963) mit den ersten Sicherungs- und Instandsetzungsarbeiten an den wenigen nicht völlig zerstörten Gebäudeteilen. So standen schon bald einige notdürftig hergerichtete Räume zur Verfügung, in denen bereits 1945 die Wiedereröffnung der Universität auf Grund des Befehls des sowjetischen Stadtkommandanten von Berlin, General Bersarin, vorbereitet wurde.

Am 29. Januar 1946 wurde die Universität Berlin von ihrem ersten Rektor, Prof. J. Stroux, wiedereröffnet. Der Festakt fand im damaligen Admirals-Palast (Metropol-Theater) statt. In seiner Festansprache bezeichnete der Altphilologe die neu eröffnete Alma mater als eine »Volksuniversität«, die im Zusammenwirken aller demokratisch-antifaschistischen Kräfte und im engen Zusammengehen mit der Arbeiterklasse das humanistische Erbe ihres Gründers, W. von Humboldt, fortsetzen wolle.

Bereits die ersten Vorentwürfe für den Wiederaufbau der Universität zielten auf einen tiefgreifenden inhaltlichen Wandel ihrer überkommenen Funktion und Strukturen. Durch Konzentration und Neuordnung der standörtlich stark zersplitterten Universität sollten günstigere räumliche Bedingungen für ein umfassendes Zusammenwirken der Wissenschaftsdisziplinen und -einrichtungen geschaffen werden. Als damaliger Beauftragter für den Wiederaufbau der Kulturbauten erarbeitete S. Selmanagic die ersten Vorentwürfe für die Neuplanung der Universität, wobei ihn namhafte Professoren berieten. Unter seiner Anleitung begannen auch von 1945 bis 1949 die ersten Aufbauarbeiten am schwer beschädigten Universitätsgebäude. Nach der ersten Stadtplanung sollte sich das künftige Universitätsquartier von den Linden bis zum Nordbahnhof erstrecken. (Selmanagic)

Die Wiederherrichtungsarbeiten begannen zunächst 1945/46 im nur teilzerstörten Westflügel. 1947 folgte die Rekonstruktion der Fassaden der Seitenflügel am Ehrenhof. Zuerst aber musste der Schutt aus dem Gebäude geräumt werden, der sich schließlich einige Meter hoch im Gartenhof der Universität türmte, von wo er mit der Trümmerbahn nach und nach abgefahren wurde (Abb. 85).

Am 8. Februar 1949 erhielt die Lehranstalt den verpflichtenden Namen Humboldt-Universität, der nach Wiederherstellung der Mittelfassade in goldenen Lettern am Architrav angebracht wurde.

Im selben Jahre wurde eine Kommission zur Vorbereitung der Unterlagen für den planmäßigen Wiederaufbau der Universitätsgebäude gebildet, der verdienstvolle Professoren angehörten.

Von 1951 bis 1952 baute man den völlig zerstörten Mitteltrakt wieder auf, während die begonnenen Arbeiten am Westflügel fortgesetzt wurden.[88] Ausführender Betrieb war der damalige »VEB Bauunion Berlin« (Abb. 86).

Bei der Rekonstruktion des Westflügels blieb die alte Grundrissstruktur in wesentlichen Teilen erhalten. Anstelle der ehemaligen Säle der Archäologischen Sammlung[89] entstanden im 2. Obergeschoss zahlreiche kleinere Räume für das neue Institut für Slawistik. Im 1. Obergeschoss wurde ein provisorisches Auditorium maximum geschaffen, und im nördlichen Kopfbau verblieb fast unverändert das Winckelmann-Institut mit dem wohl einzigen Raum, in dem noch Reste der ursprünglichen Inneneinrichtung erhalten geblieben sind. Im Erdgeschoss wurde die Mensa mit Küche eingerichtet, im Kopfbau entstand die Professorenmensa.

Man setzte sich zum Ziel, bei voller Erhaltung der traditionellen Fassadenarchitektur, im Inneren den neuen

86 Wiederaufbau des Mitteltraktes. 1951

räumlichen Ansprüchen der Universität weitgehend Rechnung zu tragen. Die Zerstörung der historischen Aula im Mittelbau ermöglichte nun eine weiträumigere Gestaltung der Empfangshalle und eine Haupttreppe, die an die Gartenseite verlegt wurde. Sie erhielt eine schmückende Verkleidung aus rotgrau-gesprenkeltem Marmor , die seit 1953 den Text der 11. Feuerbach-These von Karl Marx trägt (Abb. 87, 88).[90] So erfolgte hier die größte Veränderung.

Der neue, nun erheblich größere Senatssaal entstand in der Breite des Mittelrisalites im 1. Obergeschoss an der Südseite des Mittelbaues (Abb. 148). Zu beiden Seiten bezogen das Rektorat sowie andere Leitungsbereiche der Universität ihre Dienstzimmer.

Im 2. Obergeschoss wurden Räume für die mathematischen Disziplinen und der Weierstraß-Hörsaal ausgebaut. Im wiederhergestellten Ostflügel am Ehrenhof fanden im Erdgeschoss die für die Finanzen zuständigen Abteilungen mit Kasse und Buchhaltung sowie andere Verwaltungs- und Versorgungseinrichtungen der Universität ihren Platz. Im 1. Obergeschoss wurde die Juristische Fakultät mit ihren neuerbauten großen Hörsaal im östlichen Kopfbau an der Lindenfront untergebracht.

Im Winter 1954 konnten die Kopien der sechs Sandsteinfiguren auf der Attika des Mittelrisalites an der Lindenseite aufgestellt werden (s. S. 158). 1959 wurden die Fassaden an den Linden in den Farbtönen hellgelb und grau neu gefasst.

87 Die Haupttreppe in der Empfangshalle mit Wandelgang vor dem Senatssaal. Zustand 1990

88 Die Haupttreppe in der Empfangshalle mit 11. Feuerbach-These von Karl Marx

89 Wiederaufbau des Ostflügels am Gartenhof. 1959

Inzwischen hatten die Vorbereitungen zur 150-Jahr-Feier der Humboldt-Universität begonnen. Aus diesem Anlass wurde die seit sechs Jahren ruhende Bautätigkeit im Ostflügel mit dem Ziel wieder aufgenommen, die Jubiläumsfeier 1960 in dem dort zu errichtenden Auditorium maximum durchzuführen. Bereits 1953 war ein Projekt für den vollständigen Aufbau des weitgehend zerstörten Flügels erarbeitet worden. Zur Vorbereitung der damals schon geplanten Bauausführung waren dann die notwendigen Abriss- und Enttrümmerungsarbeiten durchgeführt und 1954 das neue Schieferdach fertiggestellt worden. Danach folgten bis zur Stillegung im selben Jahr nur noch einige Ausbauarbeiten.[91] Das Projekt von 1953 hatte die möglichst originalgetreue Wiederherstellung der alten Innenarchitektur zum Ziel gehabt. Schnell erwies sich jedoch, dass eine nur restaurierende Gestaltungsweise den modernen Anforderungen an eine sehr vielseitige Raumnutzung nicht gerecht werden konnte. Deshalb entschloss man sich für eine vollständige Neuprojektierung.[92]

Die Wiederaufnahme der Arbeiten am Ostflügel begann 1958, wobei sich die bereits vorgenommenen Einbauten als unzweckmäßig erwiesen und zum Teil verändert werden mussten. So konnte der eigentliche Innenausbau durch den damaligen »VEB Industriebau Berlin«, der

HUMBOLDT UNIVERSITÄT
ZU BERLIN

90, 91 Auditorium maximum im Ostflügel. Zustand 1992

einem Neubau gleichkam, erst 1960 angefangen werden (Abb. 89), und der Staatsakt aus Anlass der 150-Jahr-Feier 1960 fand in der Deutschen Staatsoper statt. Der Bau wurde dann anlässlich der Fichte-Feier am 4. Mai 1962 im neuen »Marx-Engels-Auditorium« mit einem Festakt vom Rektor Prof. Dr. Schröder eingeweiht.[93]

Das damals so genannte Marx-Engels-Auditorium ist gegenüber dem alten Auditorium maximum um etwa 3 m erhöht. Um günstigere Sichtverhältnisse zu schaffen, wurden die Pfeiler nach außen versetzt. Der Saal erhielt einen Rang mit 200 Plätzen, unten nach Süden erweitert, umfasst er 540 Plätze. Holztäfelung und Farbgebung verleihen dem Raum eine angenehme Atmosphäre. Zwei schmale Galerien im ersten Rang ermöglichen eine bequemere Querverbindung zum Mittelbau (Abb. 90, 91). Der große Saal ist mit den erforderlichen technischen Einrichtungen versehen. Der Zugang erfolgt über eine großzügige Treppenanlage, die auf das breite Foyer zuführt, dessen farbige Glasfenster zum Thema »Die Wissenschaft erobern« 1962/63 nach einem Entwurf von W. Womacka entstanden sind.

92 Die Säulenmensa im Ostflügel nach ihrer Umgestaltung 1983

Im Foyer des 2. Obergeschosses gibt es die Cafeteria, heute zum Internationalen Club »Orbis Humboldtianus« gehörend.

Im Erdgeschoss des Ostflügels liegt der große Kinosaal mit 430 Plätzen, neben dem ein Imbissraum – die »Säulenmensa« – eingerichtet wurde (Abb. 92). 1959/60 erhielt das gesamte Gebäude neuen Putz und Anstrich.

1961 wurde die schadhafte rechte Säule des Mittelrisalites am Ehrenhof vollständig erneuert, ebenso die Sandsteinplatte des Balkons mit den Konsolen.[94] 1961 konnten auch die beiden Wachhäuser am Hauptzugang wiederhergestellt werden und der Gartenhof entstand 1961/62 vollständig neu (s. S. 147 bis 152). Damit war das stark geschädigte Universitätsgebäude außen in alter Schönheit und innen in neuer Zweckmäßigkeit wiedererstanden.

Bauliche Entwicklung 1962–1990

Mit der zunehmenden mathematischen Durchdringung der Wissenschaftsdisziplinen und der Einführung moderner Datenverarbeitung wurde 1964 auch an der Universität ein neues Organisations- und Rechenzentrum (damals ORZ) geschaffen. Heute betreut es unter dem Namen Computer- und Medienservice das ausgedehnte

Rechnernetz der Universität und darauf etablierten Dienste. Diese Serviceeinrichtung ist von Beginn an im Erdgeschoss des westlichen Kopfbaues an der Lindenseite untergebracht.

Das vorhandene Schieferdach wurde durch eine Eindeckung mit Aluminiumblech ersetzt. In den siebziger Jahren wurde der Keller des nordwestlichen Kopfbaues an der Dorotheenstraße als Studentenklub der Universität ausgebaut. Bis in die sechziger Jahre existierte im Westflügel ein in der Vorkriegszeit eingerichteter Ruderkeller für das Training im Winter. Bis 1973 noch mit Kohlen beheizt, konnte das Gebäude nun an die Fernwärmeversorgung angeschlossen werden.[95]

Die im letzten Jahrhundert sprunghaft gestiegenen Studentenzahlen sowie die weiter schnell voranschreitende Spezialisierung in den Wissenschaftsgebieten, aber auch die Zunahme des Seminar- und Übungsanteiles an den Lehrveranstaltungen führten dazu, dass das äußerlich unveränderte traditionsreiche Universitätsgebäude nicht nur der am meisten frequentierte Universitätsbau ist, sondern dass hier wie in früheren Zeiten wieder ein erheblicher Raummangel spürbar wurde. Zur Entlastung des Hauptgebäudes wurde in der Dorotheenstraße ein neues Seminargebäude erbaut und 1981 seiner Nutzung übergeben. In den achtziger Jahren wurde auch die Inneneinrichtung des Senatsaales verändert (Abb. 148).

Bauliche Veränderungen 1990 bis heute

Mit der 1990 vollzogenen Vereinigung der seit 1949 bestehenden beiden deutschen Staaten erhielt auch die bauliche Pflege des traditionsträchtigen Hauptgebäudes der Humboldt-Universität einen neuen Auftrieb. Nun galt es, für die sich nach einem neuen Leitbild vollziehenden inhaltlichen und strukturellen Veränderungen des universitären Lebens auch günstigere räumliche und bauliche Bedingungen zu schaffen. Begonnen wurde mit der schrittweisen Beseitigung räumlicher und ausstattungsmäßiger Defizite innerhalb des Gebäudes und mit Fassadenrenovierungen, die der Alma mater berolinensis an ihrem privilegierten Standort auch äußerlich wieder neuen Glanz verliehen. Auch die in den neunziger Jahren ausgeführten Restaurierungen der Humboldt-Denkmäler, des Ziergitters, der beiden Torhäuser sowie die Denkmalaufstellungen im Ehrenhof, ebenso seine gartendenkmalpflegerische Restaurierung im Jahre 2002 und die Renovierung des Vorgartens in der Universitätsstraße verbesserten die Wirkung des Universitätsgebäudes im Stadtbild ganz erheblich.

Als Grundlage für eine längerfristige Anpassung der Innenarchitektur an neue funktionelle und ästhetische Ansprüche bei Wahrung überkommener historischer Werte und Architekturdetails wurde 1992/93 eine bauliche Entwicklungskonzeption erarbeitet und in Teilen auch verwirklicht.[96]

Mit dem Übergang in ein neues Jahrtausend sind auch ganze Fakultäten und Institute aus dem Hauptgebäude in nun ebenfalls renovierte naheliegende Gebäude und in die Neubauten für die mathematisch-naturwissenschaftlichen Disziplinen im Campus Adlershof gezogen. Dadurch ergaben sich zahlreiche Veränderungen in der Raumnutzung, auch zugunsten der Leitung und Verwaltung der Universität sowie neuer Fachgebiete.

Bei einem Rundgang durch das weitläufige Gebäude im Jahre 2004 wird sichtbar, wie es sich seit 1990 gewandelt hat. Den Besucher empfängt nun die von nachteiligen Einbauten befreite, daher weiträumigere und hellere Eingangshalle. Fast alle Flure und Treppenhäuser erhielten einen neuen Anstrich, neue Bodenbeläge und noch vorhandene Reste alter Bodenbeläge wurden renoviert, alle Sanitärräume modernisiert. Die im Erdgeschoss des

Seite 108/109:
93 Luftaufnahme vom Forum Fridericianum mit Universitätsgrundstück

Westflügels liegende Hauptmensa wurde 2002 einer gründlichen Renovierung unterzogen, ebenso die im nördlichen Kopfbau gelegene ehemalige »Professorenmensa«. Seit 2003 sind ihre Räume , nun als Gaststätte »Cum laude«, auch von der Universitätsstraße öffentlich zugänglich. Den dort gelegenen Vorraum belebt eine handgeschriebene Schriftinstallation von Ruth und Lutz Thesmar nach einem der Örtlichkeit angepassten alten Text.[97] Im neu gestalteten Barraum hängt das aus Peru gestiftete Gemälde »S. Bolivar empfängt A. v. Humboldt«, gemalt von Etna Velarde. Neugestaltet wurde auch der große Gastraum (Büste L. v. Ranke von Fr. Drake) und der an der Hofseite liegende Empfangsraum des Präsidenten der Universität mit Büsten der Brüder Humboldt (von C. D. Rauch und B. Thorwaldsen), von Fichte (von L. Wichmann) und Schleiermacher (von C. D. Rauch).

Im 1. Obergeschoss des Mittelbaus erinnern vor dem Senatssaal eine Fotogalerie an die 29 mit der Universität verbundenen Nobel-Preisträger sowie zwei Bronzetafeln an die Brüder Humboldt (s. S. 180). Die einst kahlen Flure zu beiden Seiten des Treppenhauses schmücken nun 23 Bildnisse von Rektoren und Fotos zum Gedenken an sieben bemerkenswerte Frauen dieser Universität.

Im 2. Obergeschoss des nördlichen Kopfbaues des Westflügels entstehen wieder drei Ausstellungsräume des Winckelmann-Instituts, darunter eine Neufassung des einst berühmten »Minoisch-Mykenischen Saales« nach dem Vorbild des alten Archäologischen Museums (Abb. 96, 97). (Stürmer/Wrede) Eine neue Treppe verbindet diese Räume mit dem noch weitgehend originalen Bibliotheksraum des Winckelmann-Instituts im 1. Obergeschoss.

Im Ostflügel erfuhr der im Erdgeschoss liegende Kinosaal eine vollständige Renovierung. Der im Erdgeschoss des südlichen Kopfbaues liegende überdachte Lichthof mit Räumen der Universitätskasse wird gerade fertiggestellt.

Seite 112 oben:
94 Zeichensaal des »Menzel-Daches« im Ostflügel

95 Druckwerkstatt des »Menzel-Daches«

Seite 112 unten:
96 Minoisch-Mykenischer Saal des Winckelmann-Instituts nach seiner Wiederherstellung im Jahr 2002

97 Sammlung Antiker Kleinkunst des Winckelmann-Instituts. Zustand 2004

Im Ostflügel direkt unter dem Dach seines nördlichen Kopfbaues hat das seit 1993 bestehende »Seminar für Künstlerisch-Ästhetische Praxis« seine malerisch anmutenden Räume unter dem Namen »Menzel-Dach« eingerichtet. Interessierte Studenten finden hier im Rahmen des »studium generale« vielfältige Möglichkeiten zu kunstpraktischer Betätigung und Fortbildung in unterschiedlichen grafischen Ausdrucksformen. Die Werkstatt unter dem Dachgebälk, der Zeichensaal und die Sammlungsräume spiegeln die Atmosphäre alter Ateliers wieder und vermitteln den Eindruck von kreativer Arbeit (Abb. 94, 95).[98]

So wurden auch die vergangenen 15 Jahre gut genutzt, um ein neues Kapitel in der Baugeschichte dieser Universität zu beginnen. Die Bemühungen um bestmögliche Anpassung und Erhaltung des räumlichen Milieus im ehrwürdigen Gebäude werden ganz sicher ihre Fortsetzung finden – wie seit fast zweihundert Jahren.

Die historische Entwicklung der Gartenanlagen

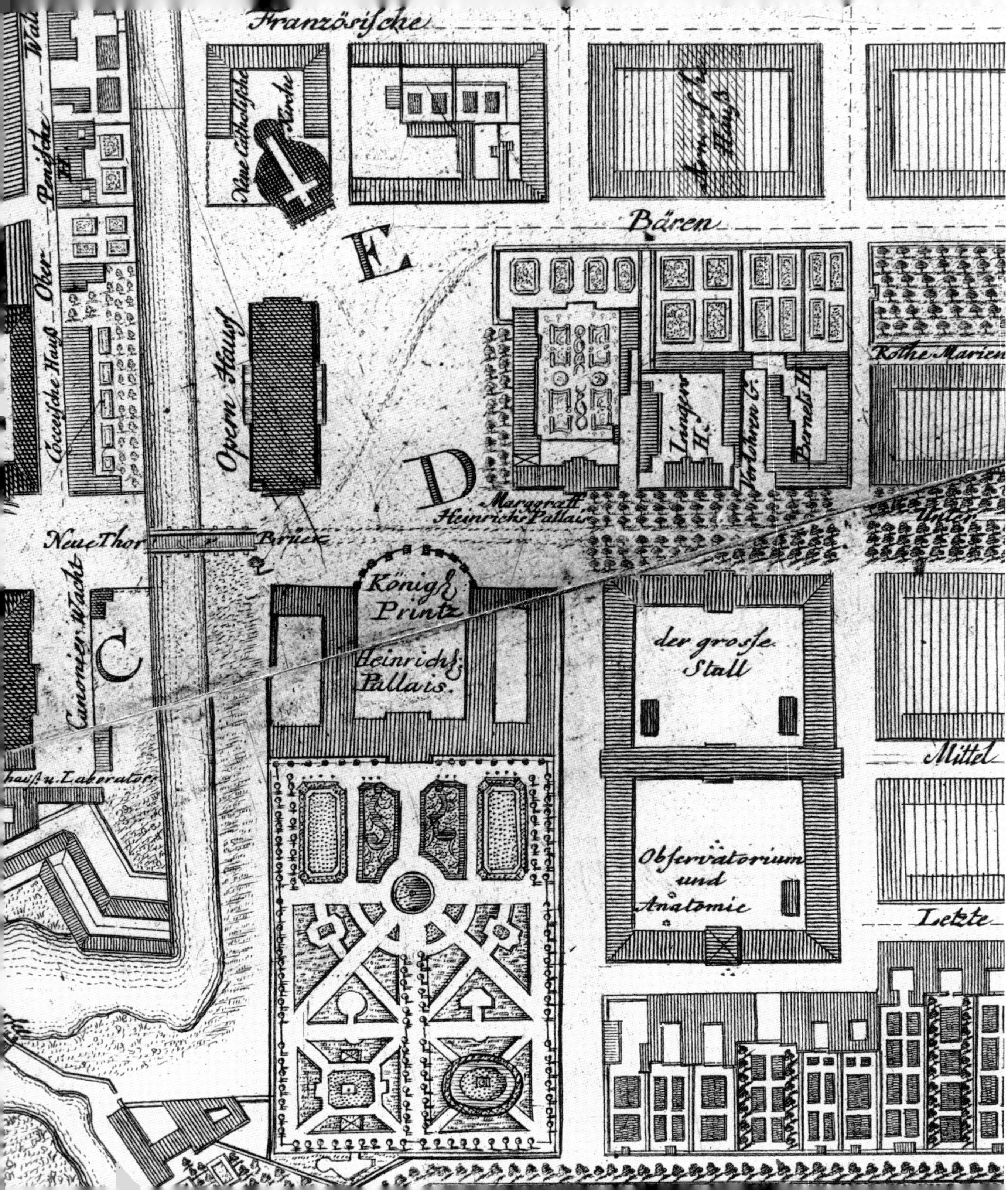

Seite 113:

98 E. Barth.
Die Gartenseite der Universität. Um 1830. Deckfarben. Staatliche Museen zu Berlin – Preußischer Kulturbesitz, Kupferstichkabinett (Ausschnitt)

99 G. F. Schmidt nach Schmettau. Plan der Stadt Berlin (Ausschnitt). Erste Darstellung des Palais Prinz Heinrich mit barocker Gartenanlage. 1748

Mit dem Universitätsgebäude auf das engste verbunden sind die Gartenanlagen, die es von vier Seiten umgeben und so den Eindruck erwecken, als ob das Gebäude in einer grünen Oase stände. Der häufige Wechsel des Bildes dieser Grünanlagen und Höfe war nicht nur eine Folge des vegetabilischen Wachstums der Gehölze. Vielmehr war wiederholter Wandel der Nutzungsweise dieser Flächen, verbunden mit baulichen Veränderungen, die eigentliche Ursache für den rascheren Szenenwechsel in den Freiräumen.

Gartenanlagen sind in der Regel schneller vergänglich als Bauten, sobald ihre Formgebung und Einrichtung mit dem ursprünglichen Nutzungszweck nicht mehr voll übereinstimmen. In diesem Falle verändern sich die räumliche Konzeption, der Grundriss und damit das Erscheinungsbild von Gärten oft sehr gründlich. Ebenso wie Gebäude werden auch Gärten »umgebaut«, wenn sie eine neue Funktion erhalten.

Über die Vorgeschichte des Geländes bis zur Erbauung des Palais Prinz Heinrich im Jahre 1748 wurde bereits berichtet (s. S. 13, 19). Die erste Gartenperiode (1766-1810) umfasst die Entwicklung der Gartenanlagen bis zum Einzug der Universität. Daran schließen sich etwa zehn Jahre der Vorbereitung und ersten Anpassung der Freiräume an die neuen Nutzungsbedürfnisse der Universität an (1810 bis 1820/21). Erst ab 1820 beginnen sich die für die Universität typischen Gartenbereiche in ihrer Gestaltung fester auszuprägen. Dazu gehören die Anlagen im Ehrenhof an der Lindenfront und die im alten Palaisgarten zwischen Universitäts-, Dorotheenstraße und ehemaligem Festungsgraben sowie der an der Westseite gelegene kleine Botanische Universitätsgarten und östlich davon das Kastanienwäldchen. Getrennt und zugleich verbunden wurden die beiden zuletzt genannten Anlagen durch eine breite Rasenfläche, die sich von der Dorotheenstraße bis zum nördlichen Mittelrisalit des Gebäudes erstreckte und die Sicht auf diesen öffnete (Abb. 44). Wenn auch im Detail durch bauliche Eingriffe und sich wandelnde Bepflanzungsweise häufig verändert, blieb doch diese einmal begonnene Grundstruktur der Gartenanlagen bis zum Jahre 1913 weitgehend erhalten.

Erst mit der Erweiterung des Universitätsgebäudes durch die bis zur heutigen Dorotheenstraße vorgezogenen beiden Flügelbauten wurde die überkommene Garteneinteilung nördlich des Bauwerkes aufgehoben. Aus der neuen Gebäudeform ergibt sich ab 1920 die heutige Gliederung in vier Gartenbereiche: den Ehrenhof, den großen Gartenhof nördlich des Gebäudes und die beiden Vorgärten an der Universitätsstraße und am ehemaligen Lindentunnel.

Diese vier Gartenanlagen wurden seitdem in ihrer Gestaltung immer stärker von der sie umgebenden Architektur bestimmt, und sie erfuhren von 1920 bis 1945 verschiedene Veränderungen. Mit den Kriegszerstörungen schien zunächst auch ihr Schicksal besiegelt zu sein. Der Garten im Ehrenhof war zwar wenig beschädigt aus dem Inferno hervorgegangen, auch der Baumbestand der Vorgärten hatte kaum Schaden genommen, der große Gartenhof jedoch war total vernichtet. Erst 1960/1962 wurden alle Gartenanlagen erneuert. Inzwischen bedürfen der große Gartenhof und der östliche Vorgarten einer Renovierung und Umgestaltung.

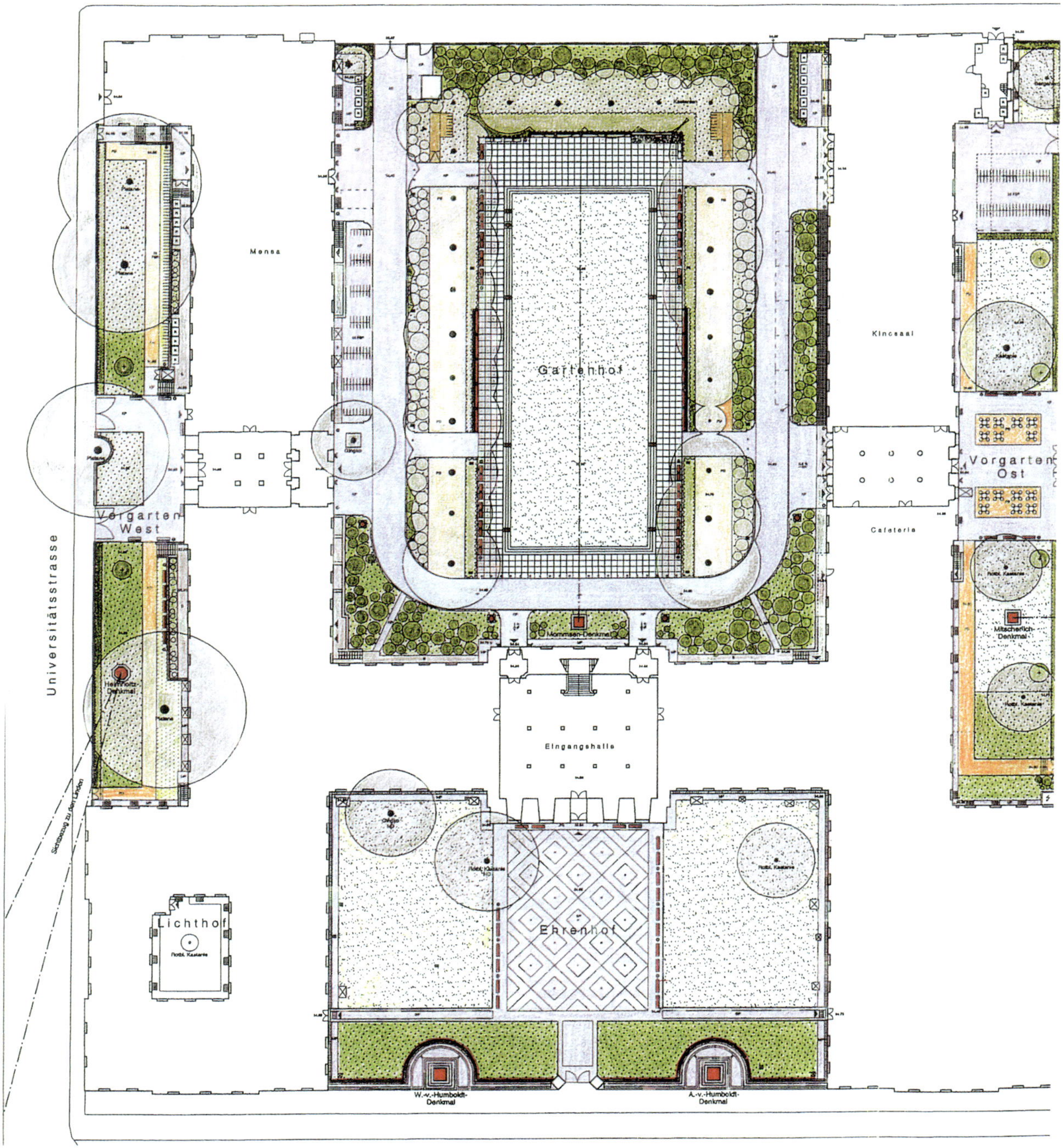

100 Gartendenkmalpflegerisches Freiraumkonzept für das Universitätsgrundstück. Entwurf: TOPOS Stadtplanung/Landschaftsplanung. 1998

Die Gartenanlagen am Palais Prinz Heinrich 1766–1810

Der Garten hinter dem Palais

Der Garten des Palais Prinz Heinrich erstreckte sich von der Nordseite des Gebäudes bis zur Letzten Straße (Dorotheenstraße) und von der Stallstraße (Universitätsstraße) bis zum Festungsgraben (Fußweg am Maxim Gorki Theater). Er war an der Stallstraße und an der Letzten Straße von einer hohen Mauer umgeben. Als einziger äußerer Zugang lag ein Tor zwischen dem prinzlichen Stallgebäude und dem etwas später errichteten Winkelbau der Wagen- und Holzremise.

Zur Entstehungszeit des Palais ging der Blick noch über den Bauhof und die offenen Wiesen hinweg bis zu der frei dahinfließenden Spree. Die Letzte Straße endete am Festungsgraben, an dem nur einige Gartengrundstücke lagen. An der Lindenseite öffnete sich der Ehrenhof des Palais nach dem Platz an der Oper hin.

Die überkommenen Zeugnisse zur geschichtlichen Entwicklung des Palaisgartens und des »Palaisplatzes«, wie der Ehrenhof später auch genannt wurde, sind spärlich, und über ihren tatsächlichen Zustand zur Zeit des Prinzen Heinrich gibt es nur wenige Hinweise. (Nicolai, Gubitz, Gutzkow, Spiker u. a.) Pläne vom Zustand in der Entstehungsphase sind bisher nicht auffindbar. Abbildungen von Gartengrundrissen finden sich auf den verschiedenen Stadtplänen von Berlin, die zwischen 1748 und 1804 von Schmettau (1748/53/57), J. D. Schleuen (1773/74), J. C. Rhoden (1772) und J. C. Selter (1804) gezeichnet wurden (Abb. 99, 101). In der relativ kurzen Aufeinanderfolge sehen wir dabei ganz unterschiedliche Gartengestaltungen dargestellt. Auf den ersten Plänen weichen auch die Größe und Lage vom tatsächlichen Zustand ab, auf denen von Schmettau und Schleuen erstreckt sich die im Rokokostil streng geometrisch gestaltete Gartenanlage bis an die spätere Georgenstraße, also bis an die Spreeaue. Hierbei handelt es sich um reine Ideenprojekte, die vor oder während der Bauzeit des Palais entstanden sind, aber niemals ausgeführt wurden. Nicht nachweisbar bleibt, ob sie von den Zeichnern der Stadtpläne nur zur Ausfüllung der freien Grundstücksflächen in zeitgenössischem Stil »frei erfunden« wurden, oder ob dafür tatsächlich Gartenentwürfe von Architekten vorgelegen haben. Auch die Darstellungen des Zustandes um 1770 von Rhoden (Abb. 101) und Schleuen geben eine Gartenaufteilung wieder, die auf Grund anderer Aussagen in dieser Weise nicht vorhanden gewesen sein kann. Wahrscheinlicher ist, dass sich alleeartige Baumpflanzungen am Festungsgraben und an der Seite der Stallstraße befanden und dass es in der Mittelachse des Palaisgartens keine oder nur wenige Gehölze gab. Vielleicht wurde auch das in der Mitte rechtwinklig aufeinanderstoßende Wegekreuz ausgeführt, wie es die Pläne andeuten. Die Beweise dafür fehlen jedoch.

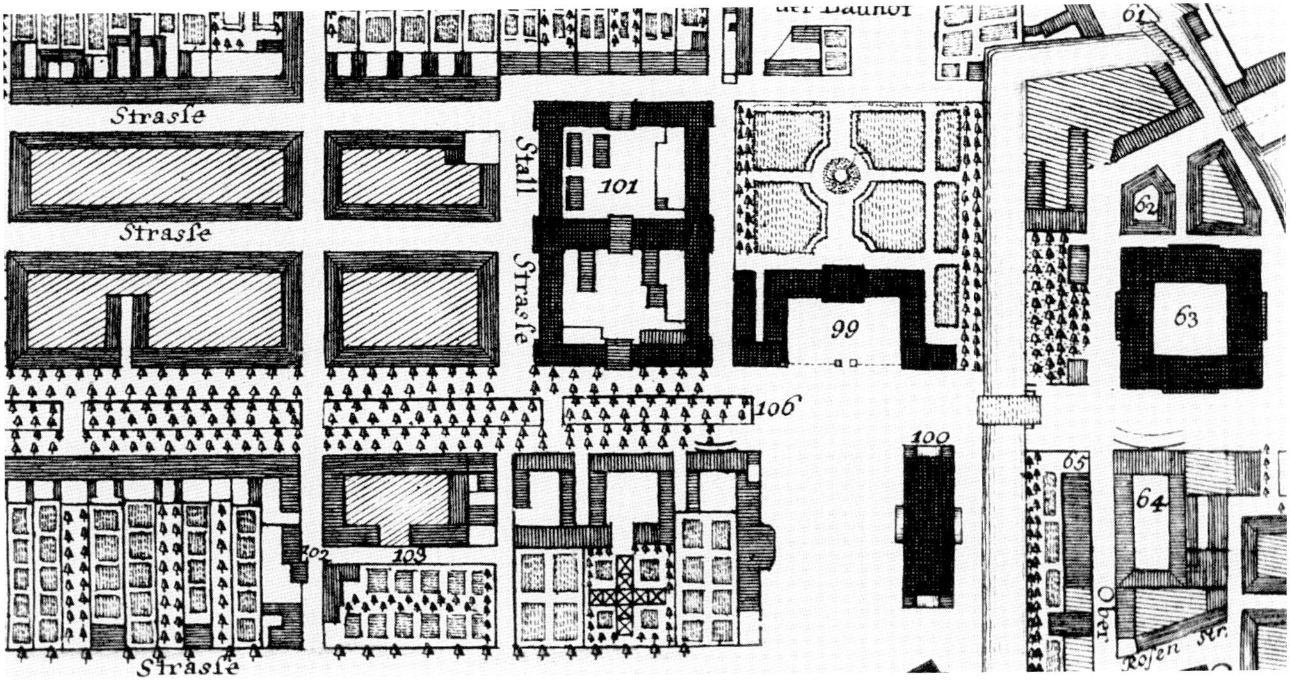

101 F. G. Berger sen. nach J. C. Rhoden. Stadtplan nach Berlin (Ausschnitt). Palais Prinz Heinrich mit Gartendarstellung. 1772. Kupferstich

F. Nicolai berichtet in seiner Beschreibung von Berlin und Potsdam im Jahre 1779: »Hinter dem Palaste bis an den Bauhof ist der Garten, welcher aber noch nicht völlig angelegt ist.« Die Vermutung liegt nahe, dass sich der Garten fünfzehn Jahre nach dem Einzug des Prinzen noch immer in einem recht provisorischen Zustand befunden hat. Nicolai erwähnt noch: »Die Kaye am Festungsgraben neben der Neustädtischen Brücke, ist mit einer schönen Plantage von Kastanienbäumen bepflanzt.« Wahrscheinlich ist damit die sechsreihige Alleepflanzung gemeint, die später als öffentliche Promenade die »Linden« mit der Letzten Straße verband. Der Aufmaßplan von Mandel aus dem Jahre 1811 (Abb. 38) zeigt diese Allee am Festungsgraben. Sie ist auch auf den nach 1825 entstandenen Bildern von der Singakademie von E. Barth (Abb. 111) und L. E. Lütke gut erkennbar.

Deutet man die wenigen erreichbaren Hinweise richtig, so wies der Garten im 18. Jahrhundert vermutlich folgende Dreiteilung auf: Das westliche Gartendrittel an der Stallstraße war mit dem Remisenbau und einem davor liegenden Wirtschaftshof belegt. Nördlich des Remisenflügels lag ein eingezäunter großer Holzplatz, der noch zum Bauhof gehörte und vielleicht am Rande mit Bäumen bestanden war. Dieser ganze Wirtschaftsbereich wurde an seiner Ostseite durch Baumpflanzungen gerahmt.

Den Mittelteil nahm eine lichtere bis offene Gartenpartie ein, die sich auf den Mittelrisalit des Palais bezog. Nach Osten schloss sich bis zur Promenadenallee am Festungsgraben ein malerisch wachsender Baumhain an, der von Wegen mit Sitzplätzen durchzogen war. Diesen Zustand zeigt am deutlichsten der Plan von J. C. Selter 1804 (Abb. 23).

Über Alter und Arten der Bäume im Garten ist bisher kein Beleg gefunden worden. K. Gutzkow, der im benachbarten Akademie- und Stallgebäude aufgewachsen ist, schrieb in seinen Erinnerungen, dass Prinz Heinrich seinen »kolossalen Bau in einer noch mit Wald und Wiese bestandenen Gegend« anlegte. (Gutzkow) Danach standen vielleicht schon einige ältere Baumgruppen auf der Fläche. Die vorhergehende Nutzung des Grundstücks als Bearbeitungs- und Lagerplatz sowie die vorausgegangene Bebauung mit Artilleriewagenhäusern lassen jedoch den Schluss zu, dass der größte Teil der Bäume erst nach Fertigstellung des Palais gepflanzt wurde: neben Rosskastanien Ulmen, Weiden und Linden. Ein Oberförster von Schenck soll die Kastanienpflanzung noch im 18. Jahrhundert geplant haben. (Feyl) Unwahrscheinlich ist, dass auch essbare Kastanien darunter waren, obwohl die Fläche zwischen dem Palais des Prinzen Heinrich und dem Zeughaus damals bereits als »Platz am Kastanienwäldchen« oder »Platz der Maroniers« bezeichnet worden ist. (Dronke) Dieser Baumbestand erstrecke sich also als alleeartige Promenadenanlage hinter der alten Kanonierwache von den Linden am Festungsgraben entlang bis zur Letzten Straße. Nach Westen unmittelbar anschließend ging die Allee in einen romantischen Hain über, der sich hinter der östlichen Hälfte des Palais Prinz Heinrich ebenfalls bis zur Letzten Straße erstreckte und der damals zum eingefriedigten Palaisgarten gehörte. Weitere Einzelheiten über Entstehungszeit und Gestaltung dieser frühen Anlage sind noch unbekannt. Auch zur Namensgebung sind unterschiedliche Hinweise vorhanden. Von Dronke und Feyl wird der Name Kastanienwäldchen schon zum Ausgang des 18. Jahrhunderts als vorhanden angenommen. Nach Gutzkow soll der Name Kastanienwald zuerst aufgekommen sein nach der Pflanzung des neuen Kastanienhaines um die nach Schinkels Entwurf gebaute Neue Wache (also nach 1818) und nur für diesen verwendet worden sein. Die Bezeichnung Kastanienwäldchen soll dagegen erst später populär geworden sein und bezog dann den parkähnlich gestalteten, inzwischen öffentlich zugänglichen Ostteil des ehemaligen Palaisgartens mit ein. Zum Namen Kastanienwäldchen gibt Gutzkow folgende Erklärung: »Das kosende Diminuitiv ist erst die Folge einer bedeutenden Lichtung seiner ehrwürdigen alten Stämme.«

Der Holzstecher F. W. Gubitz besuchte in seiner Jugend häufig das Palais und den Garten. Er berichtet, dass die greise Prinzessin nach dem Tode des Prinzen immer seltener Spaziergänge »unter den kräftig-schönen, köstlichen Bäumen« unternahm und dann nur ihre Hofdame den Garten betreten durfte. Sonst nahmen sich die Bediensteten reichliche Freiheiten im Garten. Gubitz weilte oft in geselliger Runde dort, wobei vorgelesen wurde und man sich einmal bei Vollmond gar erkühnte, in dem dichter bewachsenen östlichen Parkteil vor der romantischen Kulisse des unbewohnten und vernachlässigten Ostflügels Schillers »Räuber« zu spielen. Zuschauer war die gesamte Dienerschaft vom Kastellan bis zur Küchenmagd. (Gubitz)

Um 1800 wies die hohe Gartenmauer bereits Schäden auf, und die sich immer mehr nach dem Gesetz des Zufalles entwickelnde Gartenanlage verwilderte zu einem schattigen Baummassiv. Kinder nutzten das Gelände als verbotenen Spielplatz, und den zahlreichen Schlossbewohnern diente es nebenbei als Wäscheplatz, Hühnerhof oder Lagerfläche. In der Übergangszeit nach 1800 erschien der Garten den Berlinern »als ein verwunschenes Revier«. (Osborn)

In diesem Zustand wurde er der neugegründeten Universität übereignet. Zunehmendes Desinteresse des Prinzen Heinrich an seinem Berliner Palais und seine fast ständige Abwesenheit brachten es mit sich, dass hier kein Bedürfnis nach einem repräsentativen Palaisgarten, der der Größe des Gebäudes und seiner zentralen Lage in der Residenzstadt Berlin entsprochen hätte, entstanden ist.

(Wendland) Mit großem Engagement widmete sich der Prinz dagegen der repräsentativen Gestaltung der weitläufigen Parkanlagen bei seinem Schloss in Rheinsberg.

Der Ehrenhof

Das dreiflügelige Palais umschloss an der Lindenseite nach Art französischer Schlösser und Adelspaläste einen großen Ehrenhof, auch »Cour d'honneur« genannt. Dieser durch die Architektur bestimmte Hof maß 76,5 m in der Breite und 48 m in der Tiefe. Er wird gegen die Straße Unter den Linden durch ein schmiedeeisernes Gitter im Rokokostil abgeschlossen. Zwei übereck gestellte steinerne Schilderhäuschen, die von Puttengruppen aus Sandstein bekrönt werden, rahmen das Eingangstor (s. S. 163). Spezielle Grundrisspläne der Hofgestaltung aus der Entstehungszeit sind nicht überliefert.

Die ersten Ansichten des Gebäudes – bereits kurz nach Baubeginn als »Schaubilder« zur Information des Publikums entstanden – zeigen noch die ursprünglich für die neue Residenz des Königs vorgesehene halbkreisförmig vorspringende Gitteranlage ohne Tor, die Knobelsdorff in seinem Residenzprojekt 1740 entworfen hatte (Abb. 9). Auf den Stichen von J. D. Schleuen ist diese vorschwingende Zaunführung noch dargestellt, wobei die einzelnen Felder zwischen massiven Pfeilern stehen, die Skulpturenschmuck tragen (Abb. 18).

Auf der Ansicht des Opernplatzes von G. B. Probst aus dem Jahre 1760 ist der Zaun bereits geradlinig in der Bauflucht der beiden Seitenflügel verlaufend dargestellt, allerdings noch mit den starken Steinpfeilern (Abb. 21). Im Mai 1763 versichert Friedrich II. seinem Bruder, dass er nun das Geld für das lang erwartete »Grille de fer« (Eisenzaun) zur Auszahlung angewiesen habe. (Rödenbeck) Zaun und Torhäuschen sind dann frühestens 1763 errichtet worden. (Müller, K. E.) Alle nach Fertigstellung des Palais entstandenen Ansichten und Grundrisszeichnungen zeigen den Zaun geradlinig verlaufend und ohne Steinpfeiler, so dass die einst beabsichtigte bogenförmig vorspringende Gitterführung niemals ausgeführt worden ist.

Während Prinz Heinrich das Palais bewohnte, diente der Ehrenhof als Auffahrt und Repräsentationsfläche. Eine gärtnerische Gestaltung mit Bäumen, Rasen oder gar mit geometrisch geformten Parterreanlagen, wie später angenommen wurde[99], gab es nicht. Er war nicht bepflanzt und außerhalb der gepflasterten Wagenauffahrt mit Kies befestigt. Der Überlieferung nach ließ Prinz Heinrich hier einmal im Jahr sein Leibregiment zur Besichtigung aufmarschieren. Zum Abschluss erhielt jeder Soldat im Hof ein Dreierbrötchen und ein Glas »Zitronenlikör«. (Gubitz) Die Offiziere versammelten sich zum festlichen Mahl im Palais. Da später kaum noch Besucher in das Palais kamen, konnten sich Gras und Unkraut ungehindert auf dem Platz ausbreiten, so dass der Ehrenhof zur Zeit der Universitätsgründung einen beklagenswerten Eindruck machte.

Die Gartenanlagen am Universitätsgebäude

Mit der Universitätsgründung galt es, die inzwischen verwilderten Gartenanlagen vor und hinter dem Gebäude für den neuen Nutzungszweck herzurichten und in einen ansehnlichen Zustand zu bringen. Im ersten Jahrzehnt geschah dafür aber noch wenig, denn die knappen Mittel mussten vorrangig für die Ersteinrichtung und Reparatur des baufälligen Gebäudes verwandt werden. Außerdem wurden von verschiedenen Seiten noch Nutzungsansprüche auf Teilflächen des hinteren Gartens erhoben, so dass das Verfügungsrecht darüber von der Universität erkämpft werden musste. So verging das erste Jahrzehnt mit Vorbereitungen und kleineren Anpassungsmaßnahmen; erst ab 1821 wurde intensiver mit der Gestaltung der für die Universität charakteristischen Gartenanlagen begonnen.

Vorbereitung und Anpassung des alten Palaisgartens 1810–1821

Neben den Bemühungen um die Rückgewinnung der noch fremdgenutzten Teilflächen galt es, zugleich allerhöchste Absichten zur Bebauung des Gartengeländes sowie zur längeren Belegung als Lagerplatz zurückzuweisen. So gab es Pläne, die Stallbauten im benachbarten Akademie- und Stallgebäude abzureißen und an der West- und Nordseite des Universitätsgartens neu zu errichten. Die geplante, aber nicht ausgeführte Gestaltung des Gartens zeigt ein Grundriss von C. Maré um 1810 (Abb. 120). Während des Krieges 1813 war der Garten ständig für militärische Übungen der Landwehr besetzt. (Lenz) Danach begannen die Arbeiten am Bau der Neuen Wache (1816–1818) und der neuen breiten Opernbrücke über den schon teilweise überdeckten Festungsgraben. (Dronke, Brendel)

Eine Vorstellung von der ersten Aufteilung des Geländes vermittelt der von E. Mandel gezeichnete kolorierte Lageplan von 1811 (Abb. 38). Er diente der Vorbereitung des hier einst geplanten Baues der »Clinischen Anstalt«, die bei Realisierung beinahe drei Viertel der Gartenfläche beansprucht hätte. Dieser Zustand wird auch durch die Darstellung des Grundstückes im berichtigten Stadtplan von D. G. Reymann von 1810/18 bestätigt. Danach rahmten zwei Gehölzstreifen die mittlere, vielleicht mit Gehölzen durchsetzte Wiesenfläche (Abb. 102).

Der vermutlich um 1840 entstandene Lageplan des Gebietes um den Opernplatz und den Festungsgraben zeigt dann die inzwischen von Schinkels Entwürfen ausgehenden Veränderungen (Abb. 39). Weitere Einzelheiten über Maßnahmen und Zustände im Garten vermitteln die im Geheimen Staatsarchiv und im Universitätsarchiv der Humboldt-Universität zu Berlin aufbewahrten Aktenbände.[100]

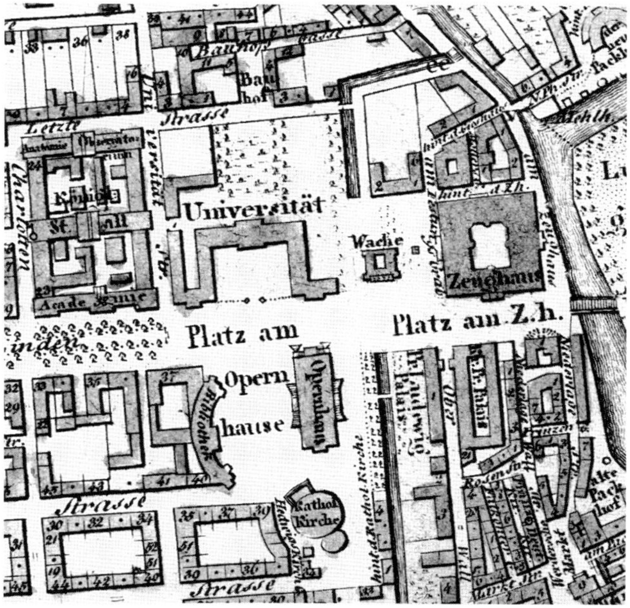

102 C. Stein nach D. G. Reymann. Stadtplan von Berlin (Ausschnitt) mit erster Darstellung der Gartenlagen am Universitätsgebäude. Um 1818. Kupferstich

Bereits 1810 hatte Prof. Hufeland den Wunsch zur Anlage eines kleinen Botanischen Gartens in nächster Umgebung der Hörsäle geäußert, um das erforderliche Pflanzenmaterial für die Lehrveranstaltungen schnell zur Hand zu haben, da der Botanische Garten damals weit entfernt in Schöneberg lag. Der dafür vorgesehene nordwestliche Gartenteil hinter dem Remisenbau war jedoch bis 1817 als Holzplatz an den Zimmermeister Eifert verpachtet und daher vorerst nicht verfügbar. Auch die störenden Remisen konnten nicht abgerissen werden, weil sie weiterhin von der Königlichen Stallverwaltung beansprucht wurden. Ebenso verfügten die noch zahlreichen Bewohner des Universitätsgebäudes aus der Prinzenzeit freimütig über das Gelände, Kinder aus der Umgebung spielten hier, und weitere unbefugte Besucher fanden Zutritt durch die Mauerlücken. Der Bereich südlich des winkelförmigen Remisenbaues bis zum Stallanbau an der Universitätsstraße diente noch bis 1836 als Stallhof und war dem Verfügungsrecht der Universität weitgehend entzogen. Sogar Pferde wurden zeitweilig im Garten auf die Koppel gebracht.

1816 hatte Friedrich Wilhelm III. die feste Absicht, im Gartengelände den geplanten Neubau für die Friedrich-Wilhelm-Akademie errichten zu lassen. Sie sollte die in der Letzten Straße sehr beengt untergebrachte Chirurgische Klinik und die Entbindungsanstalt aufnehmen. (Rave 1962) Nur durch den Gegenantrag zum Neubau eines Konviktes für Theologiestudenten seitens der Universität und durch die aufkommende akademiefeindliche Stimmung der Studentenschaft konnte dieser vom König selbst initiierte Angriff auf das gerade »für ewige Zeiten« erworbene Eigentum abgewehrt werden. (Lenz) 1818/19 bereits wurden die alten Umfassungsmauern des Grundstückes abgebrochen, so dass der Garten nun zur »öffentlichen Passage« frei war.[101] Seitdem bildeten sich Diagonalwege durch das den östlichen Teil einnehmende Kastanienwäldchen heraus, die erst später ausgebaut wurden. Die starke, unkontrollierte Benutzung der parkähnlichen Anlage führte zu Belästigungen der Lehrbetriebes, zu Beschädigungen der Gehölze sowie zur Verunreinigung des Grundstücks.

1819 stellte der Maler Tielker den Antrag, zur Unterhaltung des Publikums an der Nordostecke des Gartens ein Gebäude mit einem Panoramagemälde von Berlin samt einem Restaurant errichten zu dürfen. Wegen der zu erwartenden Baumverluste im Kastanienwäldchen wurde dieses Ansinnen aber abgelehnt. (Lenz)

Da der Zustand des inzwischen recht dichten Gehölzbestandes im Kastanienwäldchen sowie die Verhältnisse in den übrigen Gartenteilen nicht mehr der neuen Würde des Hauses entsprachen, äußerte König Friedrich Wilhelm III. im Frühjahr 1819 die Absicht, »den Universitäts-Garten zur Verschönerung der Stadt in einen öffentlichen Spaziergang umschaffen zu lassen«. Zur Verhinderung weiterer Störungen des Lehrbetriebes wurde in gebührendem Abstand vom Gebäude »eisernes Gitterwerk« aufgestellt. Die Wege wurden mit Kies beschüttet.[102] Als 1818 und 1820 die Einrichtung des kleinen Botanischen Gartens erneut beantragt wurde, erhielt der Garteninspektor Otto vom Königlichen Botanischen Garten in Schöneberg den Auftrag zur Anfertigung eines Entwurfes mit Kostenanschlag, der 2.847 Reichstaler für die Neuanlage auswies. Mit Kabinettsordre vom 25. Februar 1821 wurde dann dem Plan zur Umgestaltung des Kastanienwäldchens in einen »öffentlichen Spaziergang« und seiner Vereinigung mit einer neuen »Anlage von offiziellen Pflanzen für das botanische Studium« endgültig zugestimmt.[103]

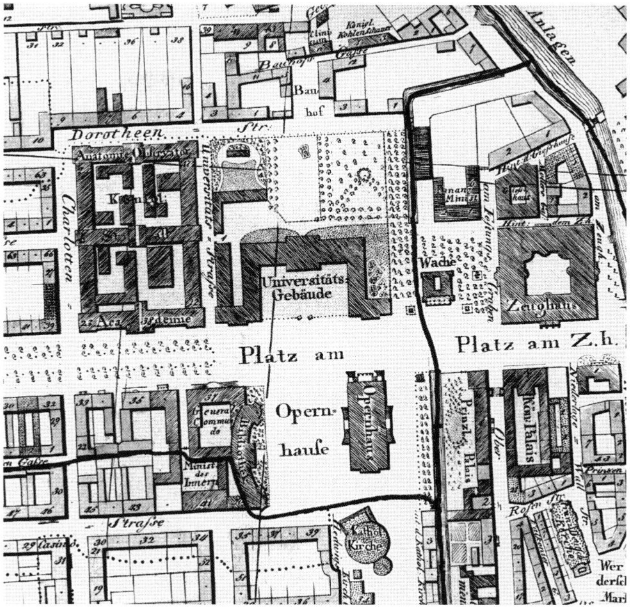

103 C. Mare nach J. C. Selter. Stadtplan nach Berlin (Ausschnitt). Universitätsgrundstück mit Darstellung des Gartenzustandes. 1832. Kolorierter Kupferstich

Botanischer Universitätsgarten

Einrichtung und erste Entwicklung 1821–1840

Seit langem war für den Aufbau des 1821 endlich bewilligten Botanischen Gartens die als Holzlagerplatz vermietete Fläche an der Westseite des Grundstückes zwischen den Remisen und der Letzten Straße vorgesehen. Die bereits im Herbst 1820 von Otto angefertigten Entwürfe für das gesamte Gartengelände der Universität bedurften der Begutachtung durch die Oberbaudeputation, der der junge K. F. Schinkel angehörte. Man verlangte einige Änderungen für den Standort des Gewächshauses, die Einfriedigung und Bepflanzung, die im endgültigen Entwurf vom 10. Oktober 1821 berücksichtigt wurden. (Rave 1962)

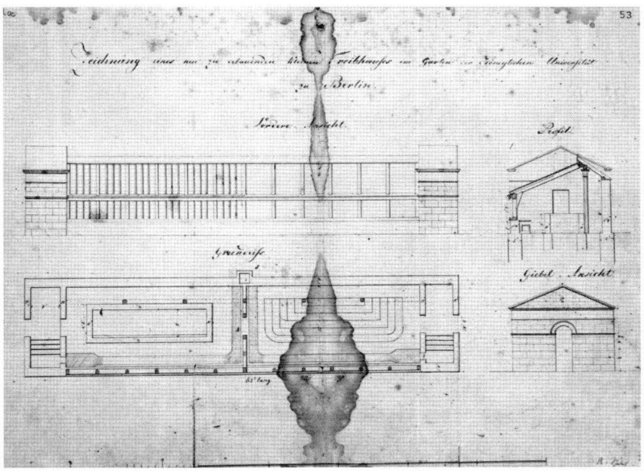

104 F. Schramm (?). Entwürfe für das erste kleine Treibhaus im Botanischen Universitätsgarten. 1823. Zeichnung. Geheimes Staatsarchiv – Preußischer Kulturbesitz

Schinkel forderte den Abriss der schadhaften Mauer und an ihrer Stelle eine leichte Einzäunung, damit der Garten von allen Seiten gut sichtbar sei. Die Nord- und Ostseite der botanischen Anlage sollten mit Baumreihen bepflanzt werden. Er empfahl, das Gewächshaus als gefälliges Motiv in der Mitte anzuordnen und gegen Norden hin zu umpflanzen. Eine 2,5 Fuß hohe Hecke, »welche, von einem dichten und zierlichen Gesträuch gepflanzt, am angenehmsten ins Auge fallen wird«, sollte die Anlage begrenzen. (Rave 1962)

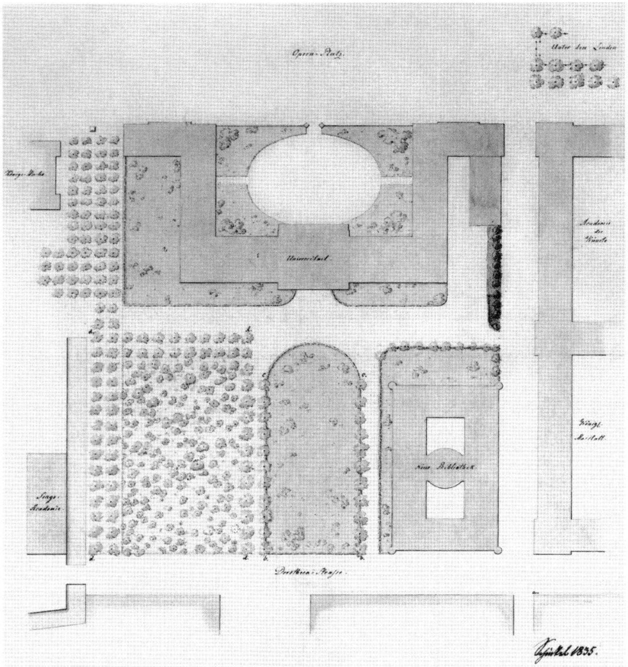

105 K. F. Schinkel. Erster Entwurf für einen Bibliotheksbau im Garten der Universität mit Darstellung der vorhandenen Gartenanlagen. Lageplan. 1835. Farbig lavierte Federzeichnung. Staatliche Museen zu Berlin – Preußischer Kulturbesitz, Kupferstichkabinett

Nach Räumung des Holzplatzes wurde 1821/22 der Garten mit Einfriedigung auf einer Fläche von 47 ar angelegt und 1823 ein Brunnen gebaut. Die unansehnlichen Wagenremisen wurden »mit Nadelholz maskiert«[104]. Im selben Jahr ist die Zeichnung für das neue Gewächshaus gefertigt, das 1824 für 3.012 Taler gebaut wurde.[105] Es war etwa 20 m lang und enthielt eine kalte und eine warme Abteilung (Abb. 104).

Die Heil- und Gewürzpflanzen sowie einige der benötigten Nutzpflanzenarten lieferte der Botanische Garten in Schöneberg (Köpke), die Sträucher wurden 1822 zum Teil aus Altona bezogen.[106] Insgesamt kostete die Gartenanlage 4.946 Taler. In den ersten Jahren wurde sie vom Personal des Schöneberger Gartens mit betreut, bis 1823 die Einstellung eines eigenen Gärtners und eines Arbeitsmannes beantragt wurde.[107] Der Gärtner Autem wurde dann mit einem Lohn von sechzehn Talern beschäftigt, womit er »schlechter gestellt ist als der Hausknecht«[108]. Der Etat für den gesamten Gartenunterhalt betrug anfangs nur 350 Taler. (Köpke)

Die Gestaltung des Gartens wird stark vereinfacht in der Darstellung Abbildung 103 verdeutlicht. Ein geschwungener Rundweg ging vom Gewächshaus aus und endete zunächst an der Holzremise. Offensichtlich stießen die Bemühungen der Gärtner um Ordnung und Sauberkeit auf dem Universitätsgelände bei den Studenten und dem übrigen Publikum auf wenig Verständnis. Garteninspektor Otto führte 1825 heftige Klage über die durch ständige Verunreinigungen abgestorbenen Hecken. Schäden entstanden durch die Hühner der Bewohner und durch die Pferde des Marstalls. Er forderte die Errichtung einer Bedürfnisanstalt, die Aufstellung von Warntafeln und die Errichtung von Barrieren. Auch die Parkwege befanden sich noch in einem schlechten Zustand.[109]

1837 schied der Gärtner Autem wegen Dienstunfähigkeit aus dem Amt. Sein Nachfolger, der Gartengehilfe Sauer, wurde 1838 erstmalig mit dem Titel »Universitätsgärtner« und einem Jahresgehalt von 400 Talern eingestellt.[110] Unter seiner langjährigen Leitung nahm der Garten einen beachtlichen Aufschwung, wie aus mehreren Berichten über den ständig zunehmenden Pflanzenbestand hervorgeht. Aus dem überlieferten Brief Sauers vom 2. Februar 1839 an den Minister von Altenstein geht hervor, dass die Pflanzen zum Teil aus den Königlichen Gärten von Potsdam, Charlottenburg und Bellevue stammten, während die wildwachsenden Arten von Sauer selbst gesammelt und weiterkultiviert wurden. Dem Brief beigefügt war ein bisher nicht bekanntes »Verzeichnis der im Universitäts-Garten cultivierten Land- und Gewächshaus-Pflanzen«[111].

Die ökonomisch und medizinisch bedeutsamen Nutzpflanzenarten waren angeordnet nach dem System von

106 K. F. Schinkel. Erster Entwurf für einen Bibliotheksbau im Garten der Universität an der Universitätsstraße. Gebäudeansicht. 1835. Farbig lavierte Federzeichnung. Staatliche Museen zu Berlin – Preußischer Kulturbesitz, Kupferstichkabinett

Jussieu. (Eckenstein) In den von Sauer unterschiedenen neun Pflanzengruppen sind 731 Taxa aufgeführt, von denen 170 erst 1838 neu hinzugekommen sind. Es gab rund 500 Arten von offiziellen und anderen Nutzpflanzenarten sowie 85 Baum- und Straucharten. »Pflanzen, die in Vorlesungen benutzt werden«, waren in 208 Arten vorhanden. Im Jahr 1839 wird mitgeteilt, dass 21.690 Pflanzen für den Lehrbetrieb geliefert wurden (1838 waren es nur 10.510 Pflanzen).[112] Das Gewächshaus war zu klein und sehr baufällig geworden, so dass 1839 ein Neubau beantragt wurde.[113]

Schon einige Jahre zuvor aber drohte dem kleinen Garten erste Gefahr. Zwischen 1835 und 1840 wurde der Plan zum Neubau eines dringend benötigten Bibliotheksgebäudes gefasst, das im Universitätsgarten entstehen sollte. 1835 fertigte Schinkel einen ersten Entwurf für das Gebäude sowie einen Lageplan an (Abb. 105, 106). Beide Zeichnungen, die den damals vorhandenen Zustand wiedergeben, sind wertvolle Dokumente zur Bau- und Gartengeschichte. Um den Bestand des Kastanienwäldchens und der mittleren Rasenbahn unangetastet zu lassen, wurde nur das Gelände des Botanischen Universitätsgartens für den Entwurf in Anspruch genommen. In einer 1837 entstandenen zweiten Variante von Schinkel ist das neue Gebäude als quadratischer Block mitten im Garten angeordnet, der dann völlig umgestaltet als regelmäßig gepflanzter Baumhain den Neubau rahmen sollte (Abb.107).

Diese Pläne hatten zur Folge, dass 1839 eine Verlegung des Botanischen Gartens in das Gelände der Tierarzneischule vorbereitet wurde. Dort war ein Gartenstück bereits eingezäunt, und erste Pflanzen wurden schon versetzt.[114] Erst im Januar 1840 war dann entschieden wor-

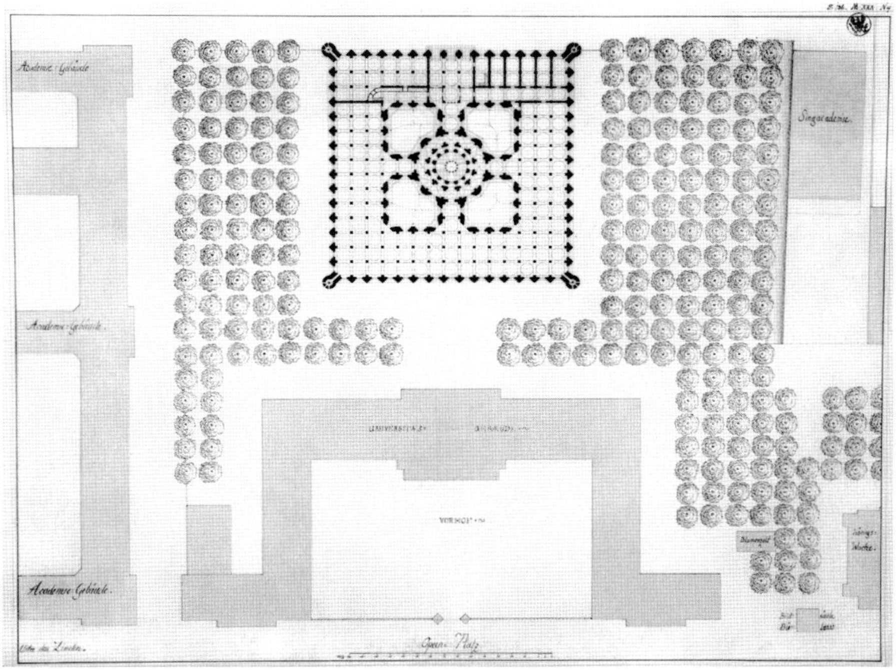

107 K. F. Schinkel. Zweiter Entwurf für einen Bibliotheksbau im Garten der Universität. Lageplan. 1837. Farbig lavierte Federzeichnung. Staatliche Museen zu Berlin – Preußischer Kulturbesitz, Kupferstichkabinett

den, dass die Bibliothek nicht gebaut werden konnte und der inzwischen weitgehend geräumte Garten wieder instand zu setzen sei. Damit begann die Rückführung der zum großen Teil schon verlagerten Pflanzen. Der nächste Entwicklungsabschnitt vollzog sich im Zusammenhang mit der großen Rekonstruktion des Universitätsgebäudes unter Leitung des Oberbaurates Busse von 1835 bis 1846 (s. S. 68).

Botanischer Universitätsgarten 1840–1913

Die zweite Etappe dieses Gartens begann mit dem Wiederaufbau und der Erweiterung der Freilandflächen nach Süden sowie mit der Erneuerung des verschlissenen Gewächshauses, das nun mit einem ansehnlichen Wohnhaus für den Gärtner verbunden wurde. Der 1841 von Bauinspektor Killmar entworfene Komplex enthielt folgende Räume: Calidarium (Warme Abteilung), Tepidarium (Temperierte Abteilung), einen Ausstellungsraum für blühende Gewächse, einen Raum für Brennmaterial, die aus zwei Stuben, Kammer und Küche bestehende Gärtnerwohnung sowie zwei Räume für wissenschaftliche Zwecke und einen Utensilienraum.[115]

Busse schlug vor, das neue Gebäude mit dem Garten auf den Mittelrisalit des Hauptgebäudes zu beziehen und den alten Garten zur Anlage einer Gehölzsammlung zu nutzen. Erst nach einem neuen Entwurf von Hofbaurat Stüler von 1841 entstand 1843 das neue Gebäude, das die doppelte Größe des abgerissenen hatte und die Bezeichnung »Schweizer Haus« oder »Italienisches Häuschen« führte (Abb. 108).

Nach Beseitigung der alten Wagen- und Holzremisen konnte die Gartenfläche nach Süden um 1.000 m^2 vergrößert werden. Da die früher gepflanzte Hecke unter dem Schattendruck der Bäume nicht mehr recht gedieh, wurde der Garten mit einem vier Fuß hohen Eisengitter eingefriedet, um »muthwilliges Überspringen« zu erschweren.[116] 1851 wurde ein zweites, kleineres, so genanntes Erdhaus vor dem großen Gewächshaus gebaut und 1853 in Betrieb genommen[117] (Abb. 109). Inzwischen kultivierte man über 1.000 Pflanzenarten, darunter etwa 500 Arznei- und sonstige Nutzpflanzen sowie 160 Baum- und Straucharten. (Köpke) Von 1838 bis 1859 wurden nach den Aufzeichnungen des Gärtners Sauer 739.852 Pflanzen beziehungsweise Pflanzenteile für Studien- und Forschungszwecke aus dem Garten geliefert! (Köpke) Im Sommer besuchten täglich etwa 125 Personen den Garten.

Mit zunehmender Inanspruchnahme des nun rund 4.000 m^2 großen Geländes für Lehr- und Studienzwecke wurden auch verbindliche Instruktionen für die Leitung und Bearbeitung des Botanischen Universitätsgartens erlassen. (Daude) Nach der »Instruktion für den Direktor der botanischen Institute vom 26.4.1852«, der bis 1878 zugleich Direktor des großen Botanischen Gartens in Schöneberg war, wurde der Garten für den Anbau von »Repräsentanten der natürlichen Familien, Arzneigewächse, Nahrungs- und Handlungspflanzen und Vertretern charakteristischer Pflanzenformen der verschiedenen Erdteile« bestimmt. Er hatte frisches Demonstrationsmaterial für die Lehrveranstaltungen sowie Untersuchungsmaterial für die Botanischen Institute zu liefern. Auch »bescheidene Wünsche« der Studenten nach Pflanzen für ihr Herbarium sollten erfüllt werden. Der Direktor war für die gut lesbare Etikettierung sowie für den Aufbau und die Erhaltung der Botanischen Sammlung verantwortlich. Von 1878 an wurde der Universitätsgarten einem eigenen Direktor, dem jeweils zweiten Professor für Botanik, unterstellt.

108 Das Gärtnerhaus, auch »Italienisches Häuschen« genannt, im Botanischen Universitätsgarten an der Dorotheenstraße. Zustand 1913

Die »Instruktion für den Universitätsgärtner vom 29. V. 1854« legte dessen Verantwortung für die Kulturverfahren, für Etikettierung, Aufstellung und Fortschreibung der Kataloge des Pflanzenbestandes, für die Samengewinnung sowie für die Einhaltung der Öffnungszeiten fest. Der Universitätsgärtner war zugleich für die gärtnerische Pflege und Sauberhaltung der übrigen Gartenanlagen auf dem Universitätsgrundstück zuständig und durfte dem Kastellan Weisungen erteilen. Schließlich gab es noch ein »Reglement über den Besuch des Universitätsgartens vom 29. V. 1854«. Das Freiland war werktags von 6 bis 18 Uhr zu besichtigen, während die Gewächshäuser nur in Begleitung des Gärtners betreten werden durften. 1856 besuchten täglich 150 Studenten den Garten. 1857 wurden 60.000 Einzelpflanzen aus dem Garten abgegeben.[118] Die neue Gartengestaltung nach 1851 geben annähernd die Grundstücksdarstellung auf den Stadtplänen von J. C. Selter (1851) (Abb. 109) und von Gläser (1852) wieder. 1885 wurde die Holzkonstruktion des Gewächshauses

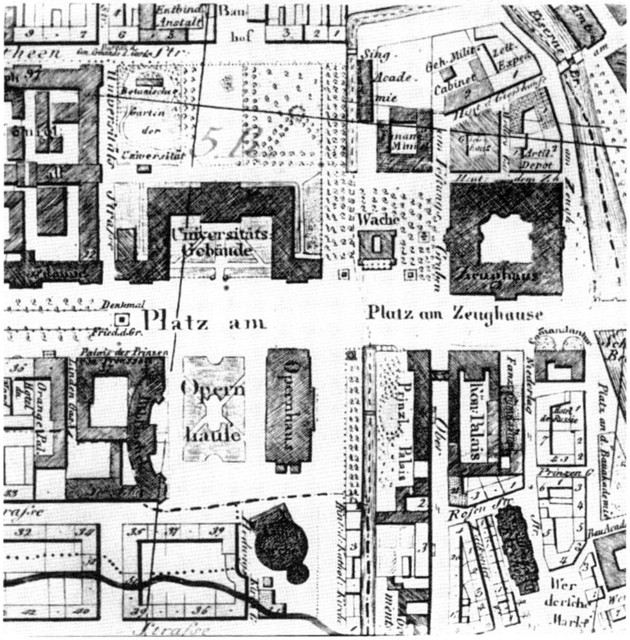

109 C. Mare nach J. C. Selter. Stadtplan von Berlin (Ausschnitt) mit Darstellung der damaligen Gartengrundrisse. 1851. Kupferstich

durch eine neuzeitliche Eisenkonstruktion ersetzt.[119] Bis 1907 fanden im Garten offensichtlich keine weiteren Veränderungen statt. 1908 wurde ein Drittel der Freilandflächen geräumt und für die Anlage von physiologischen und genetischen Versuchen vorbereitet. Die Lieferung von Demonstrationsmaterial für die Vorlesungen hatte der inzwischen in Dahlem neu eröffnete Botanische Garten übernommen. Im Winter 1909/10 wurden noch ein weiteres Kalthaus sowie Frühbeete errichtet.[120] Als 1910 die Versuchsanlagen fertig waren, stellte sich heraus, dass sich mit dem Bau der Staatsbibliothek (1903 bis 1914) die Lichtverhältnisse im Garten verschlechterten. Auch gab es Klagen über zunehmende Staub- und Rauchbelästigung. 1911 wurde nur noch ein Teil der Freilandfläche zur Anzucht von Gehölzen für den neuen Botanischen Garten in Dahlem genutzt. Im Herbst 1913 wurde die für den beginnenden Erweiterungsbau der Universität benötigte Freifläche endgültig geräumt. Heute steht der Westflügel mit der Mensa auf dem Gelände. Einen Eindruck vom Aussehen des Gartens zu Beginn dieses Jahrhunderts vermittelt die Radierung von E. Büttner (Abb. 110). Danach stand an der Universitätsstraße bereits eine Reihe von hohen Bäumen. Durch einen Zeitungsbericht sind uns die bemerkenswertesten Baumarten des Gartens überliefert. (Huhmann) In »Prachtexemplaren« waren vorhanden: Birken, Platanen und Ahornarten, darunter wahrscheinlich die jetzt im Vorgarten an der Universitätsstraße stehenden Platanen. Ferner werden aufgeführt: Eichen, Rüstern, Linden, Eschen, Robinien, Weidenarten, Vogelkirsche, Giftsumach, Birnbaum, Maulbeere, Ginkgo biloba (sicher das im Gartenhof noch vorhandene Exemplar), Eibe, Buchsbaum, Mannabaum. Als »Sehenswürdigkeit Berlins« wurde ein großes Feigenspalier bezeichnet. Der kleine Botanische Garten war in seiner idyllischen Beschaulichkeit eine von den damaligen Studenten gern aufgesuchte Oase.

110 E. Büttner. Der Universitätsgarten. Blick auf das Gewächshaus an der Dorotheenstraße. 1911. Radierung

111 E. Barth. Die neuerbaute Singakademie mit dem alten Kastanienwäldchen im Garten der Universität. Um 1825. Deckfarben. Staatliche Museen zu Berlin – Preußischer Kulturbesitz, Kupferstichkabinett

Das Kastanienwäldchen 1810–1913

Die Bäume des Kastanienwäldchens, bereits nach dem Palaisbau gepflanzt (s. S. 118), hatten sich bis zum Einzug der Universität zu stattlicher Höhe entwickelt, und unter ihrem Kronendach gaben sich die Berliner gern ein Stelldichein. (Feyl) Für den 1816 beginnenden Bau der Neuen Königswache und der von 1825 bis 1827 am alten Festungsgraben errichteten Singakademie mussten die auf diesen Plätzen stehenden Bäume gefällt werden (Abb. 111). 1818 wurde die Fläche vor der Neuen Wache gepflastert. Zu beiden Seiten und dahinter wurden Rosskastanien in regelmäßigem Verband neu gepflanzt, wie es der Schinkel'sche Entwurf vorsah. Unter der Anlage befand sich der in diesem Abschnitt überwölbte ehemalige Festungsgraben. (Dronke, Gandert 2004)

Auf dem Gelände der Universität bestand die jetzt vorhandene Anlage des Kastanienwäldchens aus der bereits erwähnten mehrreihigen Baumallee am Festungsgraben und – hinter einer Barriere – dem malerischen Baumhain hinter dem Universitätsgebäude. Vor dem Mittelrisalit erstreckte sich eine schmale Grasfläche. Im Westteil der Grundstücke befand sich zuerst noch der Zimmerplatz, anschließend ab 1821 der Botanische Universitätsgarten. Diese Grundstruktur behielt die Gartenfläche im Norden des Gebäudes bis 1913.

Als Friedrich Wilhelm III. 1821 die Umgestaltung der verfallenen Anlagen in einen »öffentlichen Spaziergang« veranlasste, wurde der Baumbestand von sich kreuzenden Diagonalwegen durchzogen. Zunächst wurde der mittlere Rasenplatz mit hölzernen Barrieren zwischen Sandsteinpfeilern umgeben. An seiner Westseite wurden Baumreihen gepflanzt, so dass der Mittelrisalit von der Letzten

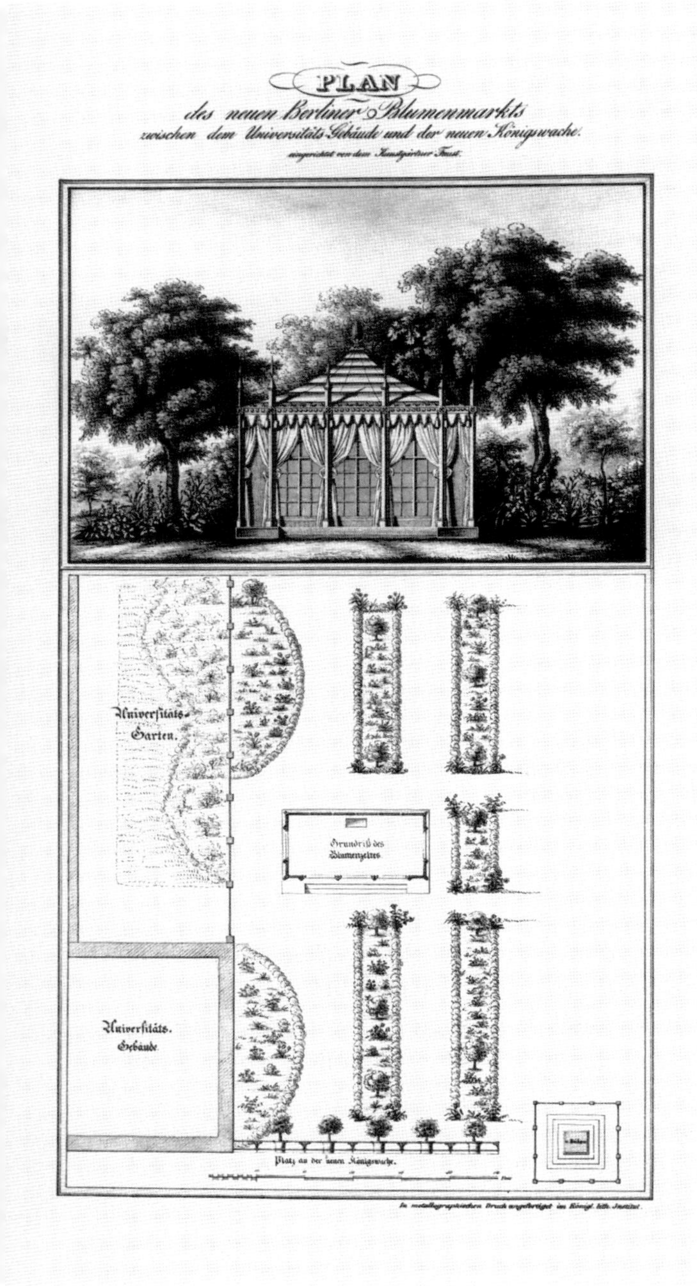

112 Unbekannt. Plan des Geländes östlich der Universität mit dem Blumenzelt des Gärtners Faust. Um 1835. Flachdruck, laviert. Staatliche Museen zu Berlin – Preußischer Kulturbesitz, Kupferstichkabinett

Straße sichtbar blieb. Diesen Zustand zeigt das Deckfarbenbild von E. Barth (Abb. 44). Ein Verbindungsweg zwischen dem Platz an der Neuen Wache und der Universitätsstraße führte hinter dem Gebäude der Universität entlang.

Abbildung 39 gibt die Gesamtsituation um 1840 wieder. Nach 1821 wurden nach dem Gesamtplan von Garteninspektor Otto auch auf den schmalen Grünstreifen an der Nord- und Ostseite des Gebäudes Rasen und Buschgruppen angelegt. Zwischen Ostflügel und Neuer Königswache lag noch um 1830 ein »Blumenmarkt«, dessen Mittelpunkt das von Blumenrabatten umgebene Zelt des Gärtners Faust bildete (Abb. 112).

Trotz der ersten Veränderungen blieb der Zustand des Gartens und der Wege weiter verbesserungsbedürftig. Die alten Gartenakten berichten 1828 von großen Erd- und Schutthaufen an der Remise, und schon 1825 beklagte sich Otto, dass die neuen Grünanlagen hinter dem Universitätsgebäude durch »Herausspringen der Studiosen aus den Fenstern der Hörsäle« zerstört würden und darum erneuert werden müssten. Verunreinigungen der Anlage waren an der Tagesordnung.[121] Hinter dem Ostflügel befand sich 1827 noch ein mit Bretterzaun abgeschlagener Hof, in dem hohe Erd- und Düngerhaufen sowie eine Müllgrube lagen, und ein Verschlag mit übelriechenden Tonnen. »Von noch geringerer Anmut war der Anblick des Hofes hinter dem Westflügel in der Nachbarschaft der Pferdeställe.« Hier widersetzten sich aber bis 1836 die Pferdeburschen jedem Versuch, Ordnung zu schaffen. (Lenz)

Erst mit dem großen Umbau des Universitätsgebäudes wurden neue Versuche zur Verbesserung der Situation unternommen. 1845 bereitete eine Senatskommission die Neugestaltung der Plätze hinter dem Gebäude vor. Offensichtlich wurde nur der alte Zustand wiederhergestellt, soweit die Anlagen durch das Baugeschehen geschädigt worden waren.[122] Das »Wäldchen« war 1847 nur noch

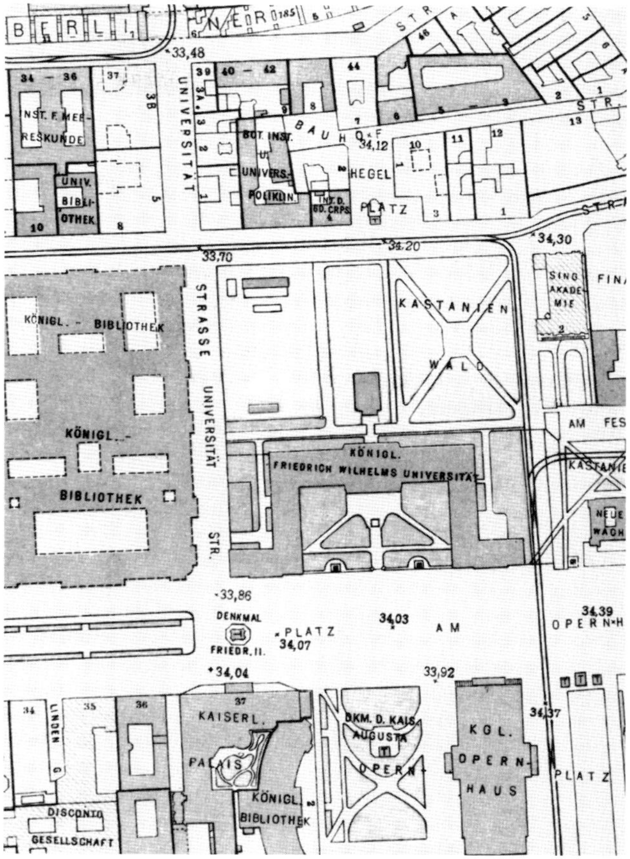

113 Stadtplan von Berlin (Ausschnitt) Universitätsgrundstück mit Gartengrundriss. 1906

schwach mit Bäumen besetzt, da inzwischen viele alte Robinien, Weiden und andere Arten abgestorben waren. Dreißig Bäume wurden neu gepflanzt, weitere Nachbesserungen mit Rosskastanien folgten.[123]

»Zur Verhütung von liederlichem Gesindel« im Kastanienwäldchen verlangte der Polizeipräsident 1848 eine Beleuchtung der »Passagen«. Die Stadt stellte danach einige Laternen auf.[124] Die Hauptzugänge zum Gartenportal der Universität von der Universitätsstraße und der Dorotheenstraße waren bei Regenwetter und im Winter kaum passierbar. Abhilfe brachte das Verlegen von Granitplatten erst im Jahre 1856. 1864 wurde im Kastanienwäldchen ein neuer Fußweg aus Granitplatten und Pflaster angelegt.[125]

1873 wurde auch der Zugang von der Neuen Wache zum Gartenportal mit Granitplatten belegt. Das Nachpflanzen von 33 Kastanien zum Ersatz der vielen alten abgestorbenen Bäume wird 1875 gemeldet. 1878 sind es noch einmal sechzehn Bäume. Offensichtlich gab es auch Rosenspaliere im Garten. Inzwischen wurde der Zustand des Kastanienwäldchens wieder kritisiert, da vom Altbestand nicht mehr viel vorhanden war und der Wegeausbau zu wünschen übrig ließ. 1880 wurde der zuständige Bauinspektor F. Zastrau beauftragt, einen Entwurf für die Neugestaltung anzufertigen. Eine dafür gebildete Kommission, der der Botaniker Prof. Schwendener, Prof. Eichler, Baurat Emmerich, Bauinspektor Zastrau und der Tiergartendirektor Neide angehörten, befürworteten im Bericht vom 28. März 1881 die Anlage von Diagonalwegen und eines kleinen Platzes an deren Schnittpunkt. Man wünschte, den Botanischen Garten um 320 m^2 zu vergrößern, und verlangte an der Dorotheenstraße die Aufstellung einer öffentlichen Bedürfnisanstalt sowie die Beleuchtung der Parkwege mit Petroleumlampen. Wegen der fortschreitenden Versumpfung des Geländes wurde die dammartige Erhöhung der Wegetrassen um 40 cm und ihre Befestigung mit Mosaikpflaster vorgeschlagen. Die Wege sollten von gleichhohen Rasenstreifen begleitet werden, so dass die Gehölze in muldenförmig vertieften Flächen standen. Schutzgitter sollten angebracht werden. Die Baudeputation des Berliner Magistrats erklärte sich bereit, bei öffentlicher Nutzung der Anlage die Kosten für Laternen, Bedürfnisanstalt, Wasserleitung und Gießwasser zu übernehmen. Auf diese Weise sollte endlich ein »bisher verwahrloster und in unerfreulichstem Zustand befindlicher Platz« in eine »schöne Parkanlage verwandelt werden.«[126] Nach weiterer Verschleppung durch die schwerfällige und knauserige Ministerialbürokratie forderte der Kaiser am 28. März 1882 eine umgehende Entscheidung über die Verbesserung des Kastanienwäldchens. 1883 begannen nach Bewilligung von 48.500 Mark endlich die Arbeiten.[127] Die laufende Pflege und Instandhaltung aller Universitätsgärten war seit langem Gegenstand umständlicher Verhandlungen zwischen den verschiedenen Instanzen. Eine höchste Verfügung von 1846 bestimmte nämlich, dass alle Veränderungen beim staatlichen Kurator der Universität beantragt werden müssten. Der sich daraus entwickelnde Schriftverkehr füllt mehrere dicke Aktenbände, denen wir heute viele Fakten zur Gartengeschichte verdanken.

Seit 1883 war die Königliche Ministerial-Baukommission und nicht mehr der Rektor für die Verwaltung der Gartenanlagen zuständig. Da der geringe Etat es nicht mehr ermöglichte, auch die übrigen Gartenbereiche durch den Universitätsgärtner und seine Arbeiter pflegen zu lassen, wurde am 25. August 1886 mit dem Kunstgärtner Julius Haack ein Vertrag über die Gartenpflege im Vorhof und Kastanienwäldchen mit einem Jahresetat von 2.650 Mark abgeschlossen, der von 1894 bis 1922 mit dem Gärtner R. Köhler fortgesetzt wurde. Seit 1894 lag die Gartenverwaltung wieder in der Hand der Universität.[128] 1894 wurde auf der Kreuzung der Diagonalwege im Kastanienwäldchen das Bronzestandbild des Chemikers E. Mitscherlich aufgestellt (s. S. 177). Nach der Umgestaltung von 1883 blieben die Anlagen über einen längeren Zeitraum in diesem Zustand, den auch der Lageplan von 1906 wiedergibt (Abb. 113). Die Wege wurden nun von Gaslampen beleuchtet. Die Gartenaufteilung geht auch aus dem genauen Vermessungsplan der Stadt Berlin von 1907 hervor. Einen Gesamtüberblick über das Universitätsgrundstück vermittelt die Luftaufnahme um das Jahr 1913 (Abb. 114). Sie zeigt hohen dichten Baumbestand, überwiegend Kastanien. Auf dem Opernplatz gab es damals noch die von P. J. Lenné (1789–1866) entworfene Grünanlage, die später von der Einfahrtsrampe zum Straßenbahntunnel durchschnitten wurde. (Gandert 1996, Pohl)

Hundert Jahre nach Gründung der Universität kündigt sich das Ende dieser allmählich gewachsenen Gartenstruktur an. Die nicht mehr aufschiebbare Erweiterung des Universitätsgebäudes fordert die weitgehende Aufgabe der bisherigen Gartenanlage zugunsten der neuen Bebauungs- und Freiraumkonzeption des damaligen Stadtbaurates Hoffmann. Die neuen Erweiterungsbauten beanspruchten die Fläche des Botanischen Universitätsgartens und einen Teil des vorhandenen Kastanienwäldchens. Zugleich entstand mit dem 1914 beginnenden Bau des Lindentunnels eine neue Situation am Ostrand des Grundstückes (Abb. 115).

Mit bekannt werden der neuen Bebauungsabsichten setzte besonders unter den ehemaligen Studenten der Universität ein Sturm der Entrüstung und des offenen Protestes gegen die Vernichtung des kleinen Botanischen Gartens und des Kastanienwäldchens ein. Sogleich bildete sich ein Komitee aus den Kreisen der »Alten Herren« der Universität und von Mitgliedern des »Berliner Waldschutzvereins«, das im September 1912 ein Flugblatt mit dem »Protest gegen die geplante Vernichtung des Universitätsgartens« herausgab. Unterzeichnet war es von seinem Sekretär, Dr. W. Hegemann, der sich später einen Namen als Städtebaureformer machte und in seinem Buch »Das steinerne Berlin« (1931) auch ausführlich auf die Entwicklung des Universitätsgebäudes einging. (Hegemann) Hunderte von »Alten Herren«, die aus ihrer Studentenzeit angenehme Erinnerungen an den verträumten Garten bewahrt hatten, bekundeten durch Briefe und Unterschriften ihren Protest gegen die zu erwartende Abholzung des Kastanienwäldchens und die Aufhebung des seit hundert Jahren bestehenden Botanischen Gartens. Neben vielen anderen engagierten sich auch so bekannte Männer wie

114 Luftaufnahme der Universität mit Opernplatz vor der Erweiterung des Gebäudes. Um 1913

115 Rampe zum Lindentunnel der Straßenbahn zwischen Ostflügel der Universität und ehemaliger Singakademie (Maxim Gorki Theater). Zustand um 1920

E. Haeckel, W. Foerster, K. Liebknecht, L. Justi dafür. Sie forderten die jungen Studenten zur Erhaltung des »grünen Eilands« auf mit dem Ruf »Burschen heraus zum Schutze des Universitätsgartens«.[129] Die Zeitungen verschiedener Couleur unterstützten die Kampagne mit vielen Beiträgen für die »Erhaltung des bisher sakrosankten Gebietes«, des »poesievollen Stückchens Baumbestand«, oder des »Pausen- und Poussiergartens«.[130] Im Berliner Tagesblatt vom 4. Oktober 1912 hieß es zum geplanten Abriss des Universitätsgartens, dass vor ihm einst die Inschrift stand: »Bescheidene Bitten um Blumen ist der Gärtner angewiesen zu erfüllen.« Jetzt solle es aber heißen: »Die bescheidene Bitte um Erhaltung des alten Gartens ist die Behörde angewiesen zu erfüllen«. Weniger vehement als die »Alten Herren« setzte sich die studierende Jugend für die Erhaltung des bisherigen Gartenzustandes ein, da sie sich von dem Neubau mehr Hörsäle und ausreichende Institutsräume sowie den noch fehlenden Lese- und Speisesaal erhoffte.

Nach Kenntnisnahme und vernünftiger Interpretation des von L. Hoffmann vorgelegten Projektes für die Erweiterung der Universität wendete sich die Stimmung zugunsten dieser Lösung. Der Protestaufruf des »Ausschusses Alter Herren der Berliner Universität zum Schutze des Universitäts-Gartens« an 20.000 deutsche Akademiker zielte eigentlich auf die ersten, unausgereiften Baupläne des Kultusministeriums für ein Hörsaalgebäude inmitten des alten Gartens, dessen wenig ansprechender Zustand sich erwies: zwei barackenähnliche Bauten, Schuppen und Komposthaufen hinter dem Gebäude, fehlende Sitzbänke, lückenhafter Baumbestand.[131] Nach Kenntnisnahme des Hoffmann'schen Entwurfes stellten die »Alten Herren« ihre Aktion gegen die Bebauung des Kastanienwäldchens offiziell ein. (Hegemann) Als Vorteil wurde die Erhaltung des restlichen Baumbestandes in dem nun gegen Zugwind geschützten Hof erkannt.[132]

Ebenfalls zur Geschichte des Kastanienwäldchens zu rechnen ist der sich schon zur Jahrhundertwende entwickelnde Grundstücksstreit mit der Stadt Berlin.

Grundstücksstreit und Bau des Lindentunnels

Mit der raschen Entwicklung Berlins zur Weltstadt reichten die seit 1865 bestehenden Linien der Pferdebahn für den zunehmenden Personenverkehr nicht mehr aus. Um die bisher fehlende Nord-Süd-Verbindung der Stadtteile zu schaffen, wurde es unumgänglich, die Prachtstraße Unter den Linden mit der Straßenbahn zu überqueren. Da die bisherigen Gleisanlagen in der Dorotheenstraße endeten, sollten sie durch das Kastanienwäldchen östlich der Universität bis zur Opernseite fortgeführt werden, was nur unter Inanspruchnahme eines Geländestreifens an der schon länger umstrittenen Ostgrenze des Universitätsgrundstückes möglich war.

Eine allerhöchste Verordnung vom 24. April 1894 legte das Eigentumsrecht für eine dauernde Beschränkung der Grundstücksnutzung für diesen Zweck zugunsten der Stadt Berlin fest. (Pohl, Feyl) Die oberirdisch geführte Pferdebahnstrecke wurde daraufhin 1894 gebaut und eröffnet.[133] Dies war der Beginn eines fast sechzehn Jahre andauernden Rechtsstreites zwischen Universität und Magistrat.

Zunächst wurde der strittige Grenzverlauf neu markiert. Die Universität war zwar zur Abgabe des Streifens bereit, wollte jedoch für dieses Entgegenkommen auch von den spekulativ in die Höhe getriebenen Bodenpreisen profitieren. Taxierte man das Gelände als »Bauland«, so hatte es den Wert von 1.526.800 Mark (!), wofür die Stadt Jahresrenten von 5 % an die Universität entrichten sollte. Die Stadt Berlin sollte etwa eine Million Mark zahlen, erkannte aber den Boden nicht als »Bauland«, sondern nur als »Garten- und Wegeland« an, womit ein wesentlich niedrigerer Taxwert verbunden war. So schleppte sich der Prozess durch die Instanzen, obwohl die Straßenbahn inzwischen längst über die »Linden« fuhr. (Pohl)

Mit der Umstellung auf elektrischen Antrieb ab 1901 verbat sich Kaiser Wilhelm II. die zunehmende Belästigung seiner Prachtstraße durch die profane Straßenbahn angeblich mit der (nicht verbürgten) Randbemerkung: »Nein, wird unterirdisch gemacht!« (Pohl) Trotzdem überquerte auch die elektrische Bahn, zuerst mit unterirdischer Stromschiene, ab 1907 dann mit Oberleitung, die »Linden« an ihrer repräsentativsten Stelle.

1911 fuhren stündlich bis zu siebzig Züge in beiden Richtungen, so dass der übrige Verkehr gehemmt war oder zum Stillstand kam, wenn die häufigen Paraden und Ähnliches stattfanden. Ein Tunnelbau wurde für diese Lindenkreuzung notwendig.

Das Projekt für den viergleisig angelegten Tunnel wurde von 1914 bis 1916 ausgeführt. Die Gleisanlage teilte sich unter der Erde. Der östliche Zweig verlief östlich des Opernhauses, der westliche Zweig hatte seine Ein- und

Ausfahrrampe inmitten der damaligen Grünanlage auf dem Opernplatz. 1916 entstand zuletzt die viergleisige Rampe zwischen dem gerade neuerbauten Ostflügel der Universität und der Singakademie (Maxim Gorki Theater) (Abb. 115). Bis zur Einebnung der nördlichen Gleisrampe erinnerte eine Bronzetafel über der nördlichen Einfahrt an die Einweihung des Tunnels am 10. Dezember 1916. (Pohl)

Der andauernde Rechtsstreit zwischen Universität und Magistrat endete schließlich mit einem Vergleich, den der damalige Rektor, Prof. Max Planck, im Dezember 1913 angeboten hatte.[134]

Keine Einigung kam darüber zustande, ob das Gelände als »Bauland« oder »Gartenland« betrachtet wurde. Die Universität erhielt »unbeschränktes Fensterrecht« zur Ostseite und andere Bauten durften hier nicht errichtet werden. Durch den zu gleicher Zeit begonnenen Bau der Erweiterungsflügel ergab sich auch an der Tunnelseite des verkleinerten Universitätsgrundstückes eine neue Gartensituation.

Der Tunnelbau brachte den Verlust der traditionsreichen Baumpromenade mit sich, die als Bestandteil des Kastanienwäldchens den Platz an der Neuen Wache mit der Dorotheenstraße und mit dem bis dahin öffentlichen Universitätsgarten verband. Seitdem bezeichnete der Name Kastanienwäldchen nur noch die Pflanzung um die Neue Wache, das heutige Ehrenmal für die Opfer von Krieg und Gewaltherrschaft.

Zu den 3. Weltfestspielen der Jugend und Studenten 1951 in Berlin verkehrte die Straßenbahnlinie 46 zum letzten Mal durch den im Kriege beschädigten Tunnel, der dann endgültig geschlossen wurde und seitdem als Lager- und Veranstaltungsraum diente.

Der Gartenhof der Universität 1920–1945

Mit seinem Entwurf für die Erweiterungsbauten der Universität unterbreitete L. Hoffmann zugleich Lösungsvorschläge für die Neugestaltung des Gartenhofes. Verschiedene Gestaltungsvarianten wurden veröffentlicht. (Seidel, W.) Man erkennt die immer bessere Anpassung an die Realitäten und das Bestreben, den alten Baumbestand des Kastanienwäldchens so weit wie möglich zu erhalten. Nach der vorherigen Dreiteilung in Botanischen Garten, mittlere Rasenfläche und Kastanienwäldchen entstand nun zwischen den beiden neuen Gebäudeflügeln ein architektonisch gestalteter Gartenhof mit regelmäßigem Grundriss. An drei Seiten von einheitlicher Architektur umgeben, öffnet er sich zur Dorotheenstraße. Anstelle eines »öffentlichen Spazierganges« ist eine durch schlichten Zaun und zwei Tore abgeschlossene, nur für Angehörige der Universität bestimmte Grünanlage entstanden, nicht unähnlich den Höfen der englischen Colleges.

Die erste veröffentlichte Entwurfsvariante von 1913 sah im Gartenhof eine breite Mittelachse zwischen nördlichem Mittelportal und dem neu zu gestaltenden Hegelplatz an der Dorotheenstraße sowie einen etwas schmaleren Querweg zwischen den beiden Eingangshallen der neuen Seitenflügel vor. Am Schnittpunkt beider Wege sollte auf einem Rundplatz ein von Bäumen umgebener Brunnen liegen[135] (Abb. 67). Eine U-förmige Umfahrt längs des Gebäudes sollte die Verkehrsanbindung der drei Gebäudeflügel und des Hofes ermöglichen. Auf den mit Rasen versehenen Innenflächen war eine dichte Baumstellung in regelmäßigem Verband geplant.

Ein anderer Plan, der um 1914 entstanden sein muss, zeigt diese Grundkonzeption für den Gartenhof. Verändert sind hier die Wegführung und Baumstellung (Abb. 116).[136] An der Mittelallee sollten beide Baumreihen von

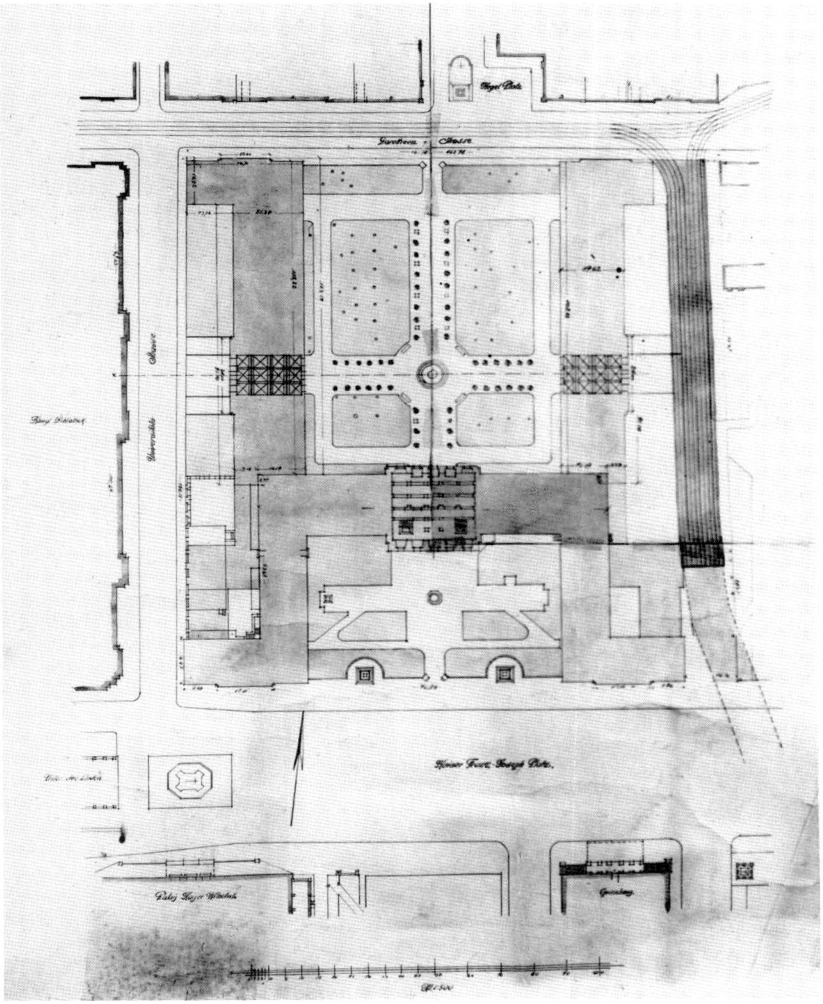

116 Plan der Erweiterungsbauten der Universität mit einem Vorschlag für die Gestaltung des neuen Gartenhofes. Um 1914

Stelen mit Büsten verdienstvoller Gelehrter unterbrochen werden.[137] Auf den vier Rasenflächen ist der bereits lückenhafte Baumbestand eingetragen. Aber auch dieser Entwurf kam nicht zur Ausführung.

Während der Fertigstellung der Seitenflügel entwickelte die Leitung der Universität zwischen 1915 und 1917 mehrere Vorschläge für »Übergangslösungen« zur Gartengestaltung. Auch der inzwischen gefasste Entschluss zur Aufstellung eines Gefallenen-Denkmals im Gartenhof (s. S. 181) führte zu wechselnden Vorschlägen für Art und Standort des Denkmals. Im Juli 1916 wurden die mit den politischen Kämpfen der Studentenschaft eng verbundene Akademische Lesehalle sowie eine zweite provisorische Hörsaalbaracke im Hof abgebrochen.[138] In dem veröffentlichten Lageplan von 1920 (Seidel) ist dann die ausgeführte Gartengestaltung dargestellt (Abb. 68). Ein nahe dem Gebäude verlaufender Umfahrtsweg mit zwei Zufahrten von der Dorotheenstraße erschließt den Hof für den Fahrverkehr. Ein schmaler Grünstreifen trennt das Gebäude vom Fahrweg. Die große Innenfläche wird nur noch von zwei Querwegen unterbrochen, die die jeweils gegenüberliegenden Eingänge der Seitenflügel verbinden. Die große Innenfläche weist einen etwas lückenhaften alten Kastanienbestand auf, dessen breites Kronendach den Hof fast vollständig ausfüllt. Diesen Zustand bestätigen die Luftaufnahmen aus der Zeit um 1920 (Abb. 69) und um 1928 (Abb. 117).

Auch in beiden Vorgärten blieb trotz der umfangreichen Bauarbeiten der alte Baumbestand aus dem ehemaligen Botanischen Garten beziehungsweise dem Kastanienwäldchen weitgehend erhalten. Durch schmale Wege als notwendige Verkehrsflächen erschlossen, waren sie im Übrigen mit Rasen bedeckt. Den Vorgarten am Lindentunnel konnte man nur von der nördlichen Durchfahrt durch den Kopfbau erreichen. Dahinter lag ein Wirtschaftshof. Um 1920 wurde das Mitscherlich-Denkmal hier, an seinem heutigen Standort, aufgestellt.

Dieser Zustand veränderte sich bis 1926 kaum. Dann wurde das wegen seiner revanchistischen Inschrift schon damals umstrittene Denkmal für die im Ersten Weltkrieg gefallenen Studenten, Dozenten und Mitarbeiter enthüllt, das in der Mittelachse nahe dem Zaun an der Dorotheenstraße stand (s. S. 181).

117 Luftaufnahme der Universität mit Gartenhof und Umgebung. Um 1928

In den folgenden Jahren gingen viele Bäume ein, so dass sich der mittlere Gartenteil immer mehr auflichtete. Durch Nachpflanzungen wurden am Rand des Gartenraumes wieder regelmäßig angeordnete Doppelreihen von Kastanienbäumen aufgebaut. Besonders erwähnt werden muss das prächtige Exemplar des Ginkgobaumes nahe dem südlichen Eingang am Westflügel. Der Baum überstand trotz Gebäudenähe jedes Baugeschehen und die Kriegsschäden. Er gehörte zum Bestand des alten Botanischen Gartens und wurde wahrscheinlich um 1860/70 gepflanzt. Die Annahme, dass die beiden Ginkgobäume der Universität auf Initiative A. von Humboldts gepflanzt wurden, trifft jedoch nicht zu (Abb. 132).

In diesem Zustand verblieb der Gartenhof der Universität bis zu seiner vollständigen Vernichtung im Jahre 1945.

Der Ehrenhof der Universität

Der an der Lindenseite vor dem Hauptportal liegende Cour d'honneur – der Ehrenhof –, ein früher als Empfangs- und Vorfahrtsplatz benötigter Freiraum, erhielt nach dem Einzug der Universität eine andere Funktion. Er war vor dem Hauptportal zugleich Pausen- und Aufenthaltsraum für Hunderte von Studenten, die sich vor und nach den Vorlesungen hier trafen und durch drei am Hofe gelegene Türen von einem zum anderen Flügel eilten. Der Ehrenhof wandelte mehrfach sein Aussehen.

Zustand 1810–1845

Bei Übernahme des Palais in Universitätsbesitz befand sich der Ehrenhof in wenig ansehnlichem Zustand – eine kahle Fläche ohne gärtnerische Anlagen, die noch ihre frühere Bestimmung als Exerzierplatz verriet. Es gibt Hinweise auf eine teilweise Pflasterung des Hofes. Der junge Schwede Atterbom erwähnt 1817 den »geräumigen, grasbewachsenen Innenhof«. Wahrscheinlich hatten Gräser und Unkräuter den Platz von selbst begrünt. 1820 unterbreitete Garteninspektor Otto den ersten Entwurf, der in seinen Grundzügen aus Abbildung 39 ersichtlich ist. Danach bildete ein quergestelltes Rasenoval die Mitte, vielleicht mit einem Blumenstück, um das herum die Zugangswege zum Hauptportal sowie zu den beiden Seiteneingängen führten. Die vier verbleibenden Eckzwickel des Hofes wurden als rahmende Rasenflächen mit je einem Blumenstück gestaltet. Den Zaun begleitete eine Reihe kleiner Büsche. Ein niedriges Gitter trennte die Grünfläche gegen die Kieswege ab. Schinkel begutachtete den Entwurf seitens der Oberbaudeputation und stimmte im Wesentlichen mit folgenden Bemerkungen zu: »... weil der mittlere Kiesplatz für die Wagen nötig sein wird, indes scheint die Form des Ovales sich klarer zu geben, wenn die Eingänge nicht mit abgerundeten Ecken in dasselbe auslaufen. Auch dürfte ein einziges großes Blumenstück auf jedem Eckfelde hinreichend sein, teils damit der Rasen nicht zu sehr durchschnitten wird, teils um dem Gebäude nicht zu nahe zu kommen und Feuchtigkeit zu erzeugen.« (Rave 1962) Offensichtlich war ein Einspruch gegen die mittlere ovale Vegetationsfläche erfolgt, die den Bewegungsraum für den Verkehr sehr eingeengt hätte. 1822 erfolgte dann die Ausführung der Randbepflanzung durch Belegen mit ausgestochenen Rasenplatten.[139]

Den tatsächlichen Zustand dieser Anlage zeigen die zeitgenössischen Wiedergaben von E. Barth (Abb. 45) und J. C. A. Richter (Abb. 34) sowie der Schinkel-Plan (Abb. 107), die zwischen 1827 und 1831 entstanden sind. Weder aus anderen Darstellungen der Lindenansicht des Gebäudes oder aus Plänen noch aus den Akten lässt sich nachweisen, dass sich dieser Zustand bis zum großen Umbau (1836–1846) noch merklich verändert hat.

Das Abdecken der Platz- und Wegeflächen mit Kies konnte nicht verhindern, dass sich diese nach längerem Regen oder bei Tauwetter in eine kaum noch passierbare Schlammfläche verwandelten. Trotz mehrfacher Ausbesserung rissen die Klagen darüber nicht ab. So wurde 1843 die Hoffläche um etwa 25 cm abgetragen und neu mit Kies befestigt.[140]

Zustand und Veränderungen 1846–1935

Nach Beendigung der Bauarbeiten im Hauptgebäude wurde auch der Ehrenhof neu gestaltet, besser entwässert und wegemäßig neu erschlossen. Längs der Gebäudefronten wurde ein Streifen gepflastert, zu den Haupteingängen legte man Asphaltwege an. Nach einem nicht erhalten gebliebenen Entwurf für die Gestaltung des Hofes wurden eine Wagenvorfahrt sowie zwei Diagonalwege zu den Nebeneingängen bis 1846 ausgeführt. Im Stadtplan Selters von 1851 sind diese Wege eingetragen (Abb. 109). Außer Entwässerungseinrichtungen wurden auch die Schilderhäuser am Haupttor und der Zaun wiederhergestellt. Als neues Element kamen nun Bäume und Sträucher auf die Flächen zwischen den Wegen. Wahrscheinlich waren sie in vielen Arten, darunter Kiefern, auch als Anschauungsobjekte für die botanischen Lehrveranstaltungen hier angepflanzt worden. Der heute noch erhaltene große Ginkgobaum wurde zu dieser Zeit gepflanzt, da er auf den ersten Fotos um 1870 bereits deutlich zu erkennen ist. Vorhandene Ansichten und Fotografien sowie Grundriss- und Lagepläne aus verschiedenen Zeitabschnitten ermöglichen es, den Entwicklungsgang dieses kleinen Parkes vor der Hauptfassade zu verfolgen und zu datieren (Abb. 118). 1861 erfolgte die Erneuerung von Lattengerüsten für Rankrosen, die demnach hier schon früher angepflanzt wurden.[141] Weil die Kiesflächen bei Regen noch immer grundlos wurden, befestigte man den Hauptweg 1880 mit ornamental gemustertem Mosaikpflaster.[142] Um diese Zeit hatten die Gehölze bereits die Höhe des Sockelgeschosses erreicht (Abb. 56).

1883 wurden die beiden Humboldt-Denkmäler aufgestellt (s. S. 173), wofür der Zaun halbkreisförmig ausgebuchtet werden musste.

Durch die Verlegung der Türen in den Seitenflügeln beim Umbau 1889–1892 veränderte sich auch die seitliche Wegeführung und damit die Formgebung der Pflanzflächen (Abb. 113). Der inzwischen immer dichter und höher gewordene Gehölzwuchs bedrängte sich nun gegenseitig und verdeckte den Blick auf die Fassaden. Deshalb empfahl 1892 der Gärtner Haack, den Wildwuchs und einen großen Ahornbaum zu beseitigen, worauf Prof. Engler, Direktor des Botanischen Gartens, zustimmte und bemerkte: »..., daß der Ahornbaum in der östlichen Hälfte der Anlage, ein schief gewachsener und exzentrisch stehender Wildling, dessen Krone das darunter stehende Gehölz verdorben hat, so bald als möglich entfernt werden muß.« Da aber nur zu hoch gewordene Bäume entfernt werden durften, blieb der Ahorn stehen, um den »Schatten für die Sitzplätze zu erhalten«.

Mit der Aufstellung des Helmholtz-Denkmals 1899 vor dem Hauptportal mussten dann einige Veränderungen der Beetformen und der Bepflanzung vorgenommen sowie die ornamental gegliederte Mosaikpflasterung des Hauptweges der neuen Situation angepasst werden (Abb. 33). Vor der Fassade standen zwei gusseiserne Lampenmasten mit Ziermotiven. Geschnittene Buchsbaumkugeln und niedrige immergrüne Formhecken fassten die hohen Gehölzgruppen auf beiden Seiten ein. Beiderseits des Helmholtz-Denkmals wurden tiefere Nischen im dichten Gehölz geschaffen, um 1907 auf der linken Seite das Mommsen-Denkmal (s. S. 175) und auf der rechten Seite das Treitschke-Denkmal aufzunehmen (s. S. 183). Daneben war bereits der Standort für ein geplantes Denkmal für L. von Ranke vorbereitet worden, das jedoch nicht zur Ausführung kam.

Zwischen dem vorderen Querweg und dem Zaun wurde anstelle von Sträuchern eine Rasenrabatte angelegt. Je ein größeres Blumenbeet neben den Torhäusern hatte der »Kunst- und Handelsgärtner« Köhler laut Vertrag ab 1914 im Frühjahr mit Stiefmütterchen, Vergißmeinnicht und Goldlack, im Sommer mit Begonien, Pelargonien und Salvien und im Herbst mit Herbstastern und Chrysanthemen, während des Winters aber mit kleinen Fichten zu bepflanzen.[143] Nach den ersten Kriegsjahren wurde auf jeden Blumenschmuck verzichtet.

1916 regte der damalige Rektor Wilamowitz-Moellendorf in einer Rede an, den Vorgarten im Stile des 18. Jahrhunderts mit Parterreanlagen umzugestalten.[144] Wie bereits nachgewiesen werden konnte, bestand in diesem Hof

118 Universität mit Grünanlage im Ehrenhof. Zustand 1913

119 Ehrenhof der Universität nach Rodung der meisten Bäume. Links das Mommsen-Denkmal. Zustand um 1934/35

jedoch niemals eine solche Anlage, so dass der Vorschlag auch später nicht aufgegriffen wurde. Mangelnde Pflege während des Krieges förderte das ungezügelte Wachstum der Gehölze an diesem geschützten Standort derart, dass 1920 wiederum die »gut deutsche, schattenspendende Wildnis, die einige darin aufgestellte Denkmale liebevoll verdeckt«, kritisiert wurde. (Seidel, W.) Einige Professoren, darunter Kunsthistoriker, traten wiederum aus »ästhetischen Gründen« für die Erhaltung des Baumbestandes ein, durch den aber große Teile der Fassade dem Blick entzogen wurden. Nachdem sich die Befürworter einer entschiedenen Reduzierung der Bäume im Ehrenhof nicht durchsetzen konnten, schlug der zu einem Gutachten über den Baumbestand aufgeforderte Botaniker Prof. Diels 1928 nur wenige Bäume als erhaltenswert vor, so den hochgewachsenen Ginkgobaum. Er forderte, diesen und den großen Ahornbaum unter Schutz zu stellen. Nach 1932 konnten dann erst die meisten Bäume gerodet werden.

1930 war in der Presse unter der Überschrift »Gitter und Mauern weg!« sogar die Beseitigung der »feudalen Gittergrenze« vor der Universität gefordert worden. (Stein)

Nach Freilegung der Fassaden störten nun auch die drei ganz verschiedenen Denkmäler in der bisherigen Aufstellung die Hauptansicht der Universität. Ein Foto aus jener Zeit ist die einzige Quelle, die diesen Zustand zeigt (Abb. 119). (Keibel)

Mit der Vorbereitung einer gründlichen Rekonstruktion in den Jahren 1935 und 1936 endete der zweite lange Entwicklungsabschnitt des Ehrenhofes seit Bestehen der Universität.

Rekonstruktion des Ehrenhofes 1935 und Zustand bis 1945

Als Teil der umfassenden denkmalpflegerischen Rekonstruktion der historischen Universitätsbauten am Forum Fridericianum wurde 1935/36 auch der Ehrenhof des Universitätsgebäudes umgestaltet. Zunächst wurden die Denkmäler von Helmholtz, Mommsen und Treitschke in den Vorgarten an der Universitätsstraße versetzt. Bis auf den prächtigen Ginkgo biloba und den großkronigen Spitzahorn entfernte man die bisher noch verschonten Bäume (Abb. 119). Die Mittelfläche in der Breite des Säulenrisalites wurde nach dem Vorbild des Schlüterhofes im ehemaligen Berliner Stadtschloss mit rötlichbraunen Granitsteinen aus Findlingen gepflastert, gegliedert durch schmale, diagonal verlaufende Bänder und Quadrate aus weißem Bernburger Kalkstein. Diese Pflasterung ist heute noch vorhanden (Abb. 140, 147). Zu beiden Seiten schlossen sich bis zu den Seitenflügeln zusammenhängende Rasenflächen an, die nur durch die schmalen gepflasterten Querwege zu den seitlichen Eingängen unterbrochen wurden. Die beiden alten Lampenmasten am Hauptportal entfernte man. Anstelle der bisherigen Rampe vom Gehweg der »Linden« zum Vorhof (Abb. 145) wurden zwischen den Schilderhäusern zwei Stufen eingebaut. (Keibel)

Diese zurückhaltende und maßstabgerechte Gestaltung des Ehrenhofes brachte die großzügige Architektur wieder zu voller Wirkung. Die grünen Rasenflächen ließen die Gliederung der in gelblichen und grauen Farbtönen gehaltenen Fassaden nach der Rekonstruktion um so deutlicher hervortreten.

120 C. Maré. Nicht realisiertes Umgestaltungsprojekt für Opernplatz und Universitätsgarten. Um 1810

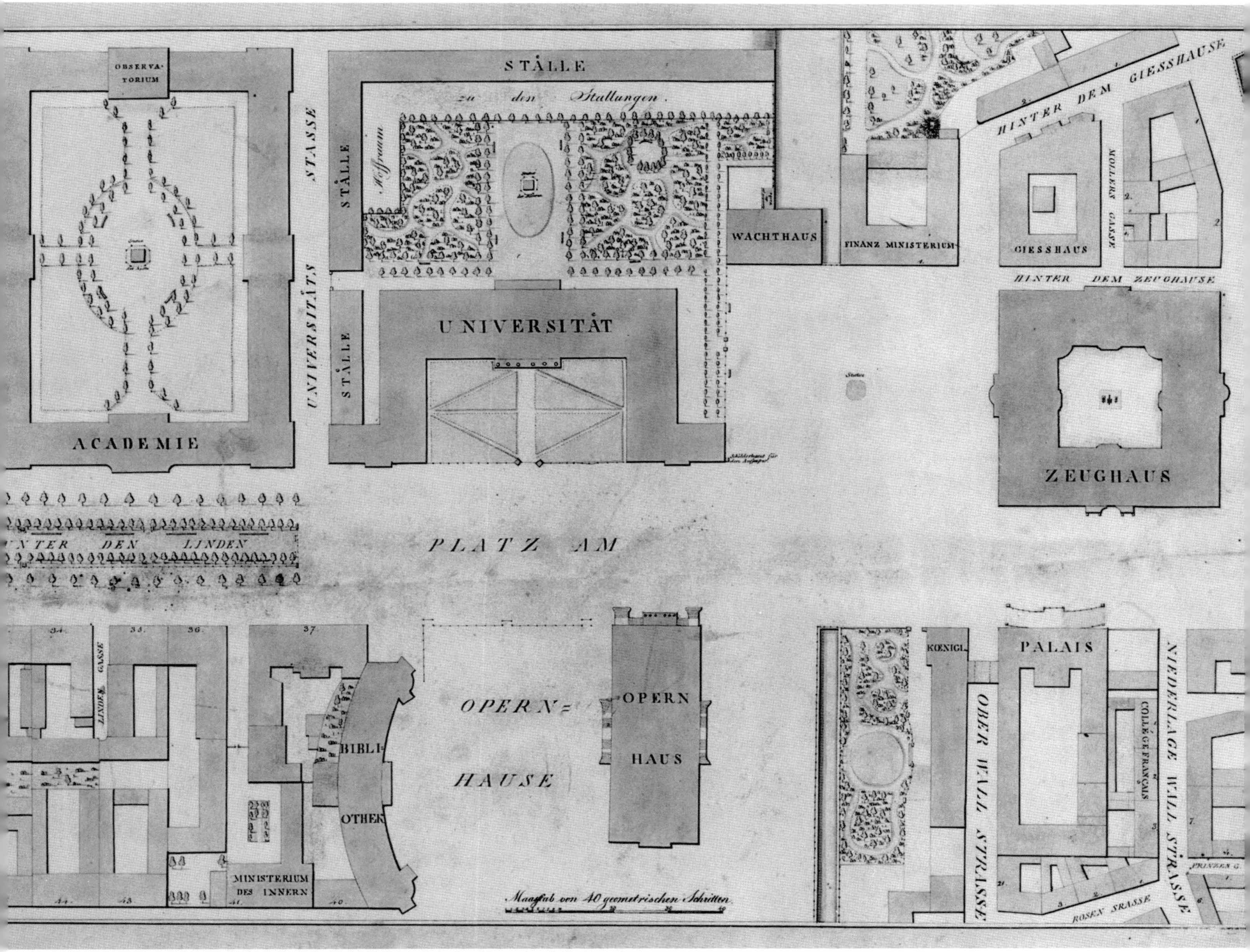
OBSERVATORIUM
STÅLLE
zu den Stallungen
STÅLLE
UNIVERSITÄTS STASSE
WACHTHAUS
FINANZ MINISTERIUM
HINTER DEM GIESSHAUSE
GIESSHAUS
MOLLERS GASSE
HINTER DEM ZEUGHAUSE
UNIVERSITÄT
STÅLLE
ACADEMIE
ZEUGHAUS
UNTER DEN LINDEN
PLATZ AM OPERN= HAUSE
LINDEN GASSE
BIBLIOTHEK
OPERN HAUS
KOENIGL.
PALAIS
OBER WALL STRASSE
COLLÈGE FRANÇAIS
NIEDERLAGE WALL STRASSE
MINISTERIUM DES INNERN
Maasstab von 40 geometrischen Schritten
ROSEN STRASSE

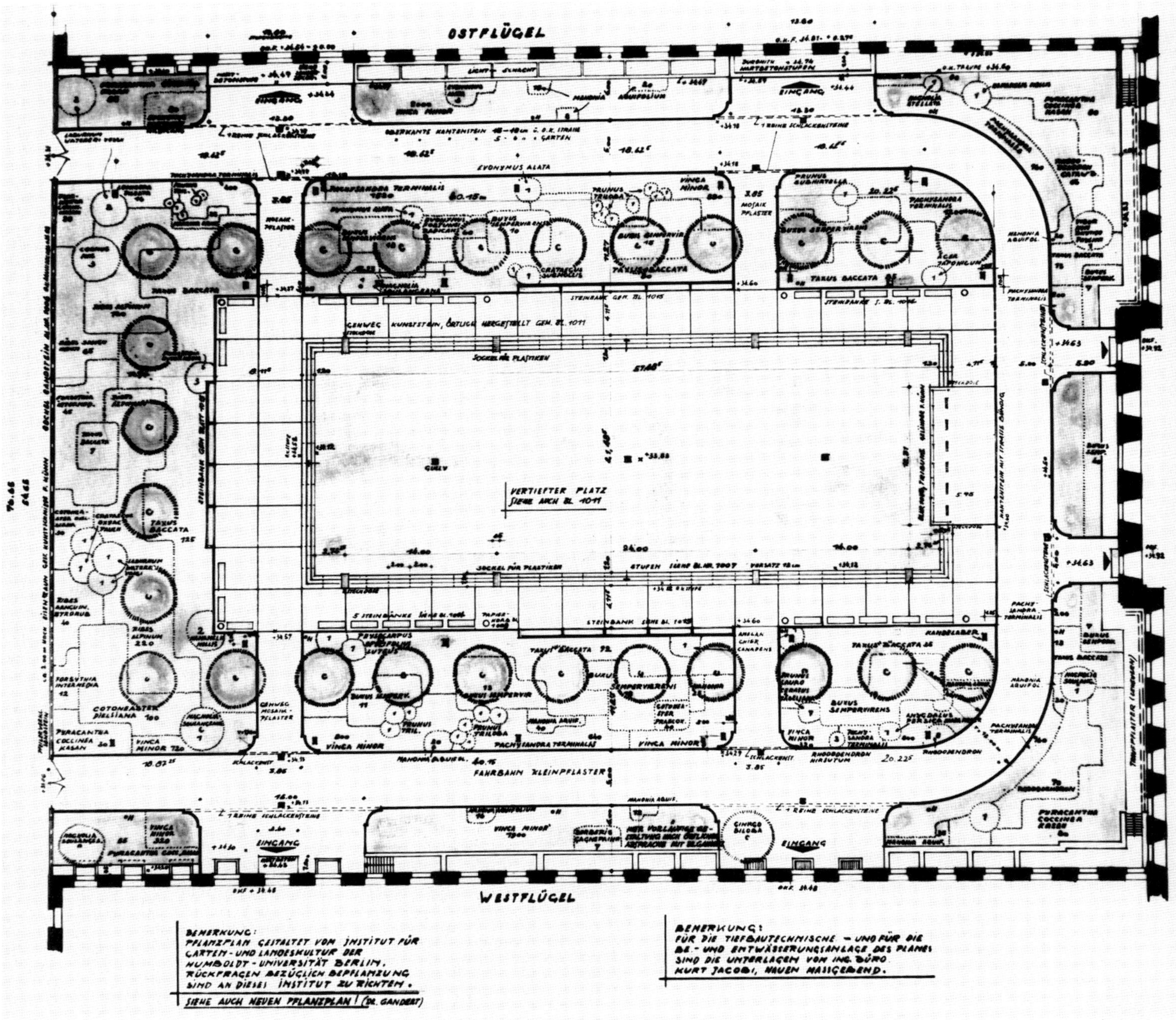
OSTFLÜGEL
EINGANG
EVONYMUS ALATA
VERTIEFTER PLATZ
SIEHE AUCH BL. 1011
SOCKEL FÜR PLASTIKEN
FAHRBAHN KLEINPFLASTER
EINGANG
EINGANG
WESTFLÜGEL
BEMERKUNG:
PFLANZPLAN GESTALTET VOM INSTITUT FÜR
GARTEN- UND LANDESKULTUR DER
HUMBOLDT-UNIVERSITÄT BERLIN.
RÜCKFRAGEN BEZÜGLICH BEPFLANZUNG
SIND AN DIESES INSTITUT ZU RICHTEN.
SIEHE AUCH NEUEN PFLANZPLAN! (DR. GANDERT)
BEMERKUNG:
FÜR DIE TIEFBAUTECHNISCHE - UND FÜR DIE
BE.- UND ENTWÄSSERUNGSANLAGE DES PLANES
SIND DIE UNTERLAGEN VOM ING. BÜRO
KURT JACOBI, NAUEN MASSGEBEND.

121 Entwurfsplan von G. B. Pniower für die Gestaltung des neuen Gartenhofes. 1961

Die Gärten der Humboldt-Universität

Der Zweite Weltkrieg hinterließ nicht nur das Universitätsgebäude als eine fast völlig ausgebrannte Ruine, sondern zerstörte auch die Grünanlagen dieses geschichtsträchtigen Baudenkmals. Einige Fotos aus den ersten Nachkriegsjahren vermitteln einen Eindruck von diesem Zustand (Abb. 82, 85).

Nach der Wiedereröffnung der Universität im Februar 1946 begann zunächst die Enttrümmerung des Gebäudes. An eine Wiederherstellung des nördlichen Gartenhofes war erst nach Beendigung des vollständigen Wiederaufbaus des Hauptgebäudes zu denken; und auch die anderen drei zwar weniger geschädigten Gartenbereiche konnten erst nach Abschluss der Bauarbeiten rekonstruiert werden.

Der Ehrenhof

Nach dem Wiederaufbau der Hauptfassade an der Lindenseite begann man im Frühjahr 1952 mit der Renovierung des Ehrenhofes nach Angaben von Professor G. Pniower. Den Krieg überlebt hatten der Ginkgo- und der Ahornbaum.

In dieser Zeit wurden fünf rotblühende Kastanien und eine Platane gepflanzt. Die beiden Rasenflächen umschlossen an drei Seiten niedrige Ligusterhecken. Die noch unter dem Ahorn stehenden Sockelbänke wurden durch transportable Holzbänke ersetzt.

Das Jubiläum der Universität im Jahre 1960 gab den Anlass, den Ehrenhof noch einmal provisorisch zu überholen und zwei Rosenbeete neu anzulegen. Erst im Frühjahr 1966 erfolgte dann die Generalüberholung der Grünflächen des Ehrenhofes nach Entwürfen des damaligen Institutes für Gartengestaltung. Die erneuerten Rosenbeete wurden um zwei erweitert. Die zwischen diese Rosen ge-

122 Der alte Ahornbaum im Ehrenhof. 1967

123 Der Gartenhof vor seiner Neugestaltung mit Baustelleneinrichtung für den Wiederaufbau des Ostflügels. 1958/59

124 Der Gartenhof vor seiner Neugestaltung. 1960

pflanzten Tulpen der Sorte »Oxford« bildeten dann Jahr für Jahr im Mai als leuchtend rote Flächen einen Blickfang (Abb. 60). An den Längsseiten des gepflasterten Vorplatzes legte man rosafarbene Rosenrabatten an. Im Sommer 1967 musste dann der Spitzahorn gerodet werden (Abb. 122).

In dieser Gestaltungsweise blieben die Gartenflächen des Ehrenhofes bis zu ihrer gründlichen Restaurierung im Jahre 2002 bestehen (Entwurf: B. Bergande). In den achtziger Jahren mussten zwei Bäume entfernt werden, weil sie an den Humboldt-Denkmälern und am Gitterzaun zunehmende Schäden verursachten. Danach folgte eine Renovierung des historischen Gitters. Mit der Rückführung des Mommsen-Denkmals (1991) und des Helmholtz-Denkmals (1994) wurden Zeichen des neuen Umganges mit der Universitätsgeschichte gesetzt. Seit 2002 begleiten von niedrigen Ligusterhecken gefasste Rasenflächen die Pflasterflächen. Auch der Umgang am Gebäudesockel wurde erneuert und in den Boden eingefügte Strahler ermöglichen eine wirkungsvolle Fassadenbeleuchtung. (Bergande/Busch) Die drei großkronigen Bäume setzen die räumlichen Akzente im Ehrenhof, der durch ständiges Kommen und Gehen, aber auch durch die bunten Bücherstände belebt wird (Abb. 144).

125 Bauarbeiten zur Herstellung des Gartenhofes. 1961

126 Studenten pflanzen Kastanienbäume im Gartenhof. Oktober 1961

Neugestaltung des Gartenhofes 1960–1962 und seine Entwicklung bis heute

In dem bei Kriegsende verwüsteten großen Gartenhof an der Dorotheenstraße waren die Stämme der dicken Kastanien zum Teil in halber Höhe abgebrochen und ihrer Kronen beraubt. Die Trümmer des zerstörten Gebäudes sowie des Denkmals für die Gefallenen des Ersten Weltkrieges lagen umher. Zunächst mussten die Schuttmassen aus dem Gebäude auf der Fläche gelagert werden, so dass

127 Blick in den Gartenhof der Humboldt-Universität. 1983

128 Blick in den Gartenhof der Humboldt-Universität. Zustand 2004

129–132 Der neue Gartenhof nach seiner Fertigstellung 1962

hier ein hoher Trümmerberg entstand (Abb. 85). Mit dem Wiederaufbau ab 1949 entstanden Baubuden, Materiallager und ein Kohlenschuppen. Die geschundenen Kastanienbäume aber hatten wieder ausgeschlagen (Abb. 123, 124).

Mit dem Beginn der Arbeiten zum Wiederaufbau des Ostflügels legte Prof. Pniower 1954 einen ersten Entwurf zur Gestaltung des neuen Gartenhofes vor, der sich kaum von der später ausgeführten Grundform unterschied.[145] Mit der Vorbereitung der 150-Jahr-Feier und parallel zur Projektierung und Fertigstellung des Ostflügels begannen ab 1959 auch die Vorbereitungen zur Neuanlage des Universitätsgartens. Inzwischen waren lediglich einige Teilflächen wieder provisorisch begrünt worden, und eine Ligusterhecke grenzte die Trümmerfläche gegen den Weg ab. Im Auftrag des damaligen Rektors, Prof. Hartke, wurden nach Ideen und anfangs unter Leitung des 1960 verstorbenen Prof. G. B. Pniower die Entwurfsunterlagen im ehemaligen Institut für Garten- und Landeskultur von Mitarbeitern und Studenten fertiggestellt.[146] Abbildung 121 zeigt den Gesamtentwurf. Auf Wunsch der Universitätsleitung entstand in der Mitte ein vertieft liegender rechteckiger Platz als Forum für Versammlungen. Die Fläche war zunächst mit grünlichem Diabassplit belegt, der in Farbe und Struktur in angenehmem Kontrast zu dem roten Kunststein der Stufenanlage und des höher liegenden Umgangsweges stand. Hellgelbliche Sockel- und Lehnenbänke umsäumen das Forum. Den grünen Rahmen bilden 26 Kastanien (Aesculus hippocastanum), die U-förmig den offenen Platz umschließen und mit immergrünen Taxus- und Buxusbüschen sowie mit niedrigen Bodendeckern unterpflanzt wurden (Abb. 127, 128). Einige durch Blüte und Laubfärbung auffällige Solitärgehölze beleben zeitweilig die straffe Umpflanzung der architektonisch gestalteten Anlage. Auch die schmalen Streifen zwischen den Gebäudefronten und dem gepflasterten Umgehungsweg sind mit Immergrünen bepflanzt. Die schattigen Eckflächen zieren üppige Rhododendrenbestände.

Bekannte Kunsthandwerker wirkten bei der Ausstattung der Anlage mit. Kunstschmied Fritz Kühn entwarf die neuen Zaungitter und die Gartenleuchten. Die überdimensionalen »Blumentöpfe« zur Betonung von Eckpunkten wurden von der Keramikerin Hedwig Bollhagen entworfen und gefertigt.

Die Ausführung der Arbeiten begann im Sommer 1960 mit der Enttrümmerung und Auskofferung der vorgesehenen Gartenfläche. Da die Bauarbeiten am Ostflügel zur 150-Jahr-Feier der Universität noch nicht abgeschlossen waren, beließ man an dieser Seite vorerst einen schmalen Streifen für die Baustelleneinrichtung. Die übrige Fläche wurde bereits vorbereitet.[147] Die Abbildung 125 vermittelt einen Eindruck vom Bauablauf. Am 27./28. Oktober 1961 konnten dann die 26 Rosskastanien, die bereits seit fünf Jahren in der Baumschule Ketzin sorgfältig vorbereitet worden waren, von Studenten der Fachrichtung Garten- und Landschaftsgestaltung unter Leitung des Autors gepflanzt werden (Abb. 126). Das Pflanzen der übrigen Gehölze erfolgte bis zum Frühjahr 1962.[148]

Während der umfangreichen Bauarbeiten stieß man auf Fundamente aus Kalkstein, die vielleicht noch von den alten Artillerie-Wagenhäusern oder vom einstigen Bauhof stammten.[149] Im Frühjahr 1962 konnte der fertige Gartenhof der Universität zur Nutzung übergeben werden (Abb. 129, 130). Die Neuanlage kostete insgesamt 661.615 Mark.

In den folgenden Jahrzehnten wuchsen die Bäume rasch heran und bildeten bald den vorgesehenen grünen Rahmen für die architektonisch gestaltete Innenfläche (Abb. 127, 128). Die Kastanienbäume setzen die Tradition des alten Kastanienwäldchen symbolisch fort. Vorübergehend diente die vertiefte Fläche des Forums als Sporthof, wobei leider eine glatte, graue Bitumenschicht aufgebracht wurde. 1976 wurde an der Nordostecke des Forums das Ehrenmal für die Opfer des Faschismus errichtet (Abb. S. 152) (s. S. 178). 1983 entstand hinter dem Westtor des Gartens das neue Pförtnerhaus. Seit 1995 konnte die inzwischen ungenutzte und unansehnlich gewordene Betonfläche aufgebrochen und mit stabilen Rasen belegt werden. Seither ist die »grüne Mitte« des Gartenhofes der Universität als Liegewiese eine bei Studenten und Mitarbeitern beliebte Stätte der Erholung in den Pausen (Abb. 128). Zu besonderen Anlässen finden hier Kulturveranstaltungen und Studentenfeste statt. Die Bronzeplastik »Sinnende« von Sabine Grzimek 1972/74 geschaffen, schmückt seit 1995 den Gartenhof.

Die beiden Vorgärten 1946–2004

Wie die Vorgärten an der Universitätsstraße und am ehemaligen Lindentunnel ursprünglich im Detail gestaltet waren, ist nicht mehr zu ermitteln. Bestimmendes Element sind die Denkmale (s. S. 174–177) und die großen Platanen beziehungsweise Kastanien gewesen. Nach dem Zweiten Weltkrieg bis zum Wiederaufbau der Seitenflügel, die noch Baustellen waren, wurden die Vorgärten erstmalig nach 1952 hergerichtet.

Im Gartenstreifen an der Universitätsstraße stellte man seit 1935 die Denkmäler von Helmholtz, Mommsen und Treitschke auf (Abb. 133). 1951 wurde letzteres entfernt und an seine Stelle das Mommsen-Denkmal aus dem Mittelteil versetzt.[150] Die erste gründliche Überholung des Gartens erfolgte 1962/63, eine nochmalige 1966. Am Zaun wurden eine Mahonienhecke und als Bodendecker Funkien gepflanzt. Seit Mitte der achtziger Jahre ist dieser Vorgartenbereich meistens als Baustelleneinrichtung genutzt worden. 1991 wurde das Mommsen-Denkmal und

133 Der Westflügel an der Universitätsstraße mit seinem bauplastischen Schmuck. Zustand 2004

134 Der Ostflügel mit Vorgarten und Heinrich Heine-Denkmal. Zustand 2004

1994 das Helmholtz-Denkmal wieder im Ehrenhof Unter den Linden aufgestellt (Abb. 119). 2002 wurde der Garten renoviert und bodendeckend mit Efeu bepflanzt.

Im Vorgarten am ehemaligen Lindentunnel standen nach dem Zweiten Weltkrieg noch eine große Rosskastanie, die letzte aus dem alten Kastanienwäldchen sowie einige jüngere Bäume, von denen 1960 zwei gefällt werden mussten. Nach dem Wiederaufbau des Ostflügels wurde die Gartenanlage 1963 wiederhergestellt. Auf der neuen Rasenfläche wurde eine Kastanie gepflanzt. Hinter dem südlichen Kopfbau entstand eine Rhododendrenpflanzung, und längs des Zaunes am Lindentunnel wurde eine Hainbuchenhecke angelegt. Nach Norden zu lag der Wirtschaftshof. Der Standort des Mitscherlich-Denkmals blieb unverändert. Bei Wiederherstellung der 1983 durch Baumaßnahmen devastierten Grünanlage entstand um das Denkmal ein Sitzplatz für die Pausenerholung. Mit der Einebnung der nördlichen Gleisrampe des ehemaligen Lindentunnels wurden im Jahr 2000 die Freiflächen am Maxim Gorki Theater der neuen Situation angepasst. Die Gestaltung dieses historisch wertvollen Stadtraumes könnte durch Öffnung des Vorgartens noch verbessert werden.

Die Grundlage für die weitere Entwicklung und Erhaltung der vier Gartenanlagen am Hauptgebäude ist das 1998 erarbeitete »Freiraumkonzept für die denkmalgeschützten Gartenanlagen der Humboldt-Universität Berlin«. (Büro TOPOS – Bergande/Busch) Nachdem sich im großen Gartenhof Anzeichen der Alterung und des baulichen Verschleißes zeigen und auch im östlichen Vorgarten Erneuerungsbedarf zu erkennen ist, bedürfen diese Anlagen demnächst der Restaurierung und Anpassung an neue Anforderungen (Abb. 100). Die Restaurierung des Ehrenhofes und des westlichen Vorgartens folgte bereits diesem Konzept.

Es ist vorgesehen, die vier Gartenbereiche am Universitätsgebäude nach Beendigung der Fassadenrenovierung gründlich zu erneuern und dabei Gestaltungsideen zu verwirklichen, die allen Ansprüchen gerecht werden.

135 M. P. Otto
Das Denkmal Wilhelm
von Humboldts

Bauplastik, Denkmäler, Gedenktafeln

136 J. P. Benckert
Originalplastik des
Jasons auf dem
Mittelrisalit.
Zustand 1937

Der bauplastische Schmuck

Die Attikafiguren und Sandsteinvasen

Die architektonische Wirkung des Universitätsgebäudes wird durch plastische Arbeiten wesentlich gesteigert. Als »heitere Schutzgeister« aus der Zeit des Rokokos bekrönten das Bauwerk auf der Lindenseite vierzehn Attikafiguren, deren Leitthema Knobelsdorff bereits 1742 mit dem bildhauerischen Schmuck der Gebäude um das Forum Fridericianum angegeben hatte.

So wählte man für die Figuren beziehungsreiche Gestalten aus Mythologie, antiker Geschichte oder Poesie, die der Nutzung des Gebäudes entsprachen oder symbolisch die Lebensweise der Bewohner charakterisieren sollten. Die vierzehn Figuren auf der Attika des Mittelrisalites und der beiden Seitenrisalite stellten sieben Paare aus den Ovid'schen Liebschaften der Götter und Heroen dar (Abb. 136–138). (Müller, K. E.)

Auf der Attika des Mittelbaues standen drei antike Liebespaare: Jason und Medea, Peleus und Thetis, Meleager und Atalante, wobei das mittlere Paar vielleicht als eine Anspielung auf den Prinzen Heinrich gedacht war, »der ebenso kriegsgewaltig war wie Achilles, der sagenhafte Sprößling jener beiden«. (Müller, K. E.)

Über dem Risalit des westlichen Kopfbaues standen bis 1945 Bacchus und Ariadne sowie Merkur und Herse. Die Attika über dem Risalit des östlichen Kopfbaues zierten bis zur Zerstörung die Paare Adonis und Venus, Perseus und Andromeda.

Die vierzehn Originalfiguren, geschaffen von den in Potsdam und Berlin für Friedrich II. tätigen Bildhauern J. P. Benckert (1709–1765) und J. M. G. Heymüller (1710/15–1763), wurden wohl um das Jahr 1749/50 angefertigt und 1753 aufgestellt. K. E. Müller vermutet, dass die sechs Figuren über dem Mittelrisalit sowie vielleicht die Statue der Herse von Benckerts Hand stammten, während die übrigen sieben Figuren Heymüller zugeschrieben werden. Meleager (mit wildem Eber) und Herse sollen eine fast getreue Wiederholung einer antiken Plastik im Belvedere des Vatikan in Rom sein, deren Abbildung damals in der »Teutschen Akademie der Bau-, Bild- und Malerkunst« wahrscheinlich vorgelegen hat.[151] Die Standsteinplastiken hatten eine Höhe von 9 Fuß (2,74 m). Sie waren auf Untersicht gearbeitet und durch eine etwas angeschrägte Fußplatte leicht nach vorn geneigt (Abb. 137). (Müller)

Nach stärkerer Verwitterung des Sandsteines mussten die vierzehn Figuren bereits in den Jahren 1879 und 1888 gründlich ausgebessert werden. Dabei erhielten sie einen Ölfarbenanstrich.[152] Eine erneute Restaurierung mehrerer Figuren wurde von 1929 bis 1931 nötig, wobei auch verwitterte Partien ergänzt wurden »... in scharfem Mörtelputz als Antragsarbeit auf eine Unterkonstruktion aus Bronze und Kupfer«. (Keibel) Fehlende Körperteile wurden

137 Originalplastiken von J. P. Benckert über dem Mittelrisalit des Universitätsgebäudes. Thetis (vorn), Atalante (Mitte), Meleager (hinten). Zustand 1937

damals jedoch nicht ergänzt. Bei der Fassadenrekonstruktion von 1935/36 erfolgten kleinere Reparaturen an den Plastiken, wobei erstmalig Fotos von ihrem Zustand gemacht wurden. Im Zweiten Weltkrieg wurden alle Figuren, bis auf die des Jason, Opfer der sinnlosen Zerstörung (Abb. 82, 88).

Nach dem Wiederaufbau der Humboldt-Universität war über die Aufstellung neuer Figuren zu befinden, die dem architektonischen Charakter des Gebäudes und denkmalpflegerischen Forderungen entsprechen sollten. Man hatte zu entscheiden zwischen der Anfertigung originalgetreuer Kopien, der Aufstellung geeigneter zeitgenössischer Plastiken von anderen Bauwerken oder aber der Schaffung moderner Skulpturen. Sowohl die von den Bildhauern W. Grzimek und Koelle angefertigten Modelle mit moderner Thematik als auch die Übernahme von sechs Sandsteinfiguren vom teilweise zerstörten Berliner Stadtschloss erwiesen sich als nicht ausführbar. Schließlich entschied man sich für die Anfertigung originalgetreuer Kopien der sechs Benckert'schen Plastiken für den Mittelbau, auf dessen Attika sie 1954 wiederaufgestellt wurden.[153] Damit war in diesem Bereich der ursprüngliche Zustand annähernd originalgetreu wiederhergestellt (Abb. 138).

Nachdem man für die inzwischen baulich rekonstruierten Kopfbauten der beiden Seitenflügel 1954 erneut Modelle angefertigt und wieder verworfen hatte, wurde der Vorschlag des damaligen Instituts für Denkmalpflege der DDR aufgenommen, die noch fehlenden Plastiken durch erhalten gebliebene vom zerstörten Potsdamer Stadtschloss zu ersetzen. Es ergab sich der glückliche Umstand, dass die verfügbaren Plastiken ebenfalls von Heymüller um 1750/51 sowie vermutlich von dem in Potsdam wirkenden Bildhauer Storch (gest. 1750) in ähnlicher Manier geschaffen worden waren.[154] 1966 wurden dann aus dem geretteten Potsdamer Bestand je vier männliche und weibliche Figuren ausgewählt. Die Ikonographie dieser

138 Die sechs Attikafiguren über den Mittelrisalit. Kopien von A. Braun und R. Löhner nach den Originalen von J. P. Benckert. Zustand 1983

139 Denkmal Alexander von Humboldts von R. Begas. Um 1985

140 Mittelfront und Ehrenhof der Universität im Herbst. Zustand um 1980

HUMBOLDT UNIVERSITAET

Figuren konnte nur zum Teil bestimmt werden. Man nimmt an, dass das linke Figurenpaar auf dem westlichen Kopfbau sowie das rechte Paar auf dem östlichen Kopfbau von Storch geschaffen wurden, die auf beiden Seitenflügeln zur Mitte hin orientierten Paare von Heymüller. Bestimmbar waren nur die ganz linke Figur auf dem Ostflügel als Flora und die zweite von rechts als Athene.[155]

Diese zum Teil beschädigten Plastiken wurden 1966/67 in Dresden restauriert[156] und 1967 auf die Attiken der beiden seitlichen Kopfbauten an der Lindenseite versetzt. Damit konnte der architektonische Gesamteindruck wieder zu voller Wirkung gebracht werden. Auf der Nordseite des Mittelbaues zieren sechs große Vasen aus Sandstein die Attika über dem Mittelrisalit. Bis 1839 stand hier die große Kartusche (s. S. 37 sowie Abb. 15 oben). Vermutlich bis 1845 kamen auf Vorschlag von C. F. Busse die sechs Vasen als neues Ziermotiv auf die nördliche Attika.[157] Die gleiche Vasenform wurde dann auch zur Betonung der vier Attiken über den Risaliten an den bis 1920 fertiggestellten Flügelbauten verwendet, die nach dem Entwurf von L. Hoffmann entstanden waren. Über den Mittelrisaliten der Seitenflügel an der Universitätsstraße und am ehemaligen Lindentunnel sowie der Kopfbauten an der Dorotheenstraße stehen insgesamt zwanzig dieser Sandsteinvasen. Der im letzten Krieg zum Teil zerstörte und beschädigte Vasenschmuck wurde von 1958 bis 1961 restauriert und originalgetreu ergänzt.[158]

141 Fassadendetail aus dem Mittelrisalit an der Nordseite des alten Universitätsgebäudes mit plastischem Schmuck. Zustand um 1900

Plastische Dekorationen der Fensterbögen

Im 1. Obergeschoss werden die halbrunden Bögen der innerhalb der Risalite liegenden Fenster durch unterschiedlich gestaltete Schlusssteinköpfe betont, die in steinerne Blumengewinde eingebunden sind. Diese Köpfe be-

142 Kopf der Pallas Athene als Schlussstein des Mittelfensters über dem Haupteingang. Zustand 1953

finden sich beim alten Kernbau nur an der Lindenseite und sind an den beiden Seitenrisaliten kleiner als über den fünf Fenstern des Mittelrisalites. Dieser wies an der Nordseite schon immer Schlusssteine in Form von Muschelmotiven auf, von denen Fruchtgirlanden nach beiden Seiten dem Fensterbogen folgten (Abb. 141). Die Verwendung der als Schlusssteine gestalteten Köpfe war Boumann d. Ä. bereits beim Umbau des Potsdamer Stadtschlosses als künstlerischer Fehlgriff angelastet worden. Zu diesem Zierrat soll Knobelsdorff tadelnd bemerkt haben, »die Wohnung eines christlichen Königs sehe dadurch einem türkischen Serail gleich, das mit abgeschlagenen Häuptern geziert sei«. (Krieger) Erst bei der großen Fassadenrestaurierung 1935/36 stellte man fest, dass die Köpfe über dem Haupteingang aus Gips waren (Keibel) und als Ersatz für die Originalschlusssteine nach dem Vorschlag von Busse bei dem ersten Umbau des Gebäudes bis 1845 in dieser Form angebracht worden waren.[159] Sie stellen in der Mitte wahrscheinlich Pallas Athene als Beschützerin der Wissenschaften (Abb. 142) und zu beiden Seiten je zwei Frauenköpfe als Symbole für die vier Fakultäten dar. Diese fünf Schlusssteinköpfe wurden auch über den Fenstern der Mittelrisalite der später erbauten Seitenflügel an der Universitätsstraße und am damaligen Lindentunnel nachgebildet.

Wahrscheinlich ebenfalls 1845 neu eingesetzt wurden die Schlusssteinköpfe über den mittleren Fenstern der Kopfbauten an der Lindenseite: bärtige Männerköpfe und zur Seite gewandte Frauenköpfe von wenig Ausdruckskraft (s. S. 72). Nach dem Zweiten Weltkrieg mussten auch die plastischen Zierrate über den Fensterbögen in Sandstein teilweise erneuert werden. Ein großes Muschelmotiv in Sandstein zeigt der Schlussstein des Hauptportals unter der Balkonplatte. Beide Teile wurden 1961 erneuert. Bis 1945 war das zierliche Rokokogitter des Balkons mit einem Preußenadler aus Zinkguss dekoriert, der wahrscheinlich bald nach dem Einzug der Universität hier angebracht worden war (Abb. 61).

Puttengruppen auf den Torhäuschen

Der von den »Linden« kommende Besucher betritt den Ehrenhof der Universität durch das schmiedeeiserne Gartentor zwischen den beiden Torhäuschen, die noch aus der Zeit des Prinzen Heinrich stammen und vielleicht einmal Wachtposten Möglichkeit zum Unterstellen boten. Die sie bekrönenden Puttengruppen aus Sandstein, die den »Morgen« und den »Abend« symbolisieren und jeweils aus drei Kindern bestehen, sind um einen von Blattwerk und Blumengirlanden umrankten Palmenstamm angeordnet (Abb. 145).

Auf dem rechten, östlichen Schilderhaus mit der Allegorie des »Morgen« hält ein Putto die entzündete Fackel

143 Detail des schmiedeeisernen Gitters am Ehrenhof. 2004

144 Torhäuser am Ehrenhof mit Bücherständen. 2004

8,2
10,4

145 Die beiden Torhäuser am Ehrenhof. Zustand 1909

146 E. Gaertner. Das Portal der Universität zu Berlin. Um 1829. Lithographie

hoch, während der zweite gesunkene Blumenkelche aufrichtet und der dritte, noch schlaftrunken, sich wie eine aufgehende Blume zum Tag erhebt. Die Gruppe »Abend« bekrönt das linke, westliche Torhaus. Hier senkt der Putto die verlöschende Fackel, ein zweiter schließt die noch offene Blume, während der letzte, Blumen im Schoß, bereits mit schläfrigen Lidern und vom Spiel ermüdet am Fuße der Palme sitzt. Die Palmenstämme fungierten zeitweise als Lampenträger. Auf der Lithographie von E. Gaertner um 1829 (Abb. 146) verbindet die beiden Häuschen eine bogenförmige Stange mit einer Laterne.

Möglicherweise wurden die Puttengruppen von Heymüller oder auch von Benckert angefertigt. (Müller, K. E.) Einflüsse von F. C. Glume, dessen Schüler Heymüller war, werden nicht ausgeschlossen. Während Glume jedoch schon 1752 starb (Köllmann, Petras), sind die beiden Torhäuschen ebenso wie das Gitter erst um 1763 entstanden.

Verwitterungsschäden zeigten sich schon am Anfang des 20. Jahrhunderts, und schlechte Restaurierungen sowie ein »Schutzanstrich« mit Ölfarbe gefährdeten bereits vor dem Krieg den Bestand der Plastiken. Eine von Keibel erwähnte Erhöhung der Wachhäuschen um eine Stufe, angeblich vorgenommen im Zusammenhang mit einer Veränderung der Sockelhöhe des Zaungitters anlässlich der Aufstellung der Humboldt-Denkmäler im Jahre 1883, lässt sich nicht nachweisen.

Im Zweiten Weltkrieg erlitten die Puttengruppen erhebliche Schäden. Die Originale wurden restauriert und nach ihnen in der Zwingerhütte Dresden Kopien angefertigt, die 1967 auf die restaurierten Torhäuser aufgesetzt wurden.[160] Das Original der stärker zerstörten westlichen Gruppe befindet sich seit 1955 in der Skulpturensammlung der Staatlichen Museen Berlin, das der östlichen Gruppe bewahrt das Märkische Museum Berlin.[161] 1995 wurden die beiden Puttengruppen gründlich restauriert.

HUMBOLDT · UNIVERSITAET
HELMHOLTZ
1821 - 1894

Denkmäler, Gedenktafeln, Gipsabgüsse

Mit dem wachsenden wissenschaftlichen Ruf der Berliner Universität und ihrer großen Gelehrten entwickelte sich der Wunsch, zu ihrem Ruhme und zu bleibendem ehrendem Andenken Denkmäler zu errichten. Oft waren besondere Jubiläumstage der Anlass, eine Porträtbüste aufzustellen, ein Gemälde anfertigen zu lassen, eine Gedenktafel zu enthüllen oder ein überlebensgroßes Denkmal einzuweihen.

So entstand zuerst nach dem Statut vom 24.11.1836 die einst bekannte Gelehrtengalerie in der alten Aula – eine Sammlung von über sechzig Marmorbüsten der verdienstvollsten Professoren (Abb. 46). (Kunzendorf, Rautenberg, Keune) Ab 1910 wurden sie in der neuen Aula in der »Kommode« aufgestellt. Nach 1931 übergab man die meisten Plastiken den Instituten und Kliniken, in denen die wissenschaftliche Arbeit der großen Gelehrten fortgesetzt wurde. Ferner entstand auch frühzeitig die Sammlung der Professorenbildnisse, die zuerst im alten Senatszimmer neben der Aula hingen und nun in der Universität an vielen Stellen aufbewahrt werden.

147 Das Helmholtz-Denkmal von E. Herter nach seiner Wiederaufstellung am ursprünglichen Standort. 2004

Nur wenigen Auserwählten wurde ein Denkmal im Garten der Universität gesetzt, und dies musste fast immer gegen den erheblichen Widerstand der sehr konservativen preußischen Hof- und Beamtenhierarchie durchgesetzt werden. Das um die Jahrhundertwende schon begonnene Vorhaben, den Vorhof der Universität zu einem Ehrenhof für bedeutende Professoren zu machen, ließ sich nicht fortsetzen. Mit dem Anbau der beiden nördlichen Seitenflügel war geplant, im neuen Gartenhof eine mit der Baumpflanzung abgestimmte Reihe von Porträtbüsten aufzustellen (s. S. 137) – ein Entwurf von L. Hoffmann, der nicht verwirklicht wurde. Für die Dauer erhielten nur die Statuen der Gebrüder Humboldt ihren auf das repräsentative Linden-Forum gerichteten Standplatz. So schlagen sie gleichnishaft eine Brücke zwischen dem räumlich abgegrenzten Bereich akademischer Lehre und Forschung und dem pulsierenden öffentlichen Leben. Die übrigen Denkmäler mussten ihren Aufstellungsort wechseln, einige verschwanden für immer. Zum Andenken an die zahlreichen Toten – Opfer der Kriege der preußisch-deutschen Monarchie seit der Gründung der Universität bis zum Ersten Weltkrieg – waren ebenfalls Denkmäler entstanden, die sich in der alten Aula und im Gartenhof an der Dorotheenstraße befanden. Die erst sehr spät geforderten »schlichten Ehrenmale« für die Kriegstoten von 1870/71 im Kastanienwäldchen kamen niemals zur Ausführung, während ein sehr umstrittenes Denkmal für die tausend Gefallenen des Ersten Weltkrieges 1926 enthüllt wurde.

Nach Wiedereröffnung der Universität und nach Rekonstruktion von Gebäude und Gartenanlagen gelangten die geretteten Denkmäler sowie die baugebundene Plastik

148 Der Senatssaal mit Bildern der Brüder v. Humboldt von Hensel, Wandteppich von W. und R. Rataiczyk

wieder zu voller Wirkung. Hinzu kamen Gedenktafeln für berühmte Männer, die hier einst studierten, lehrten oder forschten und deren wissenschaftliche Großtaten Weltruhm erlangt hatten. Von ihnen, an die heute Bronzetafeln erinnern, sind zu nennen: Wilhelm und Alexander von Humboldt, Albert Einstein, Max Planck (s. S. 180).

Nach Wiederaufbau des Hauses stand vor dem Senatssaal eine Bronzebüste von Karl Marx, denn dieser hatte hier von 1836-1840 studiert (Bildhauer: Will Lammert (1892-1957)). Vor dem Senatssaal erinnerten ebenso bis nach 1990 die von Heinz Wagner gemalten Ölbilder an den ersten Wahlrektor J. G. Fichte (1811/12) und den ersten Rektor nach der Wiedereröffnung im Jahre 1946, den Altphilologen Prof. J. Stroux. Im Senatssaal hängen die von Prof. Hensel gemalten Ölbilder der Brüder Humboldt. An der Fensterseite befinden sich auf Konsolen die Büsten von Georg Friedrich Wilhelm Hegel (1770-1831), von Ludwig Wichmann im Jahr 1826 geschaffen, sowie von Albert Einstein (1879-1955), geschaffen von Werner Rosenthal, dem Mediziner Theodor Brugsch (1878-1963) und dem Begründer der Agrarwissenschaften in Deutschland, Albrecht Daniel Thaer (1752–1828), die den Senatssaal seit seiner Umgestaltung im Jahre 1986 schmücken. Die zwei zuletzt genannten Bronzebüsten sind Werke des Bildhauers Karl-Heinz Schamal.

An der rückwärtigen Schmalseite des Senatssaals ist ein Wandteppich mit Szenen aus der Wissenschaft der Hallenser Künstler Werner und Rosemarie Rataiczyk aus dem Jahre 1981 angebracht (Abb. 148). An der Marmorwand in der Eingangshalle ist die »11. Feuerbachthese« von Karl Marx angebracht (Abb. 88).

Die Humboldt-Denkmäler

Am 8. Februar 1949 erhielt die Universität zu Berlin den verpflichtenden Namen »Humboldt-Universität«, der seit 1951 in goldenen Lettern am Mittelteil des Gebäudes angebracht ist. Die Denkmäler der beiden großen Gelehrten vor der Lindenfront der Universität erinnern seit über hundert Jahren nicht nur an das umfassende wissenschaftliche Wirken der Brüder Wilhelm und Alexander von Humboldt, sondern auch an die Verpflichtung zur Pflege und Fortentwicklung des Erbes der Berliner Reform-Universität. So selbstverständlich diese Denkmäler heute zu deren Bild gehören, so wenig bekannt ist doch der lange und ständig von politischem Gerangel begleitete Weg bis zu ihrer endgültigen Aufstellung. Ihr Werdegang spiegelt anschaulich das politische Intrigenspiel zwischen dem rasch erstarkenden, liberaler gesinnten Bürgertum und der erzreaktionären preußischen Hofkamarilla sowie der dem wissenschaftlichen Fortschritt misstrauisch begegnenden und schwerfälligen Ministerialbürokratie wider. Nach dem für Preußen siegreichen Krieg gegen Frankreich von 1870/71 war in Berlin eine »denkmalfreundlichere Zeit« angebrochen. Nun sollten auch mehr Standbilder von Männern »mit Zivilverdienst« das Berliner Stadtbild verschönern. Im Rausche der militärisch gesicherten Macht sollten in der Hauptstadt des neuen deutschen Kaiserreiches viele Denkmäler den Ruhm sowie die »politischen und kulturellen Großmachtträume« der Hohenzollern für alle sichtbar glorifizieren. (Löschburg) Verdienstvolle Männer aus Wissenschaft, Kunst und Wirtschaft, denen eine fortschrittliche Geisteshaltung nachgesagt wurde, konnten allerdings oft erst mit großer Verspätung nach Überwindung vieler Widerstände in dieser Weise geehrt werden. So erging es auch den Gebrüdern Humboldt. Die Aufstellung ihrer Denkmäler hat deshalb eine längere Vorgeschichte. (Keune)

Die Initiative ging von einem Kuratorium liberal gesinnter Bürger unter Leitung des als Gegner Bismarcks und Mitbegründer der Fortschrittspartei bekannten Arztes und Pathologen Rudolf Virchow aus, der später an der Universität lehrte und weltberühmt wurde. Die Gruppe übergab 1869 an das gerade in Berlin tagende »Deutsche Zollparlament« eine Petition zur Errichtung eines Nationaldenkmals für Alexander von Humboldt anlässlich seines 100. Geburtstages. In der Begründung heißt es unter anderem: »Sollen nicht auch unsere Kinder auf deutschem Boden an einem großen Nationaldenkmal Humboldts lernen, ehrfurchtsvoll aufzuschauen zu jenen Lehrmeistern der Menschheit, welche erst dann zufrieden sind mit ihrem Wissen, wenn sie es in vollem Maße der Gesamtheit hingegeben haben, zu jenen Kämpfern des Friedens, deren Ausdauer in der Arbeit nur übertroffen wird durch ihre Uneigennützigkeit in der Hingabe des Erkämpften.« (Du Bois-Reymond)

A. von Humboldt (1769–1859) war mit seiner dreißigbändigen Gesamtausgabe der Ergebnisse seiner Reisen und vor allem durch die meisterhafte Zusammenfassung des gesamten naturwissenschaftlichen Wissens seiner Zeit ein solcher »Lehrmeister der Menschheit«. Nachdem das Zollparlament die Petition ignoriert hatte, rief Virchow zusammen mit bekannten Demokraten und Liberalen das deutsche Volk zu einer Spendenaktion für die Errichtung des erfolglos beantragten Nationaldenkmals auf. Innerhalb eines Jahres war ein freiwilliger Spendenfonds von 100.000 Mark zusammengekommen.

Der Krieg 1870/71 und die Errichtung zahlreicher anderer Denkmäler zur Verherrlichung des Sieges hinderten aber den Fortgang des Projektes. Das Komitee wollte sich mit einem Platz im Garten hinter dem Universitätsgebäude begnügen. Der Senat erklärte sich schließlich mit der Aufstellung des Denkmals für A. von Humboldt einverstanden, der mit der Universität durch seine vielbesuchten Kosmos-Vorlesungen im Winter 1827/28 und durch seinen ständigen wissenschaftlichen Einfluss eng verbunden war. Die Universität und das Komitee forderten jedoch die gleichzeitige Errichtung eines Denkmals für Wilhelm von Humboldt (1767–1835), der durch seine intensiven Bemühungen im Jahre 1809/10 die Gründung der Universität erst herbeigeführt hatte. Als Staatsmann und Gelehrter hatte er die Grundlagen für ein modernes Bildungswesen in Preußen gelegt und dessen Verwirklichung in Gang gebracht. Nach dem Ausscheiden aus dem Staatsdienst beschäftigte er sich mit vergleichender Sprachforschung, Kunsttheorie und liberaler Staats- und Rechtswissenschaft.

Rektor und Senat fügten ihrem Vorschlag eine Entwurfsskizze des Architekten Prof. Strack bei, auf der schon die jetzigen Standorte eingezeichnet waren. Virchows Komitee war jedoch nur befugt, über das Denkmal für A. von Humboldt zu verhandeln. Auch reichten die Mittel für zwei Denkmäler nicht aus. Im Immediatgesuch vom 25. April 1874 ersuchte das Komitee nun den Kaiser, »... die Herstellung des Standbildes Wilhelm von Humboldts als Parallelstatue zu dem vom Komitee zu errichtenden Nationaldenkmal Alexander von Humboldts aus Staatsmitteln zu befehlen und zu gestatten, daß die Standbilder der Gebrüder von Humboldt in der angegebenen Weise vor dem Universitätsgebäude aufgestellt werden.« (Du Bois-Reymond, Löschburg 1983) Erst nach einem Jahr stimmte der Kaiser mit der Auflage zu, »daß W. von Humboldt auf der linken Seite stehen solle und daß beide Entwürfe ihm zur Genehmigung vorgelegt würden«. Die Denkmäler sollten weder höher als die Statuen von Scharnhorst und Blücher werden, noch dürften sie vor dem Gitter der Universität hervortreten oder besonders auffallen. (Rudolf 1982, Löschburg 1972, 1983, Keune, Wenig)

Die Mittel für das Standbild W. von Humboldts konnten nur auf dem Wege über den Reichstag und die Ministerien bereitgestellt werden. Konservativen Vertretern am Hofe missfiel jedoch, dass ein für seine Zeit so fortschrittlich gesinnter Mann wie A. von Humboldt, der sich sehr kritisch über den König und die reaktionäre, ränkesüchtige Hofgesellschaft geäußert hatte und sich außerdem zu den Idealen der Französischen Revolution bekannte, nun durch Aufstellung eines repräsentativen Denkmals – noch dazu gegenüber der Kaiserwohnung – geehrt werden sollte. Länger noch als das Genehmigungsverfahren zogen sich die Ausführung und Aufstellung der Denkmäler hin. Es war vorgesehen, einen Wettbewerb zur Erlangung von Entwürfen auszuschreiben. Durch das umständliche Verfahren und die ständigen Querelen hinter den Kulissen verzögerte sich die Aufforderung an die Künstler zur Einsendung von Entwürfen bis zum Ende des Jahres 1876. Aus sieben Einsendungen wählte die Jury die Entwürfe der Bildhauer M. P. Otto und R. Begas aus, ohne dass in den folgenden zwei Jahren ein allerhöchster Beschluss zur Ausführung gefasst wurde.

Der Entwurf von R. Begas sah eine Kolossalbüste von A. von Humboldt vor, der des in Rom lebenden M. P. Otto ein Standbild von W. von Humboldt. 1877 wurde Begas beauftragt, seinen Entwurf der genehmeren Darstellungs-

149 Das Denkmal Wilhelm von Humboldts von M. P. Otto

weise von Otto anzugleichen. Erst am 15. Dezember 1878 konnte das Komitee dem Kaiser, auf den inzwischen zwei Attentate verübt worden waren, die Entwürfe zur endgültigen Genehmigung vorstellen. Im August 1880 wurden die Modelle für beide Denkmäler begutachtet und mit zahlreichen Änderungswünschen versehen genehmigt. (Du Bois-Reymond)

Nach vierzehn Jahren der Vorbereitung kam es am 28. Mai 1883 zur feierlichen Enthüllung der beiden Denkmäler in Anwesenheit des Kaisers, der dazu »aus Seinem Palast herniederstieg«, wie es in einer devoten Rede hieß. (Löschburg) Die Übergabe in das Eigentum der Universität nahm für das Denkmal W. von Humboldts der für das Unterrichtswesen zuständige Minister von Gossler, für das A. von Humboldts der das Komitee leitende Rudolf Virchow vor.[162]

Die Denkmäler, aus weißem Carrara-Marmor gemeißelt, haben jeweils eine Höhe von etwa 5 m, die mehrfach gegliederten Sockel sind 3,20 m hoch. Auf Stufenpodesten, deren Vorderkanten – wie einst zur Bedingung gemacht – mit der Baufluchtlinie des Universitätsgebäudes abschließen, stehen sie in einer Ausbuchtung des Zaunes auf ornamental gemusterter, farbig abgesetzter Fläche aus Mosaikpflaster. Bei dieser Gelegenheit wurde das inzwischen schadhafte Rokokozaungitter ausgebessert.[163] Bis 1935 waren die Sockel noch mit einem etwa kniehohen schmiedeeisernen Gitter eingefasst.

W. von Humboldt, auf einem Sessel sitzend, hält ein aufgeschlagenes Buch in der rechten Hand. Den Sockel zieren neben der umkränzten Namensinschrift auf der Vorderseite drei Reliefs (Abb. 149). Das linke Relief zeigt eine weibliche Idealgestalt, die die Philologie (Sprachforschung) verkörpert. Sie liest in einer Schriftrolle, die von einem Knaben gehalten wird. Die Tafel in ihrem Arm zeigt die Namen von Sokrates, Plato und Aristoteles. Auf dem rechten Relief ist eine Gestalt als Sinnbild der Archäologie, auf einem korinthischen Kapitell sitzend, dargestellt. Ein Knabe reicht ihr die Büste des Vitellius. Das rückseitige Relief weist mit Waage und Schwert als Symbolen der Rechtswissenschaft auf die rechts- und staatswissenschaftlichen Forschungen hin. (Müller-Bohn)

A. von Humboldt, ebenfalls auf einem Sockel sitzend, hält in der rechten Hand eine exotische Pflanze, neben ihm steht ein Globus – Attribute, die auf seine Forschungsreisen nach Süd- und Mittelamerika von 1799 bis 1804 sowie nach Russland (Ural, Altai u. a.) und auf seine naturwissenschaftlichen Studien hindeuten. Das linksseitige Relief zeigt eine nackte Frauengestalt als Personifizierung der Wissenschaften, an deren Brüsten zwei Kinder sinnbildlich Weisheit saugen, während auf dem rechtsseitigen Relief eine Frau einen Knaben umschlingt, der in kindlicher Wissbegier in ein Buch mit Abbildungen von Pflanzen, Tieren und Himmelsfiguren vertieft ist. Hier wird die naturwissenschaftliche Tätigkeit symbolisiert. Auf dem rückseitigen Relief schließlich, das nicht mehr vorhanden ist, saß ein Knabe mit Globus am Boden – Symbol für die geographischen Forschungen und Weltreisen des großen Gelehrten. (Müller-Bohn) Im Lorbeerkranz auf der Vorderseite steht der Name Alexander von Humboldt. 1939 wurde an der vorderen Sockelplatte eine spanische Inschrift in Bronzebuchstaben angebracht. Sie lautet auf Deutsch: »Dem zweiten Entdecker von Kuba. Die Universität von Havanna 1939« (Abb. 139). (Keune) Schon 1885 wird die Entfernung eines weißgrauen »Wachsüberzuges« von den Plastiken erwähnt, der dann durch farblosen Anstrich ersetzt wurde.[164]

Bei der Neugestaltung des Vorhofes der Universität im Jahre 1935/36 sah ein Projekt die Versetzung der Denkmäler in den Gartenhof beiderseits des Hauptportales vor, der Plan kam jedoch nicht zur Ausführung.[165] Während des Zweiten Weltkrieges schützten dicke Mauerwände die beiden Denkmäler, so dass sie vor unmittelbaren Kriegsschäden bewahrt blieben.[166] Nach dem Krieg wuchsen seitlich großkronige Bäume auf, deren Geäst die Plastiken schon überdeckte und ihre Substanz durch vermehrten Tropfenfall schädigte. Auch der hohe Schwefeldioxydgehalt der Großstadtluft sowie Staub und andere Schadstoffe haben den empfindlichen Marmor angegriffen, so dass die glatten Oberflächen erodiert sind. Bereits in den Jahren 1959, 1965, 1968 und 1985 wurden die Standbilder sorgfaltig gesäubert und fehlende Teile ergänzt.[167] Seit1985 werden Denkmale über Winter »eingehaust«. (Rudolf 1982, 1984) Ihre letzte gründliche Restaurierung ist 1997/98 erfolgt.[168] Zu gleicher Zeit wurde auch das Schmuckpflaster im alten Stil erneuert. (Keune, Graupner/Keune)

Helmholtz-Denkmal

Hermann von Helmholtz (1821–1894) war einer der bedeutendsten Physiker und Physiologen seiner Zeit. 1871 als Professor für Physik an die Berliner Universität berufen, war er einer der Begründer der exakten Naturwissenschaften, der an die Stelle von spekulativen Hypothesen Beweise setzte und wissenschaftliche Gesetze formulierte. Mit dem Studium der Medizin beginnend, widmete er sich nach und nach der Lösung bedeutender Probleme der Physiologie, Chemie, Physik, Akustik, Mathematik und auch der Meteorologie. Er fand in allen sieben Wissenschaften Gesetzmäßigkeiten, die heute zum Grundlagenwissen gehören. (Feyl 1977, Keune) Zu den bekanntesten Ergebnissen seines naturwissenschaftlichen Wirkens gehören die exaktere Bestimmung des schon von R. Mayer entdeckten Gesetzes von der Erhaltung der Energie, die Konstruktion des Augenspiegels (1851) sowie die Arbeiten zur Physiologie des Sehens und des Hörens, zum Beispiel auch die Drei-Farben-Theorie.

Schon ein Jahr nach seinem Tode wurde ein Wettbewerb für ein Helmholtz-Denkmal ausgeschrieben. 1896, nach einem erneuten Wettbewerb, für den die Berliner Stadtverordnetenversammlung nur einen Zuschuss von 2.000 Mark bewilligte[169], kamen drei Entwürfe in die engere Wahl. Erst nach vier Jahren erhielt der Bildhauer E. Herter (1846–1917) den Auftrag zur endgültigen Gestaltung des Denkmals. Herter war ein Schüler der Berliner Akademie der Künste.

Er stellte Helmholtz in dozierender Haltung, stehend und an einen Sockel mit Eckkaryatiden gelehnt, in zeitgenössischem Frack dar, der teilweise mit einem faltenreichen Talar bedeckt ist. Durch diesen Kunstgriff ist ein größeres Volumen der Statue erreicht, die in angemessener Proportion zu der großflächigen Fassadengliederung des Hauptgebäudes stehen musste. Die Figur aus weißem Tiroler Marmor ist überlebensgroß und steht auf einem zweifach gegliederten Sockel aus rötlichem bayerischem Marmor über einer zweistufigen Plattform. Das Oberteil des Sockels, der die Inschrift »Helmholtz 1821–1894« trägt, ist an den vier Ecken mit Voluten verziert.[170]

Vor Erteilung des Auftrages waren mehrere Varianten für den Aufstellungsort des Denkmals innerhalb des Vorhofes im Gespräch. Zunächst dachte man an eine Platzierung inmitten der Rasenflächen westlich des Mittelweges, von hohen Bäumen umrahmt. Ursprünglich wollte man drei Denkmäler und mehrere Stelen mit Porträtbüsten von verdienten Professoren in diesem Vorgarten unterbringen.[171] Endgültig erfolgte die Aufstellung dann aber in der Mittelachse im hinteren Drittel des Vorhofes. Das Denkmal war von einem niedrigen geschwungenen Gitter eingefasst und stand in einer ornamental gegliederten Fläche aus Mosaikpflaster. Die feierliche Einweihung fand am 6. Juni 1899 statt. Im Jahre 1905 bereits erwog man Pläne zur Verlegung des Denkmals nach Charlottenburg.[172] Bis 1934 blieb es jedoch an seinem Platz vor dem Hauptportal des Universitätsgebäudes und wurde zur Vorbereitung der Rekonstruktion des Ehrenhofes im Jahre 1935 in den Vorgarten an der Universitätsstraße versetzt.[173] Das Denkmal wurde nach gründlicher Restaurierung 1994 wieder an seinen alten Platz im Ehrenhof versetzt (Abb. 147).

Mommsen-Denkmal

Theodor Mommsen (1817–1903) war Althistoriker und Altertumsforscher. Er wirkte seit 1861 als Professor für Alte Geschichte an der Universität Berlin, an der er 1874/75 auch Rektor war. Besonders bekannt machten ihn seine mehrbändigen Werke »Römische Geschichte« und »Römisches Recht« (1854–1888 entstanden). 1902 erhielt er den Nobelpreis für Literatur, eine Würdigung seines Schaffens, die zu dem Vorschlag führte, ihm auf dem Gelände der Universität ein Denkmal zu setzen. Mommsen fühlte sich als Anwalt des liberalen Bürgertums und engagierte sich auch politisch. Zusammen mit Virchow begründete er 1861 die Fortschrittspartei und war von 1873 bis 1882 liberales Mitglied des Preußischen Abgeordnetenhauses sowie danach Mitglied des Reichstages. Er trat öffentlich gegen die Großmachtpolitik von Bismarck auf, den er in einer Rede als »Hausmeier seiner Majestät des Kaisers« bezeichnete. Seit 1883 sammelte Mommsen die fortschrittlichen Studenten der Universität in der »Freien Wissenschaftlichen Vereinigung«, die Reaktion und Antisemitismus bekämpfte. (Feyl 1977) So trat er 1880 im so genannten Antisemitismusstreit auch gegen die chauvinistische Geschichtsauffassung von Treitschke auf. Um so pikanter muss die ursprüngliche Stellung der Denkmäler von Mommsen und Treitschke im Vorhof der Universität auf die Zeitgenossen gewirkt haben: Die Statuen schauten sich gegenseitig ins Angesicht. (Keune)

Im Jahre 1904 bildete sich ein Komitee, das öffentlich zu Spenden für ein Mommsen-Denkmal aufrief.[174] 1906 wurde ein Wettbewerb unter sieben Bildhauern ausgeschrieben. Gefordert wurde eine Mommsen-Plastik in sitzender Haltung.[175] Das Komitee, dem fünf Professoren angehörten, entschied sich für den Entwurf des Bildhauers A. Brütt (1855–1939), der – ein Landsmann Mommsens – bereits dessen Totenmaske abgenommen hatte. Das Denkmal aus weißem Marmor stellt Mommsen in einem einfachen Sessel sitzend und mit einem mantelähnlichen Gewand angetan dar. Er hält in der linken Hand ein Buch, das auf dem Schoße ruht, und richtet den Blick nachdenkend in die Weite. In ihrer Geschlossenheit und auf Wesentliches beschränkten Durchbildung symbolisiert die blockartig wirkende Plastik die schlichte Lebenshaltung und die ausstrahlende Geisteskraft des großen Gelehrten[176] (Abb. 150). Nachdem bereits ein Gipsabguss des Denkmals in der Halle der Königlichen Bibliothek am Opernplatz zur Vorbesichtigung aufgestellt worden war[177], erfolgte die feierliche Enthüllung im Rahmen der 100-Jahr-Feier der Universität am 1. November 1909, dem Todestag Mommsens.[178] Obwohl schon zwei Jahre vorher vollendet, durfte Mommsens Denkmal erst nach Einweihung des Treitschke-Denkmals aufgestellt und enthüllt werden. Die Ausführung der Plastik war durch Spenden ermöglicht worden.

Das Denkmal wurde auf der linken Seite des Ehrenhofes vor der Lindenfront der Universität aufgestellt und fand in einer Nische des hohen Gehölzbestandes Platz, der es nach der Straße hin vollständig verdeckte. Erst mit der Rodung der meisten Bäume am Anfang der dreißiger Jahre wurde es für kurze Zeit von den Linden her sichtbar. Im Zuge der Rekonstruktion des Ehrenhofes im Jahre 1935 wurde auch das Mommsen-Denkmal in den Vorgarten an der Universitätsstraße, vor den Mittelrisalit des Westflügels, und 1951 neben die nördliche Platane ver-

150 Das Mommsen-Denkmal von A. Brütt im Vorgarten an der Universitätsstraße

151 Das Mitscherlich-Denkmal von C. F. Hartzer im Vorgarten am Maxim Gorki Theater

setzt, wo vorher das dann entfernte Treitschke-Denkmal seinen Platz hatte. Im Kriege beschädigt, wurde die Plastik 1960 restauriert.[179] 1982 und 1988 musste die Marmoroberfläche erneut gründlich gereinigt werden. Seit 1991 steht das Mommsen-Denkmal wieder im Ehrenhof. (Keune)

Mitscherlich-Denkmal

Eilhard Mitscherlich (1794–1863) entstammte einer Familie, die namhafte Gelehrte in unterschiedlichen Wissenschaftsgebieten hervorgebracht hat. Zum Teil lehrten und forschten sie auch an der Berliner Universität bis nach dem Zweiten Weltkrieg.

Mitscherlich hatte sich seit 1811 in Heidelberg zuerst dem Studium der orientalischen Sprachen verschrieben. Später plante er, sich Napoleon zu einer Reise in den Orient anzuschließen. Nach dessen Sturz kehrte er 1813 von Paris nach Göttingen zurück, wo er nun Medizin und Naturwissenschaften studierte, und 1814 mit einer Dissertation über persische Geschichte promovierte. Im Jahre 1818 kam Mitscherlich als Nachfolger von Prof. Klaproth an die Berliner Universität, wo er sich der Chemie, Physik, Kristallographie, Mineralogie und Geologie zuwandte und 1819 den Iso- und Dimorphismus sowie die Übermangansäure entdeckte. In Berlin hat er – zum Professor für Chemie berufen – vierzig Jahre diesen Lehrstuhl innegehabt.

Mitscherlich war für seine Zeit ein Vertreter vorurteilsfreier Forschung, und aus seiner Schule gingen erfolgreiche Naturwissenschaftler in großer Zahl hervor. (Lenz)

Erstmals 1868 und dann wieder 1891 riefen die Schüler Mitscherlichs zu dessen bevorstehendem 100. Geburtstag zur Errichtung eines Denkmals auf, das aus freiwilligen Spenden geschaffen werden sollte.[180] Den Auftrag zur Gestaltung des Denkmals erhielt der Bildhauer C. F. Hartzer (1838–1906), der unter anderen auch das Thaer-Denkmal in Celle (1873) schuf. Das überlebensgroße Bronzestandbild zeigt Mitscherlich in zeitgenössischer Kleidung auf einem hohen Sockel aus rotem schwedischem Granit, dem umlaufend zwei Stufen vorgelagert sind (Abb. 151). Der Sockel trägt die Inschrift: »Eilhard Mitscherlich, Geb. 7. Januar 1794, Gest. 28. August 1863«.

Das Denkmal des verdienstvollen Chemikers wurde nach seinem 100. Geburtstag am 1. Dezember 1894 feierlich enthüllt[181] und stand damals noch im ehemaligen Kastanienwäldchen im östlichen Teil des Universitätsgartens auf einer zum Platz erweiterten Wegekreuzung (Abb. 113). 1913 jedoch musste es dem Neubau des Ostflügels weichen und wurde nach 1920 in dem schmalen Vorgarten zwischen dem ehemaligen Lindentunnel und dem Ostflügel wieder aufgestellt. Hier steht das Denkmal nun in enger Beziehung zu der rekonstruierten Säulenmensa. Durch die großen Glastüren ist es von innen sichtbar, und bei gutem Wetter lädt ein Pausenplatz ein, sich zu Füßen dieses »Alten Herrn« niederzulassen und ihn wieder in das tägliche Leben an der Universität einzubeziehen.

Mahnmal für die Opfer des Faschismus

In der Zeit der faschistischen Gewaltherrschaft gab es auch an der Universität mutige Männer und Frauen, die sich dem Widerstand verschrieben hatten und ihr Leben dafür einsetzten. Nicht wenige fielen der Gestapo in die Hände, wurden für ihre demokratischen und humanistischen Überzeugungen eingesperrt, schwer misshandelt und auch hingerichtet. Zwölf Angehörige der Universität zu Berlin, darunter Namen, die als Symbol des Widerstandes gegen die Nazidiktatur und den Krieg allgemein bekannt sind, wurden zwischen 1942 und 1945 zum Tode verurteilt und ermordet. Zu ihnen gehören – stellvertretend für alle anderen genannt – Lilo Hermann, Arvid Harnack, Dietrich Bonhoeffer und Georg Großcurth. Im Gartenhof der Humboldt-Universität wurde für die Opfer der nationalsozialistischen Gewaltherrschaft am 12. September 1976 ein Mahn- und Ehrenmal feierlich eingeweiht[182], das die Berliner Bildhauerin J. Jura schuf. Vor einer breitgelagerten Sandsteinwand ist asymmetrisch eine hohe Stele angeordnet, auf der die zwölf Namen der Hingerichteten plastisch hervortreten. Das breitere Wandfeld links trägt die bronzene Inschrift »Den im Kampf gegen den Hitlerfaschismus Gefallenen – Ihr Tod ist uns Verpflichtung«. Auf dem schmaleren rechten Wandfeld sind in Bronze symbolhaft Fragmente eines geborstenen Gitters mit Stacheldraht zu sehen, durch das sich geballte Fäuste der ersehnten Freiheit entgegenstrecken. Wand und Stele bestehen aus einem gelblich-bräunlich getönten Sandstein aus Sachsen (Abb. 152).

Die Denkmalgestaltung fügt sich in den vorgegebenen architektonischen Rahmen des Forums im Kastanienhof ein.

152 Mahnmal für die Opfer des Faschismus von J. Jura im Gartenhof

Gedenktafeln

Vor einigen Räumen sowie auch an zwei Eingängen des Universitätsgebäudes wurden Gedenktafeln für berühmte Gelehrte angebracht, deren Namen weltbekannt sind. Die älteste ist die Mommsen-Gedenkplatte im Flur des 1. Geschosses des Westflügels, wo sich bis 1945 das Institut für Altertumskunde befand. Sie zeigt den Kopf Mommsens sowie einen lateinischen Text[183] und ist der schwarzgetönte Gipsabguss einer Originalplatte, die sich auf der Saalburg im Römischen Kastell bei Bad Homburg befindet und die der Bildhauer J. Götz im Jahre 1904 vollendete. In der Universität wurde die Platte, die die Form einer römischen Grabstele hat, mit dem Neubau des Westflügels angebracht[184] (Abb. 153).

153 Die Mommsen-Gedenktafel (Gipsabguss) von J. Götz im Westflügel des Universitätsgebäudes

Unweit davon befindet sich eine Gedenktafel, mit der an den protestantischen Theologen und Professor Friedrich Ernst Daniel Schleiermacher (1768–1834) erinnert wird, der zu den Begründern der idealistischen Philosophie und einer neuen protestantischen Theologie gehört. Das von Werner Richter geschaffene Reliefporträt aus Bronze wurde 1984 anlässlich des 150. Todestages des bekannten Gelehrten angebracht (Abb. 154).

Eine andere Gedenktafel hängt heute im 1. Geschoss des Mittelbaues gegenüber dem Ort, an dem sich einst der Hörsaal befand, in dem A. von Humboldt seine »Kosmos-Vorlesungen« gehalten hat. Die Inschrift lautet: »Alexander von Humboldt hielt hier im Wintersemester 1827/28 seine berühmten Vorlesungen über ›Physische Erdbeschreibung‹ (Kosmos-Vorlesungen). Zur 200. Wiederkehr seines Geburtstages 14. September 1969«. Die Bronzetafel an der Westseite des Treppenaufganges zum Senatssaal ist dem geistigen Vater der Berliner Universität gewidmet. Die Inschrift lautet: »›Wissenschaft als etwas noch nicht ganz gefundenes und nie ganz aufzufindendes‹ Wilhelm von Humboldt 27.6.1767– 8.4.1835 Gründer der Berliner Universität, Bildungsreformer und Sprachwissenschaftler«. Am Eingang zum Kinosaal im Erdgeschoss des Ostflügels befindet sich seit 1965 eine Tafel mit der Inschrift: »An dieser Stätte hielt Albert Einstein in seiner Berliner Zeit – 1914 bis 1932 – öffentliche Vorlesungen über seine Forschungsergebnisse. Zum fünfzigsten Jahrestag der Begründung der Allgemeinen Relativitätstheorie November 1965«.

154 Die Schleiermacher-Gedenktafel von W. Richter im Westflügel des Universitätsgebäudes

An der Linden-Fassade des Westflügels erinnert eine weitere Bronzetafel an den berühmten Physiker Max Planck mit folgendem Text: »In diesem Hause lehrte Max Planck, der Entdecker des elementaren Wirkungsquantums *h* von 1889–1928«.

Ehemalige Denkmäler

Denkmal für die im Ersten Weltkrieg gefallenen Universitätsangehörigen

Zum ehemaligen Denkmalbestand im Gartenhof an der Dorotheenstraße gehörte auch ein Ehrenmal für die 997 Studenten sowie 37 Dozenten und Mitarbeiter der Universität, die von 1914 bis 1918 für die nicht in Erfüllung gegangenen Großmachtträume des ehemaligen Kaiserreiches ihr Leben hingeben mussten.

Erste Vorschläge zur Errichtung eines Denkmals für die Toten der vorangegangenen Kriege wurden bereits 1912 im Zusammenhang mit dem Erweiterungsprojekt für das Universitätsgebäude gemacht. 1919/20 fasste die Universität einen Beschluss zur Errichtung eines Denkmals für die im Ersten Weltkrieg Gefallenen und beauftragte je vier Bildhauer und Architekten mit der Anfertigung von Entwürfen, über die jedoch keine Einigung erzielt werden konnte. Für die Anfertigung des Denkmals sollte eine Zinsensumme von 60.000 Mark zur Verfügung stehen. Außerdem wurde zu einer Spendenaktion aufgerufen.[185]

Auf Vorschlag des Berliner Stadtbaurates L. Hoffmann wurden der Bildhauer H. Lederer und der Architekt G. Bestelmeyer mit einem neuen Entwurf beauftragt. Sie wählten als Aufstellungsort eine Fläche im neuen Gartenhof in der Mitte hinter dem nördlichen Verbindungsweg. Der Entwurf sah die Skulptur eines Kriegers vor, die vor vier 7 m hohen Pylonen stehen sollte. Anstoß erregte jedoch die schon anlässlich einer Gedenkfeier im Jahre 1919 vom damaligen Rektor verkündete lateinische Inschrift des Denkmals. Sie lautete: »Invictis victi victori«[186]. Dieser revanchistische Text führte zu heftigen Auseinandersetzungen zwischen den Vertretern der verschiedenen politischen Richtungen an der Universität. Die im September 1922 geplante Einweihung des Denkmals musste, nicht

155 Ehemaliges Gefallenen-Denkmal von H. Lederer im Gartenhof der Universität nach der Einweihung 1926

zuletzt wegen erneuter Bedenken gegen die Rache verkündende Inschrift, verschoben werden. Auch reichten mit zunehmender Inflation die bereitgestellten Gelder nicht mehr aus, so dass 1923 ein erneuter Spendenaufruf erforderlich wurde, um die jetzt benötigten dreißig bis vierzig Millionen Mark zu beschaffen! Die Ausführungsarbeiten zogen sich bis 1926 bei zunehmender Polemik gegen die revanchelüsterne Inschrift hin. Schließlich erfolgte am 10. Juli 1926 die Einweihung des Denkmals im Beisein von Reichspräsident von Hindenburg und General von Seeckt sowie des Reichskanzlers Dr. Marx. Für die Anhänger der konservativen und nationalistisch gesinnten Studentenvereinigungen war dies der Anlass zu einem Huldigungszug in »vollem Wichs und mit Bannern«.[187]

Die »Rote Studentenvereinigung« nahm dagegen an einer Parallelveranstaltung der SPD und Gewerkschaften unter der Losung »Nie wieder Krieg« teil. Die fortschrittlichen Kräfte sahen diese Art von Denkmal als ein »Bekenntnis zu Kriegs- und Rachegedanken« an.[188] Auch das »Berliner Tageblatt« distanzierte sich mit den Worten: »Für uns bedeutet die Erinnerung an die Toten des Weltkrieges die tiefernste und eindringliche Mahnung, ein erneutes Hereinbrechen so namenlosen Elends über unser Volk und die anderen Völker mit allen Mitteln zu verhüten.«[189]

Das von H. Lederer gestaltete Denkmal aus Kalkstein stellte eine kniende männliche Gestalt mit Schwert und Schild dar. Die Plastik stand auf einem breitgelagerten Sockel in einem Rasenstück, das von Kieswegen umgeben war (Abb. 155). Dahinter erhoben sich in einer Reihe vier hohe Pylonen. Anstelle einer geplanten dichten Hecke bildeten einige Bäume den Hintergrund.

Unter Beschuss und Bombardierung im Zweiten Weltkrieg zerbrach dieses Denkmal. Bei den Aufräumungsarbeiten wurden seine Reste abgetragen, nicht zuletzt deshalb, weil die geistige Einstellung, die zur Gestaltung dieses Denkmals und seiner Inschrift führte, eine der Ursachen war, die den Zweiten Weltkrieg mit seinen unermesslichen Opfern möglich gemacht hatte.

Fast an gleicher Stelle steht nun das Mahnmal für die Opfer des Faschismus.

Treitschke-Denkmal

Zu den ehemaligen Denkmälern im Ehrenhof der Universität gehörte auch das Denkmal des preußischen Staatshistorikers und Publizisten H. von Treitschke (1834–1896), dessen konservativ-chauvinistische Geschichtsauffassung wesentlich dazu beitrug, dem Militarismus, Faschismus und Antisemitismus in Deutschland den Weg zu bereiten, die das deutsche Volk im 20. Jahrhundert ins Unglück führten. Treitschke war ein erklärter Gegner aller fortschrittlichen Strömungen seiner Zeit. Die preußisch-monarchistischen Kräfte setzten durch, dass ein pompöses Denkmal für ihn enthüllt werden konnte.

Nachdem der Akademische Senat 1901 die Aufstellung eines Treitschke-Denkmals im Ehrenhof beschlossen und Kaiser Wilhelm II. zugestimmt hatte, erhielt der Bildhauer R. Siemering den Auftrag. Das hohe Bronzestandbild, von Siemering als sein letztes Werk bereits 1903 begonnen[190], stellte Treitschke auf niedrigem Sockel, in Professorenrobe am Katheder stehend, in Rednerpose dar.[191] Die Plastik wurde auf der rechten Seite in einer Gehölznische des Ehrenhofes aufgestellt und am 9. Oktober 1909 mit großem Pomp enthüllt.[192] »Nun hat also auch Treitschke sein Denkmal«, hieß es bissig im liberaleren »Berliner Tageblatt«. (Dernburg) Das Denkmal wurde vor der Rekonstruktion des Ehrenhofes um 1935 in den Vorgarten an der Universitätsstraße versetzt. 1951 wurde die große Bronzeskulptur aus dem Vorgarten entfernt und danach eingeschmolzen.[193]

Gipsabgüsse antiker Reliefs im Westflügel

An der so genannten »Löwentreppe« (Treppe 2) und im Korridor des Westflügels erinnert eine Anzahl von antiken Reliefs an die einst sehr berühmte Archäologische Sammlung der Berliner Universität. Sichtbar sind Gipsabgüsse griechischer und römischer Plastiken, die 1921 nach Fertigstellung des Westflügels in die Wände eingefügt wurden und auf diese Weise die sonst recht nüchterne Gestaltung der Treppen und Gänge beleben. Zugleich dienen sie weiterhin als Studienobjekte. Für die in Depots lagernden Bestände der Sammlung sollen nach und nach Möglichkeiten zur Wiederaufstellung geschaffen werden. Die inhaltliche Abfolge der Abgüsse an dieser Treppe von unten nach oben symbolisiert – mit dem heidnischen Mithraskult beginnend und aufsteigend bis zur Apotheose des Antonius – das schwierige Erklimmen der akademischen Stufenleiter: Auf geistige Dunkelheit bei Eintritt in die Universität folgt allmähliche geistige Erhellung durch zunehmenden Erkenntnisgewinn. (Stürmer/Wrede)

Die Namen, Fundorte und Entstehungszeiten der Originale sind aus der nachfolgenden Aufstellung zu ersehen[194]:

Im Erdgeschoss des 1920 fertiggestellten Nordwestflügels an der Treppe 2 beginnend, befinden sich von unten nach oben:

1. Mithras-Relief von Osterburken. 3. Jahrhundert
2. Felsgeburt des Mithras. Mithras-Heiligtum in Heddernheim. 3. Jahrhundert
3. Mithras steigt aus einem Baum. Aus Heddernheim. 3.Jahrhundert
4. Mithras-Relief, Rückseite. Mithras-Heiligtum in Heddernheim. 3. Jahrhundert
5. Kautopates mit gesenkter Fackel. Aus Heddernheim

156 Reliefplatte Apotheose des Traian (Gipsabguss) vom Antoninischen Altar in Ephesos im Treppenhaus des Westflügels. Zustand 1983

157 Relief König Arnakhamani und Prinz Arka. Löwentempel von Musawwarat es Sufra. Spätes 3. Jahrhundert v. u. Z.

6. Mithras-Relief, Vorderseite. Mithras-Heiligtum in Heddernheim. Um 200
7. Mithrischer Aion

Aus Heddernheim im 1. Stockwerk an der Treppe 2 des Westflügels befinden sich:

8. Apotheose des Traian (vermutlich). Reliefplatte vom großen Antoninischen Altar in Ephesos. 2. Jahrhundert (Abb. 156)
9. Apotheose des Antoninus und der Faustina. Relief von der Basis der Antoninus-Säule, Rom. 2. Jahrhundert

Im Gang des 1. Stockwerkes gegenüber von Treppe 2 befinden sich:

10. Löwin. Relief aus Tivoli, danach im Palazzo Barberini, Rom. 2. Jahrhundert
11. Stier, von einem Löwen angefallen. Relief aus Akanthos. Frühes 5. Jahrhundert v. u. Z. (römische Kopie)

In der Bibliothek des Bereiches Kunstwissenschaft (Raum 3067):

12. Kampfrelief vom Sockel des Julier-Grabmales. St-Remy. 1. Jahrhundert v. u. Z.

Im Treppenhaus 1 am Aufgang zum 2. Obergeschoss befindet sich jetzt der Abguss eines Reliefs mit König Arnekhamani und Prinz Arka. Das Original stammt aus dem Löwentempel von Musawwarat es Sufra. Spätes 3. Jahrhundert v. u . Z. (Meroitische Periode des Reiches von Kusch).

Ausblick

Seite 186/187:
158 Das Universitätsgebäude mit Demkmal Friedrichs II. im Abendlicht. 2004

Die Chronik dieses als Prinzenpalais errichteten und seit 1810 als Universität genutzten Gebäudes findet im Jahre 2004 ihren vorläufigen Abschluss. Die intensive Spurensuche zur Bau- und Gartengeschichte unserer traditionsreichen Alma mater berolinensis ermöglicht es, den langen Weg ständiger Veränderungen an Haus, Gärten und Denkmalbestand in vielen Details nachzuzeichnen. Einst als prächtige Residenz für einen preußischen Prinzen am schönsten Platz des damaligen Berlin erbaut und vor nun fast zweihundert Jahren der Universität als Heimstatt »für ewige Zeiten« übereignet, hat der stolze Barockbau am Forum Fridericianum bis heute als Baudenkmal allen Gefährdungen widerstanden.

Mit der Wiederherstellung der Einheit Deutschlands begann auch für die Humboldt-Universität im Jahre 1990 ein ganz neuer Abschnitt ihrer Entwicklung. Ein neues Leitbild für freie Lehre und Forschung, neue Organisationsformen, moderne Ausstattungen und technische Verbesserungen veränderten auch die räumlichen Bedingungen im Inneren des alten Gebäudes. Mit der Neuordnung der Standorte von Fakultäten und Instituten vollzieht sich auch im Hauptgebäude ein räumlicher Wechsel: altvertraute Fachgebiete ziehen aus und neue Institutionen ziehen ein. Zunehmend konzentrieren sich hier die Leitungs- und Verwaltungseinrichtungen, doch nach wie vor strömen in großer Anzahl die Studierenden in die zahlreichen Hörsäle und beleben so den historisch gewachsenen Bau. So bleibt das alte Universitätsgebäude nicht nur ein von pulsierendem Leben erfülltes Denkmal der Architektur- und Wissenschaftsgeschichte sondern auch weiterhin ein Ort intensivster geistig-kultureller Kommunikation mit Ausstrahlung auf das öffentliche Leben Berlins und des ganzen Landes.

Gründliche Restaurierungen von Fassaden, Denkmälern und Gartenanlagen verbessern zunehmend nun auch das äußere Bild des Universitätsgrundstückes und machen es zu einer gern besuchten Sehenswürdigkeit im alten Zentrum Berlins. Eine ständige Aufgabe bleibt die möglichst originalgetreue Erhaltung ursprünglicher Architektur mit ihrem bauplastischen Schmuck, den Denkmälern und auch den Gartenanlagen. Möge auch die Kenntnis der wechselvollen Geschichte dieses »wohlgestalteten Gehäuses« unserer Humboldt-Universität dazu beitragen, das Bauwerk mit Respekt vor seiner Geschichte zu pflegen und auch künftigen Anforderungen behutsam anzupassen. So wird der Hauptbau der Universität für Mitarbeiter und Studierende auch weiterhin identitätsfördernd bleiben und an das Wirken von weltbekannten Wissenschaftlern erinnern, die hier mit ihren Schülern forschend und lehrend unser Wissen erweitert haben.

Möge der genius loci dieses Hauses auch künftighin die hier Tätigen zu wegweisenden Beiträgen zur Gestaltung humaner Lebensgrundlagen inspirieren.

Anhang

Anmerkungen

1 Hierzu: Landesdenkmalamt Berlin (Hg.): Denkmaltopographie Bundesrepublik Deutschland – Denkmale in Berlin, Bezirk Mitte, Ortsteil Mitte. Petersberg 2003, S. 263, 268, 684, 694/695. Institut für Denkmalpflege der DDR: Denkmalpflegerische Zielstellung Hauptgebäude Humboldt-Universität. Berlin Januar 1981, s. a.: Anweisungen und Mitteilungen der Humboldt-Universität zu Berlin Nr. 12/1980

2 Der verschollen gewesene Residenzentwurf wurde erst 1926 wiederentdeckt und von P. O. Rave veröffentlicht. Original im Landesarchiv Berlin, Kartenabt., VII/34. Ein 2. Exemplar befindet sich im Hessischen Staatsarchiv in Marburg, Plansammlung P II 14078. (Dorst)

3 Die erste Notiz lautete: »Nicht weit davon, wo das Wagen-Haus steht, wollen sich I. M. der König ein magnifiques Sommerpalais erbauen ...«. Am 1. Juli wird gemeldet, dass der König an der Contre-Escarpe – also westlich des alten kurfürstlichen Befestigungswerkes – einen sehr großen Platz bis zum Weidendamm vermessen ließ, »... und die Häuser, welche nach der Eigenthümer Angabe ohne dem Wagen-Hause und dem großen Marstalle 172.000 rtl. kosten, und auch so bezahlet werden sollen, besehen laßen. Hieselbst soll ein großes Schloß, oder Favorite, wozu 4 Millionen destinieret seyn sollen, gebauet werden; hinter diesem soll ein großer Garten bis über die Wiesen angelegt werden, und über die Spree mit Monbijou, wozu die übrigen Gartens bis an der Brücke noch verkauft werden sollen, Communication haben. Dieses wird ein sehr prächtiges Werk werden. Die Eigenthümer sollen, wenn sie bauen wollen, über das Kauf-Pretium andere Plätze und freye Materialien haben.« Unter dem 29. Juli wird gemeldet, dass zu Verhandlungen über die in der Dorotheenstadt gelegenen und zu beanspruchenden 54 Hausgrundstücke »... der Herr von Knobelsdorff den 26. zu Rath-Hause gewesen und hat mit denen Eigenthümer accordieret«. Am 4. August hieß es noch einmal, dass der für die »Königin Mutter« vorgesehene Schlossbau »unbezweifelt vor sich gehen werde und daß der König den Eigenthümern der niederzureißenden Häuser außer der gerichtlichen Taxe noch 14000 Thaler accordieret habe.« Am 6. September wird mitgeteilt: »Weil der Grund, wo vorhin das große Schloß gebauet werden sollen, zu morastig und zu einem solchen Gebäude nicht tüchtig befunden, so gehet nunmehro die Rede, daß es dichte am Quarrée der Dorotheenstadt angeleget und von da eine Straße nach Charlottenburg gebauet werden solle.« Schon am 29. August erfährt man, dass die Löcher, die zur Untersuchung des Baugrundes gegraben wurden, wieder zugeworfen werden und die Bewohner der zum Abriss bestimmten Häuser diese weiterhin bewohnen und »nach Belieben vermieten könnten«. (Rödenbeck) Am 17. Oktober 1740 liest man: »Wie denn auch allhier auf der Dorotheenstadt das Artillerie-Hauß würklich wegkömmet und das Sommer-Palais gleichfallß gebauet werden soll.« Weitere Vorbereitungen zum Palaisbau sind nicht überliefert.

4 Die Gestalt des Prinzen Heinrich zeigt die Bronzeskulptur zu Pferde an der linken vorderen Ecke des Sockels vom Denkmal Friedrichs II., das C. D. Rauch schuf und das Unter den Linden schräg gegenüber der Universität steht. Ausführliche Würdigung des Prinzen und seines Werkes anlässlich seines 200. Todesjahres in: Prinz Heinrich von Preußen – Ein Europäer in Rheinsberg. Hg. von Stiftung Preußische Schlösser und Gärten Berlin-Brandenburg.

5 1935 entdeckte man im Sandsteinfries des Hauptgesimses folgende Inschrift: »Johannes Christophorus Boehnlich Maurer Polier Anno MDCCLIII an diesem Paue«. (Keibel)

6 Von 1748 bis 1755 wurden jährlich folgende Summen für Bauausgaben überwiesen:
1748,1749 und 1751: je 20.000 Taler

1750: 10.000 Taler
1752, 1753 und 1754: je 30.000 Taler
1755: 40.000 Taler

7 Die jährlichen Baukosten von 1763 bis 1767 betrugen:
1763: 68.000 Taler zum »Ameublement«
1764 und 1767: je 20.000 Taler
1765: 10.000 Taler
1766: 2.000 Taler
Die erfassten Gesamtkosten von 1748 bis 1767 betrugen 352.826 Taler.

8 »Wir tun auch hiermit und kraft unseres offenen Briefes aus königlicher Machtvollkommenheit für Uns und Unsere Nachkommen und Nachfolger in der Krone dergestalt und also, daß die Universität zu Berlin unser obgedachtes Palais mit allen dazugehörigen Gebäuden, Höfen und Garten von nun an zu ewigen Zeiten unter unserem Szepter, unseren Majestäts- und Landeshoheitsrechten und unseren Landesgesetzen also ein wahres, wohlerworbenes Eigenthum haben, besitzen und benutzen soll.« (Lenz)

9 Schinkel wandte sich gegen den Einbau einer Galerie in der Aula und befürwortete die Aufstellung von zwei Öfen. Er stimmte Veränderungen des Zierates in benachbarten Räumen zu und konzipierte die Einrichtung einer Dienstwohnung für Prof. Tralles, die 1.198 Taler kosten sollte. (Rave 1962)

10 König Friedrich Wilhelm III. kaufte den in Paris befindlichen Teil der Gemäldesammlung Giustiniani (zuvor in Rom) für ein künftig zu errichtendes Museum in Berlin an. Das Museumsprojekt wurde bereits 1797 vorgeschlagen und 1810 von W. von Humboldt wieder aufgegriffen. In seinem Bericht vom 24. April 1810 teilt er mit, dass der erforderliche Raum für die Gemäldesammlung im Universitätsgebäude ausgemittelt worden sei. Nach 1815 erwies sich, dass die Universität für das geplante Museum nicht geeignet war, und man entschied sich für das Akademiegebäude, bis 1823 das Museum am Lustgarten entworfen wurde. Bis zu ihrer Verlagerung 1827 in die Akademie der Künste wurden die Gemälde der Sammlung Giustiniani in drei Räumen, später in einem Raum östlich der Aula aufbewahrt. Ein Teil der Sammlung kam später in die königlichen Schlösser. (G. Eckardt: schriftliche Mitteilung)

11 Geheimes Staatsarchiv – Preußischer Kulturbesitz, Ministerium der Geistlichen-Unterrichts- und Medizinal-Angelegenheiten, Rep. 76-Va, Sekt. 2, Tit. XIX, No. 5, Bde. I–XX (im folgenden abgekürzt GSAPK, Rep. 76, No. 5).

12 Universitätsarchiv der Humboldt-Universität zu Berlin (im folgenden abgekürzt UA. HUB.), Universitätskurator (UK.) 509, Bl. 37ff.

13 Ebenda, Bl. 183

14 GSAPK, a. a. O., Bd. I, Bl. 109

15 Ebenda, Bd. II, Bl. 21f.

16 UA. HUB., a. a. O., Bl. 62

17 GSAPK, a. a. O., Bd. XIX, Bl. 132

18 UA. HUB., UK. 510, Bl. 239–242

19 Ebenda, Bl. 4, und GSAPK, a. a. O., Bd. II, Bl. 79, 114

20 GSAPK, a. a. O., Bd. II, Bl. 6

21 Ebenda, Bl. 60 – 62

22 Ebenda, Bd. III, Bl. 130

23 Ebenda, Bl. 189f.

24 Ebenda, Bd. IV, Bl. 176

25 Ebenda, Bd. VII, Bl. 97, 144

26 Ebenda, Bd. VIII, Bl. 97

27 Ebenda, Bl. 97ff.

28 Ebenda, Bd. XII, Bl. 154f.

29 Ebenda, Bd. VII, Bl. 11f., 98, und Bd. VIII, Bl. 138

30 Ebenda, Bd. VIII, Bl. I23

31 Ebenda, Bl. 235

32 Ebenda, Bl. 239

33 Ebenda, Bd. XII, Bl. 106ff. – Ursache der Schäden war zu dünnes Zinkblech, das bei flacher Dachneigung rasch verrottete, so dass erneut Wasser in die darunter liegende Lehmschicht eindringen konnte. Von dort verbreitete sich die Feuchtigkeit unkontrollierbar bis zu den tiefer liegenden Balkenköpfen und in die Mauern.

34 Ebenda, Bd. XIII, Bl. 118f.

35 Ebenda, Bd. XI, Bl. 249f.

36 Ebenda, Bd. XII, Bl. 105f., 111

37 Ebenda, Bl. 154f.

38 Ebenda, Bl. 142 – Für den Umbau wurden 43.000 Taler veranschlagt.

39 Ebenda, Bd. XIII, Bl. 64, 109

40 Ebenda, Bd. XIV, Bl. 200 – Die neue Klosett-Anstalt mit Anschluss an die Kanalisation entstand hinter dem Westflügel.

41 Ebenda, Bl. 233, 246

42 Ebenda, Bd. XV, Bl. 50ff., und Illustrierte Zeitung 99 (1892), S. 767f. – Das Barackenauditorium war 20,7 m lang, 12,5 m breit und 5,5 m hoch.

43 Vossische Zeitung, Nr. 201, vom 18. April 1916, und Daude, Linkeus, Feyl. – Die Akademische Lesehalle in Berlin, 1870 gegründet,

bis 1885 in den »Akademischen Bierhallen« am Hegelplatz untergebracht, bot den Mitgliedern etwa 200 Zeitungen und 200 Zeitschriften zur kostenlosen Benutzung - auch sonntags und für Arbeiter zugänglich - an. Führende Sozialisten wie Karl Liebknecht, Bernstein, Cornu und Vertreter anderer politischer Richtungen hielten Vorträge. Seit 1878 bestand eine Bibliothek; Werke von Marx und Mehring waren vorhanden, zeitweilig aber war die Auslage sozialistischer Literatur verboten.

44 GSAPK, a. a. O. , No. 27, Bd. V, Bl. 215

45 Ebenda, No. 5, Bd. XIV, Bl. 231

46 Ebenda, Bd. XV, Bl. 246

47 Ebenda, Bd. XVI, Bl. 60

48 Ebenda, Bl. 92

49 Ebenda, Bd. XVII. - Chronik der Friedrich-Wilhelms-Universität zu Berlin, Jg. V, 1891/92, S. 181-190 (im folgenden abgekürzt: Chronik)

50 UA. HUB., UK., ohne Signatur. - Entwurf für die Umgestaltung: Architekt Klutmanns; Bauleitung: Architekt Heydemann

51 GSAPK, a. a. O., Bl. 63f.

52 Chronik, a. a. O., S. 181-190

53 Ebenda

54 Ebenda

55 UA. HUB., UK. 511, Bl. 30ff.

56 Chronik, a. a. O., S. 181-190. - Eine im Keller stehende Dampfmaschine betrieb eine Lüftungsanlage, die die Frischluft von der Nordseite ansaugte, filtrierte, befeuchtete, vorwärmte und in die Hörsäle förderte, wo sie von Ventilatoren verteilt wurde.

57 Ebenda. - Die Gesamtkosten betrugen 645.000 Mark.

58 UA. HUB., UK., o. Sign.

59 GSAPK, a. a. O., Bd. XIX, Bl. 207

60 Chronik, a. a. O., Jg 1895/96, 8.171

61 GSAPK, a. a. O., Bd. XVIII, Bl. 135

62 Vossische Zeitung, Nr. 549, vom 27. Oktober 1912. - Nach Ehrenberg hatte die Universität in den Jahren 1900 etwa 6.000, 1903/04 über 7.000 und 1910 rund 10.000 Studierende.

63 Ebenda, Nr. 270, vom 12. April 1901

64 Ebenda

65 Chronik, a. a. O., Jg. XV, 1901, S. 229

66 Vossische Zeitung, Nr. 588, vom 16. Dezember 1901

67 Ebenda, Nr. 366, vom 7. August 1903

68 Ebenda, Nr. 588, vom 16. Dezember, Nr. 598, vom 21. Dezember 1901

69 Ebenda, Nr. 14, vom 9. Januar 1913

70 Ebenda

71 Ebenda, Nr. 369, vom 9. August 1910

72 Zentralblatt der Bauverwaltung, 33 (1913) 6, S. 40

73 Vossische Zeitung, Nr. 14, vom 9. Januar 1913

74 Zentralblatt der Bauverwaltung, 33 (1913) 42, S. 279f.

75 Vossische Zeitung, a. a. O. - Beide Erweiterungsflügel sollten ursprünglich nur 14 m breit sein. An einer Seite sollten Hörsäle, an der anderen Korridore liegen. Die ausgeführten Bauten sind 20 m breit.

76 Sechzehn Strebel-Heizkessel standen im Keller des östlichen Seitenflügels. Das Heizhaus in der Universitätsstraße wurde wieder abgerissen. (Seidel, W.)

77 Die Entwurfsarbeiten leitete Oberbaurat Dr.-Ing. Thür, die Bauleitung übten die Regierungsbaumeister G. Wiens (bis 1914) und W. Seidel aus.

78 Durch Absenken des Bodens und Anheben des Daches hob L. Hoffmann die Raum- und Fensterhöhe der Sammlungsräume an. (Stürmer/Wrede)

79 GSAPK, a. a. O., Bd. XX

80 Vorwärts, 44 (1927), Nr. 583, vom 10. Dezember

81 Vossische Zeitung, Nr. 23, vom 14. Januar 1931

82 Van Loos Gemälde »Raub der Sabinerinnen« und »Geburt der Venus« waren nach dem Tod des Prinzen Heinrich in ein anderes Schloss überführt worden (Seidel, P.) und kamen nun wieder an ihren ursprünglichen Ort zurück. Einige der Bilder kaufte Wilhelm II. für das Berliner Schloss als Deckengemälde an. (Bartoschek)

83 Deutsche Allgemeine Zeitung, 81 (1942), Nr. 314, vom 2. Juli. - 1942 wurde eine von der Firma Schuke gebaute Orgel seitwärts des Podiums aufgestellt. Sie hatte elf Register und zwei Manuale.

84 Baugilde, 17 (1935) 28, S. 863f.

85 Gefertigt von Kunstschmied Julius Schramm, Berlin

86 Gefertigt von Carl Wyland, Köln

87 Mündliche Mitteilung von Horst Rosenhahn

88 Die ersten Projekte wurden im damaligen VEB Projektierung unter Leitung der Architekten Gnibler und Holbein erarbeitet. Erster Bauleiter war Bauingenieur Brandt.

89 Zur Auflösung des Archäologischen Museums 1951-1956 siehe Stürmer/Wrede S. 35ff.

90 UA. HUB., Bauverwaltung, Bd. 18, Bl. 132. - Der polierte Knotenkalkstein mit der Bezeichnung »Königsrot« gleicht dem Marmor.

Das Material stammt aus dem Bruch Tanna der Saalburger Marmorwerke.

91 Ebenda, Bd. 18, 1803

92 Auf Initiative des damaligen Verwaltungsdirektors H. Rosenhahn wurde das Entwurfsbüro Hochbau II Berlin mit der Projektierung beauftragt. Um künftigen wissenschaftlichen und kulturellen Großveranstaltungen in beiden Auditorien gerecht zu werden, waren folgende Forderungen zu erfüllen: Ausstattung mit Simultan-Dolmetscheranlage, Anschlüsse für Rundfunk- und Fernsehsendungen, ausreichende Garderoben, Foyers, Imbissräume, Sanitärräume und eine repräsentative innenarchitektonische Gestaltung. Die Projektierungsarbeiten leitete der Architekt H.-E. Bogatzky unter Mitarbeit von Bauingenieur Heß.

93 UA. HUB., Bauverwaltung, Bd. 1803, und mündliche Mitteilung von H. Rosenhahn

94 UA. HUB., Bauverwaltung, Bd. 1803, Bl. 91

95 Mündliche Mitteilung von H. Rosenhahn – Im Universitätsgebäude wurden etwa 18 km Rohrleitungen neu verlegt. Die beiden Seitenflügel wurden 1978/79 durch eine unterirdische Heiztrasse verbunden, die unter der Bepflanzung am Zaun an der Dorotheenstraße verläuft.

96 Planungskonzept: Architekturbüro Jürgen Sawade, Berlin; Projektleiter: J. Schürmann

97 Textvorlage: Jean Anthelme Brillat-Savarin: Physiologie des Geschmacks oder Betrachtungen über das höhere Tafelvergnügen. Aus dem Französischen übertragen und herausgegeben von H. E. Rübesamen. München 1962

98 1912/13 gab es bereits das Lektorat »Universitätszeichenlehrer«, vertreten durch Adolf Meyer, unterstützt durch den Kunsthistoriker Prof. H. Wölfflin.

99 Vossische Zeitung, Nr. 403, vom 8. August 1916

100 GSAPK, No. 27, Bde. I–VI, und UA. HUB., UK., Bde. 508–511, 515a

101 GSAPK, Rep. 89 H, No. 1e, Vol. 1823–1878, Bl. 1–3

102 Ebenda

103 Ebenda, Bl. 4

104 GSAPK, Rep. 76, No. 27, Bd. 1, Bl. 1

105 GSAPK, Rep. 89 H, No. 1e, Bl. 10

106 UA. HUB., UK. 515a

107 GSAPK, a. a. O.

108 GSAPK, Rep. 76, No. 27, Bd. 1, Bl. 119f.

109 UA. HUB., a. a. O.

110 Ebenda

111 Originalbrief aufbewahrt in: Bibliographie zur Geschichte der Berliner Universität (in Karteiform). Universitätsbibliothek der Humboldt-Universität zu Berlin (Ms.).

112 GSAPK, a. a. O., Bd. II, Bl. 65

113 Ebenda, Bl. 66

114 Ebenda, Bl. 15, 40, 66, s. a. Gandert 1953, S. 50

115 Ebenda, No. 5, Bd. VIII, Bl. 41f.

116 Ebenda und Bl. 97ff.

117 Ebenda, No. 27, Bd. III, Bl. 25

118 Ebenda, Bl. 99. – Der um die Entwicklung des Gartens hochverdiente Universitätsgärtner Sauer starb am 27. Juni 1873. Seine Amtsnachfolger waren A. Barleben II (1873–1877), W. Perring (1877–1882), H. Lindemuth (1882–1908). Danach wurde der Titel »Universitätsgärtner« nicht mehr vergeben. Von 1909 bis 1913 war W. Heuer als leitender Gärtner hier tätig. Als Direktoren des Universitätsgartens wirkten die Professoren der Botanik H. Link (1821–1851), A. Braun (1851–1877), S. Schwendener (1878–1909), E. Baur (1910) und G. Haberlandt (1911–1913).

119 Ebenda, No. 5, Bd. XVI, Bl. 92. – Die Kosten betrugen 3.748 Mark.

120 Chronik, a. a. O., Jg. XXIII, 1909, S. 229

121 UA. HUB., UK. 515a

122 GSAPK, a. a. O., No. 27, Bd. II, Bl. 172. – Die Grünflächen am Gebäude bedeckten eine Fläche von rund 500 Quadratruten. Die Anlagen bestanden aus Rasenflächen, 742 Ziersträuchern und 25 Bäumen.

123 Ebenda, Bl. 202

124 Ebenda, Bl. 214, 230

125 Ebenda, Bd. III, Bl. 158

126 Ebenda, Bd. IV, Bl. 16ff., 29ff., 52

127 Ebenda, Bl. 164, 171, und Bd. VI, Bl. 181 – Der jährliche Pflegeetat betrug 2.400 Mark. Ab 1922 beaufsichtigte Garteninspektor Vorwerk vom Botanischen Garten Dahlem für 1.000 Mark Vergütung die Gartenpflege. 1929 betrug der Pflegeetat 4.800 Mark.

128 Chronik, a. a. O., Jg. VII, 1893/94

129 Tägliche Rundschau, vom 31. August 1912

130 Vossische Zeitung vom 10. September und 27. Oktober 1912, Berliner Tageblatt vom 18. Dezember 1912 und Der Tag vom 8. September 1912

131 Vossische Zeitung, Nr. 549, vom 27. Oktober 1912

132 Ebenda, vom 9. März 1913

133 Chronik, a. a. O., Jg. VIII, 1894/95, S.164

134 Erst 1915 wird der Stadt Berlin der umstrittene Geländestreifen

von 2.619 m² gegen Zahlung von 1.069.250 Mark 86 Pfennige rechtskräftig als Eigentum überlassen. Die Universität konnte diese Summe aber nicht als Einnahme verbuchen. Auf Weisung des preußischen Finanzministers vom 10. März 1915 musste die volle Kaufsumme »zur Zeichnung von Kriegsanleihe« verwendet werden, um eine »vaterländische Pflicht« zu erfüllen. Nur die Zinsen standen der Universität zur Verfügung, und auch diese waren bald verloren. (Feyl 1979)

135 Zentralblatt der Bauverwaltung, 33 (1913), S. 279

136 Quelle unbekannt. Das Negativ befindet sich im Archiv des Verfassers.

137 Vossische Zeitung vom 9. Januar 1913

138 GSAPK, a. a. O., Bd. V, Bl. 215

139 UA. HUB.,UK. 515a.

140 GSAPK, a. a. O., No. 5, Bd. IX, Bl. 143

141 GSAPK, a. a. O., Bl. 175

142 GSAPK, a. a. O., Bd. XV, Bl. 138 und No. 27, Bd. IV, Bl. 10

143 GSAPK, a. a. O., No. 27, Bd. V, Bl. 199ff. - Die Pflegekosten für den Hof betrugen 1891 650 Mark, und ab 1892 stiegen sie auf 1.150 Mark im Jahr.

144 Vossische Zeitung, Nr. 403, vom 8. August 1916

145 UA. HUB., Bauverwaltung, Bd. 18, Bl. 242

146 Das bautechnische Ausführungsprojekt für den neuen Gartenhof erarbeiteten auf der Grundlage des Entwurfes von Prof. Dr. G. B. Pniower der Architekt H.-E. Bogatzky und sein Mitarbeiter, Bauingenieur Heß, VEB Hochbauprojektierung II Berlin. Die gartengestalterische Detaillierung des Entwurfes und fachliche Anleitung der Ausführungsarbeiten lagen bei Dr. K.-D. Gandert vom damaligen Institut für Garten- und Landeskultur der Humboldt-Universität.

147 Ab Herbst 1960 bis Ende 1961 wurden die umfangreichen Fundamentierungs- und Kunststeinarbeiten vom VEB Stuck und Naturstein Berlin ausgeführt.

148 Der damalige VEB Sportplatzbau und Grünanlagen war für die gärtnerische Ausführung verantwortlich. Seitens der Universität hatten die Bauingenieure Klinner und Dummer die Bauleitung. Der Gartenhof verfügt über elektrische Anschlüsse für Lautsprecher und Scheinwerfer.

149 Berliner Zeitung vom 29. März 1961. - Am 26. März 1961 wurde bei den Ausschachtungen in 80 cm Tiefe der Blindgänger eines Artilleriegeschosses vom Kaliber 30,5 cm freigelegt. Er musste abtransportiert und an anderer Stelle gesprengt werden.

150 Senatsverwaltung für Stadtentwicklung und Umweltschutz Berlin, Fachabt. Baudenkmalpflege, Archiv

151 Institut für Denkmalpflege der DDR: Bauplastik Universität (Maschinenschrift)

152 GSAPK, a. a. O., No. 5, Bd. XVII, Bl. 43

153 Die sechs Kopien schuf Albert Braun unter Mitwirkung von Löhner und Preß in der Zwingerhütte Dresden. Die Kopie der Thetis-Statue schuf 1952 R. Löhner. Für den Hinweis ist Frau Gisela Bartholomay in Dresden zu danken.

154 Institut für Denkmalpflege, a. a. O.

155 Ebenda

156 Die Restaurierung nahm W. Hempel vor.

157 GSAPK, a. a. O., Bd. VII, Bl. 128

158 Senatsverwaltung für Stadtentwicklung und Umweltschutz, a. a. O.

159 GSAPK, a. a. O., Bd. VIII, Bl. 239

160 UA. HUB., Bauverwaltung, Bd. 18, Bl. 13 - Die Modelle für die Kopien schuf M. Piroch. Die Ausführung in Cottaer Sandstein übernahm A. Müller.

161 UA. HUB., Bauverwaltung, Bd. 18, Bl. 102

162 Berliner Tageblatt, No. 242, vom 28. Mai 1883 - Die Kosten je Denkmal betrugen 90.000 Mark. (Müller-Bonn)

163 Zentralblatt der Bauverwaltung, 3 (1883), S. 191 (mit Grundriss) - Meister E. Puls aus Berlin reparierte den Zaun.

164 GSAPK, a. a. O., Bd. XIV, Bl. 87, 98

165 Senatsverwaltung für Stadtentwicklung und Umweltschutz, a.a.O., Entwurfszeichnung von Keibel (Lichtpause)

166 Mündliche Mitteilung von H. Rosenhahn

167 Forum vom 22. September 1965 - Die Arbeiten führte Bildhauer H. Bernhardt aus Berlin-Friedrichshagen durch.

168 Werkstatt Ochsenfahrt restaurierte das W. v. Humboldt-Denkmal und Werkstatt Blume u. Schötschel das A. v. Humboldt-Denkmal.

169 Stadtarchiv Berlin, Stadtverordneten-Versammlung, Vorlage vom 23. Mai 1896

170 Berliner Architekturwelt, 2 (1900), S. 295, 301

171 Zentralblatt der Bauverwaltung, 16 (1896), S. 508, 523f.

172 Berliner Tageblatt, 34 (1905), Nr. 538, vom 21. Oktober

173 Senatsverwaltung für Stadtentwicklung und Umweltschutz, a.a.O., Humboldt-Universität, Z 21/10 M I - 1968 wurden von H. Bernhardt Kriegsschäden am Denkmal ausgebessert, wobei u. a. eine Hand und ein Ohr der Plastik ersetzt wurden.

174 Vossische Zeitung, Nr. 224, vom 14. Mai, Nr. 318, vom 9. Juli 1904

175 Vossische Zeitung, Nr. 533, vom 13. November 1906 – Für die Ausführung des Denkmals standen 60.000 Mark zur Verfügung.
176 Berliner Architekturwelt, 13 (1911), S. 464
177 Vossische Zeitung, Nr. 232, vom 19. Mai 1909
178 Ebenda, Nr. 513, vom 1. November 1909
179 Senatsverwaltung für Stadtentwicklung und Umweltschutz, a. a. O., Humboldt-Universität, Z 21/10 M I – Die Restaurierung führte H. Bernhardt aus.
180 Berliner Tageblatt, No. 630, vom 12. Dezember 1891
181 Deutscher Reichsanzeiger, No. 283, vom 1. Dezember 1894 – Den Bronzeguss führte die Firma Gebr. Gladenbeck aus.
182 Humboldt-Universität, Jg. 21 (1976/77), Nr. 2, vom 16. September 1976
183 Die lateinische Inschrift lautet:
THEODORO MOMMSEN
SCRIPTORI RERUM ROMANORUM
INTER OMNES PRINC1PI
CUIUS IMPULSU ATQUE CONSILIO
LIMES IMPERII ROMANI
PATEFACTUS EST
GUILEMUS II
IMPERATOR GERMANORUM
Die Übersetzung lautet: Theodor Mommsen, dem führenden Vertreter der römischen Geschichte, auf dessen Anregung und Rat der Limes des römischen Imperiums freigelegt worden ist. Wilhelm II., Kaiser der Deutschen.
184 Mündliche Mitteilung von Prof. Dr. W. Schindler
185 GSAPK, a. a. O., No. 27, Bd. IV – Die Zinsen stammten aus dem Verkaufserlös für den an die Stadt Berlin abgetretenen Grundstücksstreifen am Lindentunnel. (Feyl 1979)
186 Die Übersetzung lautet: »Den Unbesiegten die Besiegten, die siegen werden.«
187 Broschüre zur Einweihung des Denkmals: GSAPK, a. a. O., Bd. VI, Bl. 141ff.
188 Kreuzzeitung, Nr. 316, vom 10. Juli 1926
189 Berliner Tageblatt, Nr. 321, vom 10. Juli 1926
190 Vossische Zeitung, Nr. 366, vom 7. August 1903
191 Ebenda, Nr. 270, vom 12. Juni 1901
192 Berliner Tageblatt, 38 (1909), Nr. 514, vom 9. Oktober
193 Senatsverwaltung für Stadtentwicklung und Umweltschutz, a. a. O., Humboldt-Universität, Z 21/10 M I, und Tribüne vom 30. März/2. April 1951
194 Schriftliche Unterlagen von Prof. Dr. W. Schindler, s. a. Stürmer/Wrede

Literaturverzeichnis

Archivalien

Geheimes Staatsarchiv – Preußischer Kulturbesitz (GSAPK):

Ministerium für Unterrichtsangelegenheiten ...: Universitätsgarten und Pflanzungen vor dem Königlichen Bibliotheksgebäude zu Berlin, Rep. 76-Va, Sekt. 2, Tit. X, No. 27, Vol. I–VI

Ministerium für Unterrichtsangelegenheiten ...: Bau und Reparaturen an dem Universitätsgebäude ... 1821 bis 1937, Rep. 76-Va, Sekt. 2, Tit. XIX, No. 5, Vol. I–XXII

Ministerium für Unterrichtsangelegenheiten ...: Umbauten des Universitätsgebäudes, 1885–1934, Rep. 76-Va, Sekt. 2, Tit. XIX, No. 37, Vol. I–VI

Oberbaudeputation: Bauten und Reparaturen an der Universität Berlin, 1810–1814, Rep. 93 D, Lit. G, c, Tit. XI, No. 4a

Preußisches Kultusministerium: Der Botanische Universitätsgarten 1823–1873, Rep. 89 H, X, 1e

Ministerium für Unterrichtsangelegenheiten ...: Baufonds der Universität zu Berlin: Rep. 76-Va, Sekt. 2, Tit. XIX., No. 35

Kultusministerium, Berlin, Universitätssachen: Universitätsgarten, X. Abt., Nr. 17, Vol. I–II; XVIII Abt., Nr. 7, Vol. II; XIX. Abt., Nr. 5, dgl. Nr. 10

Universitätsarchiv der Humboldt-Universität zu Berlin (UA. HUB.):

Universitäts-Kurator: betr. die Universitäts-Gebäude, 1822–1898, UK No. 508–511 (4 Bde.)

Universitäts-Kurator: betr. Einrichtung des Universitäts-Gartens zu einem botanischen Garten, 1822–1840, UK No. 515/a

Acta Bauverwaltung der Humboldt-Universität: Bd. 18

Acta Wiederaufbau des Ostflügels des Universitätsgebäudes 1953–1962, Bd. 1803

Acta Bauvorhaben der Humboldt-Universität 1952 bis 1969, Rektorat Nr. 839

Stadtmuseum Berlin, Denkmalpflegearchiv:

Akte Humboldt-Universität, Berlin-Mitte: No. Z21/10MI

Literatur

Algarotti, F.: Briefwechsel mit Friedrich dem Großen, aus dem Französischen und Italienischen übersetzt von Friedrich Förster. Berlin 1837, S. 51

Atterbom, P. D. A.: Ein Schwede reist nach Deutschland und Italien. Weimar 1967, S. 52

Aulich, U.: Alte Kastanien stören die Humboldts. In: Berliner Zeitung Nr. 246 vom 21./22. Oktober 2000

Autorenkollektiv: Die Humboldt-Universität zu Berlin. Bilder aus Vergangenheit und Gegenwart. Berlin 1976

Autorenkollektiv: Karl Friedrich Schinkel – 1781–1841. Katalog der Ausstellung im Alten Museum Berlin vom 23. Oktober 1980 bis 29. März 1981. Berlin 1980

Backschat, F.: Aus der Gründungsgeschichte der Berliner Universität. Berlinsche Blätter für Geschichte und Heimatkunde, 2 (1935), S. 82

Balk, N.: Die Friedrich-Wilhelms-Universität zu Berlin. Berlin 1926

Bartuschek, G.: Die Gemäldesammlungen des Prinzen Heinrich. In: Prinz Heinrich von Preußen – Ein Europäer in Rheinsberg. Hg. von Stiftung Preußischer Schlösser und Gärten Berlin-Brandenburg. München/Berlin 2002. S. 407–410

Bergande, B./Busch. A. Büro TOPOS – Landschaftsplanung, Stadtplanung: Freiraumkonzept für die denkmalgeschützten Gartenanlagen der Humboldt-Universität Berlin. Berlin Dezember 1998 (Vervielf. Manuskript 108 S., 12 Anlagen)

Berlin-Museum (Hg.): Stadtbilder – Berlin in der Malerei vom 17. Jahrhundert bis zur Gegenwart. 2. verb. Aufl. (Katalog) Berlin 1987

Borrmann, R.: Die Bau- und Kunstdenkmäler von Berlin. Berlin 1893, S. 375ff.

Bredekamp, H.: Wissenschaft als Bauherr? In: Humboldt-Zeitung 42. (1997/98) 9, S. 3

Brendel, K.: Die Straße Unter den Linden. Diss. Technische Universität. Berlin 1949

Brentano, C. von: Universitati Litterariae. Kantate auf den 15ten Oct. 1810. Berlin 1910 (Faksimiledruck)

Büttner, H.: Humboldt-Denkmäler. BZ am Abend vom 6. August 1970

Caspar, H.: Humboldts werden restauriert. In: Neues Deutschland vom 8. März 1985, S. 8

Daudé, P.: Die Königliche Friedrich-Wilhelms-Universität zu Berlin. Berlin 1887

Dehio, G.: Handbuch der deutschen Kunstdenkmäler. Bezirke Berlin/ DDR und Potsdam. Berlin 1983

Dernburg, F.: Treitschkes Denkmal. Berliner-Tageblatt, 38 (1909), Nr. 515, vom 10. Oktober

Diestel, G.: Die Königliche Friedrich-Wilhelms-Universität und ihre Institute. In: Berlin und seine Bauten. Bd. II/III. Berlin 1896

Doebber, A.: Heinrich Gentz – Ein Berliner Baumeister um 1800. Berlin 1916, S. 79

Dorst, K./Schimmel, S.: »Sibi et Urbi« – Die Berliner Residenz des Prinzen Heinrich. In: Prinz Heinrich von Preußen – Ein Europäer in Rheinsberg. Hg. von Stiftung Preußischer Schlösser und Gärten Berlin-Brandenburg. München/Berlin 2002. S. 265–272 und Katalog VI, 52–VI, 60, S. 272–279

Drescher, H.: Zum Spätstil der Friderizianischen Architektur. Phil. Diss. Halle 1968

Dronke, W.: Die Neue Wache in Berlin. Diss. Technische Hochschule Berlin 1931

Droysen, H.: Tageskalender Friedrichs des Großen von 1740–1763. In: Forschungen zur Brandenburgischen und Preußischen Geschichte, Bd. 29, München und Leipzig 1916, S. 95ff.

Du Bois-Reymond, E.: Die Humboldt-Denkmäler vor der Berliner Universität. Deutsche Rundschau, Bd. 37 (1883), S. 71ff.

Eckenstein, J.: Der Akademische Mentor für die Studierenden der Friedrich-Wilhelms-Universität zu Berlin. Berlin 1838

Ehrenberg, K.: Das Kastanienwäldchen. In: Vossische Zeitung, Nr. 549, vom 27. Oktober 1912, 4. Beil. MA.

Feit, E.: Beschreibung der Eindeckung des neuen Beamten-Gebäudes an der hiesigen Königlichen Universität. Notizblatt des Architekten-Vereins zu Berlin, 6 (1838), S. 35ff.

Feyl, R.: Wirren um ein Wäldchen. Das Magazin, 1979, 9, S. 22ff.

Feyl, R.: Bilder ohne Rahmen. Rudolstadt 1977

Flamm, S.: Museum im Wartesaal. In: Berliner Zeitung Nr. 181 vom 6. August 1998, S. 11

Förster, F.: Prinz Heinrich von Preußen. Karwe 2002

Friedel, E. u. Schwebel, O.: Bilder aus der Mark Brandenburg, vornehmlich der Reichshauptstadt. Leipzig 1882, S. 140

Friedrichs, C.: Die Gipsabgüsse antiker Bildwerke. Neubearbeitet von P. Wolters. Berlin 1885

Gaedicke, J. C.: Lexicon von Berlin und der umliegenden Gegend. Berlin 1806

Gaedicke, J. C.: Nachrichten für angehende Studierende in Berlin. Berlin 1811

Gaedicke, J. C.: Der Berliner Nachweiser zu allen hiesigen Sehens- und Merkwürdigkeiten. Berlin 1828

Gandert, K.-D.: Vom Palaisgarten zu den Gärten unserer Universität. Humboldt-Universität, 26 (1981/82) 30, vom 22. April 1982, S. 7

Gandert, K.-D.: Gartenhistorische Untersuchung und Bewertung der Außenanlagen der Veterinärmedizinischen Fakultät in Berlin-Mitte. (Im Auftrag der Grün Berlin Park und Garten GmbH. Berlin Dezember 1993. Verviel. Manuskript)

Gandert, K.-D.: Historische Entwicklung des Bebelplatzes in Berlin-Mitte. (Dokumentation u. Gutachten im Auftrag der Grün Berlin Park und Garten GmbH. Berlin Dezember 1996. Verviel. Manuskript)

Gandert, K.-D.: Beständigkeit und Wandel eines Freiraumes am Beispiel des »Kastanienwäldchens«. In: Festschrift für Gert Gröning. Beiträge zur räumlichen Planung. Schriftenreihe d. FB. Landschaftsarchitektur und Umweltentwicklung d. Univ. Hannover. Hannover 2004

Geiger, L.: Berlin 1688–1840. Geschichte des geistigen Lebens der preußischen Hauptstadt. 2. Bd. Berlin 1895

Giersberg, H.-J.: Studien zur Architektur des 18. Jahrhunderts in Berlin und Potsdam. Diss. Berlin 1975

Göres, B.: Die Möbel des Prinzen Heinrichs. In: Prinz Heinrich von Preußen – Ein Europäer in Rheinsberg. Hg. von Stiftung Preußischer Schlösser und Gärten Berlin-Brandenburg. München/Berlin 2002. S. 484–487

Grau, C. u. Kutschmar, S.: Dauernder als Erz? Spectrum, 1982, 2, S. 18ff.

Graubner, I./Keune, A.: Die Aura des Originals. In: Humboldt-Zeitung 42. (1997/98) 8, vom 12. Juni 1998, S. 11

Griep, W.: »Man kann sich keine Vorstellung davon machen, wie ich hier geehrt werde.« Die Frankreichreisen des Prinzen Heinrich 1784 und 1788/89. In: Prinz Heinrich von Preußen – Ein Europäer in Rheinsberg. Hg. von Stiftung Preußischer Schlösser und Gärten Berlin-Brandenburg. München/Berlin 2002. S. 218–224

Grimm, H.: Die Standbilder Alexander und Wilhelm von Humboldts vor der Königlichen Universität zu Berlin. Preußische Jahrbücher, Bd. 51 (1883), S. 641ff.

Gubitz, F. W.: Bilder aus Romantik und Biedermeier. Erlebnisse von F. W. Gubitz. Herausgegeben von P. Friedrich. Berlin 1922, S. 55, 190

Gurlitt, C.: Geschichte des Barockstiles und des Roccoco in Deutschland. Stuttgart 1889, S. 421ff.

Gutterstadt, A.: Die naturwissenschaftlichen und medizinischen Staatsanstalten Berlins. Berlin 1886

Gutzkow, K.: Unter dem schwarzen Bären. Berlin 1959

Hahn, P. M.: Prinz Heinrich von Preußen – Ein königlicher Prinz ohne Herrschaft. In: Prinz Heinrich von Preußen – Ein Europäer in Rheinsberg. Hg. von Stiftung Preußischer Schlösser und Gärten Berlin-Brandenburg. München/Berlin 2002. S. 15–19

Hamilton, A.: Rheinsberg, Friedrich der Große und Prinz Heinrich von Preußen. Bd. I und 2. Berlin 1882

Hegemann, W.: Das Problem der Umgestaltung des Universitätsviertels. Bauwelt, 4 (1913) 4, S. 13, u. 7, S. 14f.

Hegemann, W.: Das steinerne Berlin. Berlin, Frankfurt/Main, Wien 1963

Hildebrandt, E.: Die alte Aula der Friedrich-Wilhelms-Universität. Berlin 1928

Hitzig, J. E.: Berliner Universitäts-Kalender auf das Schaltjahr 1812. Berlin 1813

Holtze, F.: Chronistische Aufzeichnungen eines Berliners von 1704 bis 1758. In: Schriften des Vereins für die Geschichte Berlins, Berlin 1899, H. 36, S. 79

Holtze, F.: Zur Hundertjahrfeier der Berliner Universität. In: Zur guten Stunde 24. (1911), 6, S. 140–143

Huhmann, P.: Der Berliner Universitätsgarten. Der Tag vom 8. September 1912

Institut für Denkmalpflege der DDR (Hg.): Bau- und Kunstdenkmale in der DDR – Hauptstadt Berlin, Bd. 1, Berlin 1983

Isolani, E.: Die Heimstätte der Berliner Universität. Berliner Salon, 1910, S. 13ff.

Isolani, E.: Die Geschichte des Berliner Universitätsgebäudes. Zur guten Stunde, 24 (1911), S. 143

Jahn, F.: Knobelsdorffs Nord-Süd-Achse für Berlin. Baugilde, 16 (1934) 6, S. 203ff.

Kadatz, H.-J./Murza, G.: Georg Wenzeslaus von Knobelsdorff. Leipzig 1983

Karg, D.: Der Schloßpark von Rheinsberg. Rheinsberg 1981

Kastan, I.: Berlin, wie es war. 8. Auflage. Berlin 1923

Keibel, W.: Staatliche Denkmalpflege in Alt-Berlin. Wiederherstellungsarbeiten an den Universitätsgebäuden am forum fridericianum. Zentralblatt der Bauverwaltung, 57 (1937) 33. S. 829ff.

Keune, A.: Gelehrtenbildnisse der Humboldt-Universität zu Berlin. Berlin 2001

Kieling, U. u. Hecker, U.: Berliner Architekten und Baumeister bis 1800. Biografisches Lexikon. Miniaturen zur Geschichte, Kultur und Denkmalpflege Berlins. Berlin 1983

Kieling, U.: Berliner Baubeamte und Staatsarchitekten im 19. Jahrhundert – Biographisches Lexikon. In: Miniaturen zur Geschichte, Kultur und Denkmalpflege Berlins Nr. 17, Hg. von den Berliner Bezirksvorständen der Gesellschaften für Heimatgeschichte und Denkmalpflege im Kulturbund der DDR. Berlin 1986

Kiwus, K.: Universität. In: Berlin zwischen 1789 und 1848 – Facetten einer Epoche, Katalog 132 der Akademie der Künste, Berlin 1981, S. 355ff.

Klünner, H.-W.: Das Panorama der Straße Unter den Linden im Jahre 1820. Mitteilungen des Vereins für die Geschichte Berlins, N. F., Nr. 4, vom 1. April 1966 (Berlin), S. 22ff. u. 49ff.

Klünner, H.-W.: Panorama der Straße Unter den Linden vom Jahre 1820. Berlin 1991, S. 28

Knoblauch, E.: Über die Deckung flacher Dächer nach der Erfindung des Fabriken-Commissions-Rathes Dorn. Notizblatt des Architekten-Vereins zu Berlin, Jg. 1837, Potsdam 1838, S. 19ff.

Köllmann, E.: Friedrich Christian Glume. Hofbildhauer Friedrichs des Großen 1714–1752. Leipzig 1936

Königliche Friedrich-Wilhelms-Universität zu Berlin: Chronik der Königlichen Friedrich-Wilhelms-Universität zu Berlin für die Rechnungsjahre 1887/88 bis 1912. Bde. I–XXVI, Berlin, später Halle

Köpke, R.: Die Gründung der Königlichen Friedrich-Wilhelms-Universität zu Berlin. Berlin 1860

Krieger, B.: Berlin im Wandel der Zeiten. Berlin 1924

Kühn, M.: Zum friderizianischen Rokoko. Zeitschrift für Kunstgeschichte, N. F. Bd. 2 (1933), S. 113ff.

Kunzendorf, P.: Die Gelehrten-Galerie in der Aula der Berliner Universität. Der Bär, 25 (1899), S. 184ff.

Landesdenkmalamt Berlin (Hg.): Denkmaltopographie Bundesrepublik

Deutschland - Denkmale in Berlin, Bezirk Mitte, Ortsteil Mitte, Petersberg 2003, S. 263-268, 684, 694-695

Lang, M.: Die Universität Berlin. Wien, Düsseldorf, Küssnacht 1931

Lehndorff, E. A. H. von: Dreißig Jahre am Hofe Friedrichs des Großen. Aus den Tagebüchern des Reichsgrafen Ernst Ahasverus Heinrich von Lehndorff. Herausgegeben von K.-E. Schmidt-Lötzen. 2 Bde. Gotha 1907. Nachträge 1910 u. 1913

Lenz, M.: Geschichte der Königlichen Friedrich-Wilhelms-Universität zu Berlin. 4 Bde. Halle 1910-1918

Löschburg, W.: Unter den Linden. Berlin 1971

Löschburg, W.: Tauziehen um die beiden Humboldts. Berliner Zeitung, Nr. 132, vom 7. Juni 1983, S. 11

Löschburg, W.: Panorama der Straße Unter den Linden. Leipzig 1986

Löwe, H.: Berlin, Mark Brandenburg und Altmark. Berlin 1915, S. 29ff.

Ludwig, H.: Erlebnis Berlin. Berlin 1979

Lynkeus: Aus der Geschichte der Akademischen Lesehalle. Berliner Hochschulzeitung, 2 (1900) 27, S. 264f., Nr. 28, S. 275f., Nr. 29, S. 282ff.

Mackowsky, H.: Häuser und Menschen im alten Berlin. Berlin 1923, S. 55ff.

Mackowsky, H.: Das Friedrichs-Forum zu Berlin nach dem Plane von G. W. v. Knobelsdorff. Zeitschrift für bildende Kunst, N. F., 21 (1910), S. 15ff.

Manger, H. L.: Baugeschichte von Potsdam, besonders unter der Regierung König Friedrichs des Zweiten. Bd. 1. Berlin und Stettin 1789

Millenet, P. H.: Kritische Bemerkungen, den Zustand der Baukunst in Berlin und Potsdam betreffend. Berlin 1776

Müller, J. C. u. Küster, G. G.: Altes und neues Berlin. 5 Th. Berlin 1737. Theil 3 von Küster, Berlin 1756, S. 162

Müller, K. E.: Der Skulpturenschmuck des Universitätsgebäudes zu Berlin. In: Deutsche Kunst und Denkmalpflege, 1937, S. 215

Müller, K. E.: J. P. Benckert und J. G. Heymüller. Bildhauer am Hofe Friedrichs des Großen. Phil. Diss. Berlin 1940, S. 107ff.

Müller-Bohn, H.: Die Denkmäler Berlins in Wort und Bild. Berlin 1905

Nicolai, F.: Beschreibung der Königlichen Residenzstädte Berlin und Potsdam und aller daselbst befindlicher Merkwürdigkeiten. Berlin 1769, 1779, 1786. 2 Bde.

Nicolai, F.: Nachrichten von Baumeistern, Bildhauern, Kupferstechern, Malern, Stukkateuren und anderen Künstlern. In: Beschreibung der Königlichen Residenzstädte Berlin und Potsdam Anhang Berlin und Stettin 1786

Noack, F.: Die Sammlung der Gipsabgüsse nach Werken griechischer und römischer Skulptur in der Universität Berlin. In: Jahrbuch des Deutschen Archaeologischen Instituts. Bd. XXXVI (1921). Berlin und Leipzig 1923. Beilage »Archäologischer Anzeiger«, Sp. 15-34

Nostitz, H. von: Palais und Universität. Aus den Tagen des Rokoko. In: Berliner Tageblatt, 64 (1935), Nr. 339, vom 20. August

Osborn, M.: Berlin in Bildern 1810-1910. Berlin 1910

Pachomowa-Göres, W.: »Ich gestehe, das kein fürstlicher Besuch mir angenehmer sein konnte, als der seinige ...« Prinz Heinrich in Rußland 1770/1771 und 1776. In: Prinz Heinrich von Preußen - Ein Europäer in Rheinsberg. Hg. von Stiftung Preußischer Schlösser und Gärten Berlin-Brandenburg. München/Berlin 2002. S. 177-189

Paszkowski, W.: Berlin und seine Universität. Berlin 1914

Petras, R.: Berliner Plastik. Berlin 1954, S. 57f.

Plietzsch, E.: Über das Berliner Universitätsbild von Arthur Kampf. Die Kunst für Alle, 30 (1915), S. 296ff., 356, u. 31 (1916), S. 238ff.

Pohl, H.-J.: Der Lindentunnel. Verkehrsgeschichtliche Blätter (VB), 7/1980, S. 134ff. Herausgeber AG 1/11Verkehrsgeschichte im Deutschen Modelleisenbahn-Verband der DDR. Berlin 1980

Rautenberg, A.: Der Kunstbesitz der Humboldt-Universität zu Berlin. Forschungs-Abschlußbericht (Maschinenschrift). Berlin 1959, Bibl. Sektion Ästhetik/Kunstwissenschaften der Humboldt-Universität

Rave, P. O.: Ein Baugedanke Friedrichs des Großen. Zeitschrift für Denkmalpflege, 1 (1927), S. 67ff. Berlin und Wien

Rave, P. O.: Karl Friedrich Schinkels Lebenswerk - Berlin. III. Teil: Bauten für Wissenschaft, Verwaltung, Heer, Wohnbau und Denkmäler. Berlin 1962, S. 19ff.

Rebmann, G. F.: Kosmopolitische Wanderungen durch einen Teil Deutschlands. Leipzig 1793

Rellstab, L.: Berlin und seine nächsten Umgebungen in malerischen Originalansichten. Darmstadt 1856, S. 144ff.

Repp, K.: König der Vereinigten Staaten? Über das Angebot der amerikanischen Regentschaft an Prinz Heinrich von Preußen In: Prinz Heinrich von Preußen - Ein Europäer in Rheinsberg. Hg. von Stiftung Preußischer Schlösser und Gärten Berlin-Brandenburg. München/Berlin 2002. S. 145-147

Rödenbeck, K. H. S.: Tagebuch oder Geschichtskalender aus Friedrich des Großen Regentenleben. Berlin 1840, 1.Bd. (1740-1759)

Rudolf, K.: Die Humboldt-Denkmäler. Humboldt-Universität 26 (1981/82) 11, S. 7

Rudolf, K.: »Welch' herrliches Gebäude ...« Aus der Geschichte des Hauptgebäudes der Humboldt-Universität (1). Humboldt-Universität, 25 (1980/81) 7/8, S. 9

Rudolf, K.-H.: Ein Winterkleid für die Humboldts. In: Humboldt-Zeitung (1984/85), 16, S. 8

Runge: Mittheilung einiger beim Ausbau des hiesigen Universitäts-Gebäudes auf Anordnung des Herrn Ober-Bau-Raths Busse in Anwendung gebrachter Constructionen und Einrichtungen. Notiz-Blatt des Architekten-Vereins zu Berlin, Jg. 1839, S. 6f. u. Abb. Bl. XLIX, Fig.2 bis 7. Potsdam 1840

Schachinger, E.: Die Berliner Vorstadt Friedrichswerder 1658–1708. Veröffentlichungen aus den Archiven Preußischer Kulturbesitz, Beiheft 4. Berlin 1993

Scharrmann, R. G.: »Ich habe mir die Ketten der Ehe anlegen lassen, um meine Freiheit zu gewinnen«, Prinz Heinrich und Wilhelmine von Hessen-Kassel. In: Prinz Heinrich von Preußen – Ein Europäer in Rheinsberg. Hg. von Stiftung Preußischer Schlösser und Gärten Berlin-Brandenburg. München/Berlin 2002. S. 65–68

Schindler, W.: Zur Geschichte des Winckelmann-Institutes (Maschinenschrift). Berlin 1966, im Bereich Klassische Archaeologie der Sektion Ästhetik/Kunstwissenschaften der Humboldt-Universität

Schmidt-Lötzen, E. (Hg.): Des Reichsgrafen Ernst Ahasverus Heinrich Lehndorff, Tagebücher nach seiner Kammerherrnzeit. In: Mitteilungen der Literarischen Gesellschaft Masovia 22/23 (1919), S. 80

Schneider, W.: Berlin – Eine Kulturgeschichte in Bildern und Dokumenten. Leipzig und Weimar 1980

Seidel, P.: Die Kunstsammlungen des Prinzen Heinrich, Bruders Friedrichs des Großen. In: Jahrbuch der Königlich Preußischen Kunstsammlungen, 13. Bd., S. 55ff., Berlin 1892

Seidel, P.: Friedrich der Große als Bauherr. In: Hohenzollern-Jahrbuch, 15, 1911, S. 217ff.

Seidel, W.: Die Erweiterungsbauten der Berliner Universität. Zentralblatt der Bauverwaltung, 40 (1920) 65, S. 409ff.

Sommer, C.: Das Grab in der Pyramide. In: Prinz Heinrich von Preußen – Ein Europäer in Rheinsberg. Hg. von Stiftung Preußischer Schlösser und Gärten Berlin-Brandenburg. München/Berlin 2002. S. 525–535

Spiker, S. H.: Berlin und seine Umgebungen im neunzehnten Jahrhundert. Berlin 1834 (Fotomechan. Neudruck Leipzig 1974), S. 72ff.

Stahl, F.: Ein Kriegsdenkmal in der Universität. In: Berliner Tageblatt, 49 (1920), Nr. 472, vom 15. Oktober

Stein, G.: Gitter und Mauern weg! Aufruf für ein neues Stadtbild Berlins. Der Weltspiegel. Illustrierte Wochenschrift des Berliner Tageblattes, 30 (1930) 38, vom 21. September

Stiftung Preußischer Schlösser und Gärten Berlin-Brandenburg (Hg.): Prinz Heinrich von Preußen – Ein Europäer in Rheinsberg München/Berlin 2002 (Katalog)

Strauss, G.: Enttrümmerung und Denkmalpflege. Humboldt-Universität, 28 (1983/84) 25, S. 7

Streckfuß, A.: Berlin im neunzehnten Jahrhundert. 2 Bde. Berlin 1860

Streichhan, A.: Knobelsdorff und das friderizianische Rokoko. Phil. Diss. Rostock 1932, S. 44

Stridbeck, J. (d. J.): Die Stadt Berlin im Jahre 1690. Neudruck Leipzig 1981, Bl. 5 (Kommentiert von W. Löschburg)

Stürmer, V./Wrede, H.: Ein Museum im Wartestand. In: Winckelmann-Institut der Humboldt-Universität. Berlin 1998

Thieme, U. u. Becker, F.: Allgemeines Lexikon der bildenden Künstler von der Antike bis zur Gegenwart. Leipzig 1909–1947 (versch. Bde.)

Vogtherr, C. M.: Prinz Heinrich von Preußen als Sammler französischer Malerei. In: Prinz Heinrich von Preußen – Ein Europäer in Rheinsberg. Hg. von Stiftung Preußischer Schlösser und Gärten Berlin-Brandenburg. München/Berlin 2002. S. 411–415

Volk, W.: Berlin – Hauptstadt der DDR. Historische Straßen und Plätze heute. 3. Aufl. Berlin 1973

Voß, G.: Zum 100jährigen Jubiläum der Universität. In: Berliner Kalender 1910. Herausgegeben vom Verein für die Geschichte Berlins

Warnecke, H.: Ein Name verpflichtet. Humboldt-Universität, 28 (1983/84) 21, S. 7

Wendland, F.: Berlins Gärten und Parke von der Gründung der Stadt bis zum ausgehenden neunzehnten Jahrhundert. Frankfurt/Main, Berlin, Wien 1979

Wenig, K.: Rudolf Virchow und die Humboldt-Denkmäler vor der Berliner Universität. 2. überarb. Aufl. Berlin 1998. In: Wissenschaftshistorische Manuskripte 4.

Wolff, R.: Berliner geschriebene Zeitungen aus dem Jahre 1740. In: Schriften des Vereins für die Geschichte Berlins, Heft 44 (1912), S. 44ff.

Ohne Verfasserangabe

Richtlinie zur Denkmalpflege bei Objekten der Humboldt-Universität, die unter Denkmalpflege stehen. In: Anweisungen und Mitteilungen der Humboldt-Universität zu Berlin Nr. 12/1980

Berlinische Privilegierte Zeitung vom 8. Mai 1749 und vom 16. Januar 1766

Die Hauptbauten des Barockstils in Berlin. Blätter für Architektur und Kunsthandwerk, Jg. III (1890), S. 12, 46 u. Taf. 114

(Fd) Die akademische Lesehalle in Berlin. In: Illustrierte Zeitung, 99 (1892), Nr. 2583, vom 31. Dezember, Leipzig und Berlin, S. 767/768

Die Errichtung eines Aulabaues der Universität Berlin. In: Deutsche Bauzeitung, 33 (1899) 95, S. 600

Erweiterung des Universitätsgebäudes. In: Vossische Zeitung, Nr. 227, vom 16. Mai 1900

Erweiterung der Universität. In: Vossische Zeitung, Nr. 270, vom 12. Juni 1901

Neubau der Universität. In: Vossische Zeitung, Nr. 588, vom 16. Dezember, und Nr. 598, vom 21. Dezember 1901

Vorläufige Maßnahmen zur Überwindung des Raummangels an der Universität. In: Vossische Zeitung, Nr. 366, vom 7. August 1903

Neubau der Universität. In: Vossische Zeitung, Nr. 554, vom 24. November 1905

Neubau der Universität. In: Vossische Zeitung, Nr. 453, vom 27. September 1906

Hundertjähriges Jubiläum der Berliner Universität. In: Berliner Tageblatt, 38 (1909), Nr. 394, vom 6. August

Eine neue Aula für die Berliner Universität. In: Berliner Tageblatt, 39 (1910), Nr. 32, vom 19. Januar

Berliner Universität. In: Vossische Zeitung, Nr. 369, vom 9. August 1910

Verlegung des Berliner Universitätsgartens. In: Vossische Zeitung, Nr. 391, vom 9. August 1911

Verlegung des Botanischen Gartens der Universität In: Berliner Tageblatt, 40 (1911), Nr. 403, vom 10. August

Der kleine Botanische Garten der Universität. In: Berliner Tageblatt 41 (1912), Nr. 128, vom 10. März

Verlegung der Berliner Universität nach Dahlem? In: Vossische Zeitung, Nr. 327, vom 29. Juni 1912

Zur Verlegung des Universitätsgartens. In: Vossische Zeitung, Nr. 396, vom 12. August 1911

Die Bebauung des botanischen Universitätsgartens. In: Die Post vom 31. August 1912

Die geplante Bebauung des Universitätsgartens. In: Tägliche Rundschau vom 31. August 1912

Der Erweiterungsbau der Universität. In: Vossische Zeitung, Nr. 450, vom 4. September 1912

»Protest des Comitees Alter Herren der Berliner Universität und des Berliner Waldschutzvereins gegen die geplante Vernichtung des Universitätsgartens.« Flugblatt vom September 1912

Der gefährdete Universitätsgarten. In: Berliner Tageblatt, 41 (1912) Nr. 475, vom 7. September

Eine Erinnerung aus dem Universitätsgarten. In: Berliner Tageblatt 41 (1912) Nr. 506, vom 4. Oktober

Der unverletzliche Universitätsgarten. In: Vossische Zeitung, Nr. 643, vom 18. Dezember 1912

Der Protest der »Alten Herren«. Eine Kundgebung für den Universitätsgarten. In: Berliner Tageblatt, 41 (1912), Nr. 644, vom 18. Dezember

Zur Erhaltung des alten botanischen Gartens hinter der Universität. In: Deutsche Bauzeitung, 46 (1912), S. 703f.

Die Museumsneubauten und die Erweiterung des Universitätsgebäudes in Berlin. In: Zentralblatt der Bauverwaltung. 33 (1913) 6, S. 40

Umgestaltung des Universitätsviertels in Berlin. In: Zentralblatt der Bauverwaltung, 33 (1913) 42, S. 279f.

(F. S.) Universität und Kastanienwäldchen. In: Vossische Zeitung, Nr. 14, vom 9. Januar 1913

Die Umgestaltung des Universitätsviertels. In: Berliner Tageblatt, 42 (1913), Nr. 255, vom 23. Mai

Die Umgestaltung des Universitätsviertels. Der offizielle Bericht des Stadtverordnetenausschusses. In: Berliner Tageblatt, 42 (1913), Nr. 273, vom 2. Juni

Von der Berliner Universität. In: Vossische Zeitung, Nr. 193, vom 16. April 1915

(M. M.-J.) Lesehallen-Erinnerungen. In: Vossische Zeitung, Nr. 201, vom 18. Januar 1916

Aus der Berliner Universität. In: Vossische Zeitung, Nr. 230, vom 5. Mai 1916

Umgestaltung des Berliner Universitätsgartens. In: Vossische Zeitung, Nr. 403, vom 8. August 1916

Erweiterungsbau der Universität. In: Vossische Zeitung, Nr. 557, vom 30. Oktober 1916

Der Straßenbahntunnel Unter den Linden zu Berlin. In: Deutsche Bauzeitung 50. (1916) No. 30, 31, 33, 78

Von der Berliner Universität. In: Vossische Zeitung, Nr. 501, vom 1. Oktober 1917

Von der Berliner Universität. In: Vossische Zeitung, Nr. 506, vom 3. Oktober 1918

Die Raumnot der Universität. In: Vorwärts, 44 (1927), Nr. 583, vom 10. Dezember

(R.) Die Säuberung des Berliner Stadtbildes. Baugilde, 17 (1935) 28, S. 863f.

Die neue Universitäts-Orgel. In: Deutsche Allgemeine Zeitung, 81 (1942), Nr. 314, vom 2. Juli

5-Zentner-Geschoß in der Uni. In: BZ am Abend vom 27. März 1961

(-frei-) Das Grauen war gegenwärtig. In: Berliner Zeitung vom 29. März 1961

Der bauplastische Schmuck des Universitätsgebäudes. Institut für Denkmalpflege der DDR, Arbeitsstelle Berlin (Maschinenschrift)

N. N.: J.Boumann. In: Neue deutsche Biografie. Berlin 1955, Bd. 2, S. 491f.

(A. R.) Bald werden sie auf der Attika thronen. In: Neue Zeit, 10 (1954), Nr. 49, vom 27. Februar

(F. Z.) Denkmäler für Alexander und Wilhelm von Humboldt in Berlin. In: Zentralblatt der Bauverwaltung, 3 (1883), S. 191

Die Enthüllung der Humboldt-Monumente. In: Berliner Tageblatt, 1883, Nr. 242, vom 28. Mai

Volkszeitung, Nr. 249, vom 16. November 1889 (Berlin)

Restaurierung der Humboldt-Denkmäler. In: Forum vom 22. September 1965

(I. M. B.) Restaurierung vor dem Abschluss. In: Humboldt-Zeitung 42. (1997/98) 8 vom 12.6.1998, S. 1

Warum das Denkmal von Alexander Humboldt eine kubanische Widmung bekam. In: Frankfurter Allgemeine Zeitung vom 16. Juli 1999 (zit. n. Keune)

(d.) Der erneute Wettbewerb für ein Helmholtz-Denkmal in Berlin. Zentralblatt der Bauverwaltung, 16 (1896), S. 508 u. 523f.

Helmholtz-Denkmal. In: Berliner Architekturwelt, 2 (1900), S. 295, 301

Verlegung des Helmholtz-Denkmals. In: Berliner Tageblatt, 34 (1905), vom 21. Oktober

Marmorbüste Theodor Mommsens. In: Vossische Zeitung, Nr. 90, vom 23. Februar 1904

Denkmal für Theodor Mommsen. In: Vossische Zeitung, Nr. 224, vom 14. Mai, und Nr. 318, vom 9. Juli 1904

Errichtung eines Denkmals für Theodor Mommsen. In: Vossische Zeitung, Nr. 533, vom 13. November 1906

Das Mommsen-Denkmal für Berlin. In: Vossische Zeitung, Nr. 232, vom 19. Mai 1909

Ruhmeshof der Berliner Universität. In: Berliner Tageblatt, 38 (1909), Nr. 509, vom 7. Oktober

Das Mommsen-Denkmal. In: Berliner Tageblatt, 38 (1909), Nr. 527, vom 16. Oktober

Die Enthüllung des Mommsen-Denkmals. In: Berliner Tageblatt, 38 (1909), vom 1. November

Die Enthüllung des Mommsen-Denkmals. Vossische Zeitung, Nr. 513, vom 1. November 1909

Mommsen-Denkmal. In: Berliner Architekturwelt, 13 (1911)

Denkmal Heinrich v. Treitschkes. In: Vossische Zeitung, Nr. 270, vom 12. Juni 1901

Denkmal Heinrich v. Treitschkes. In: Vossische Zeitung, Nr. 366, vom 7. August 1903

Die Enthüllung des Treitschke-Denkmals vor der Universität Berlin. In: Berliner Tageblatt, 38 (1909), Nr. 453, vom 7. Oktober und Nr. 514, vom 9. Oktober

Ein Denkmal hinter der Universität. In: Tribüne, 7 (1951), Nr. 25, S. 4

Den Gefallenen der Universität. In: Deutsche Allgemeine Zeitung, Nr. 517, vom 20. Oktober 1920

Was wird aus dem Gefallenen-Denkmal der Universität? In: Deutsche Allgemeine Zeitung, Nr. 61, vom 6. Februar 1925

Das Ehrenmal. In: Vorwärts, Nr. 141, vom 25. März 1926

Das Berliner Studentendenkmal. Protestkundgebung der sozialdemokratischen Studenten. In: Berliner Tageblatt, 55 (1926), Nr. 321, vom 10. Juli

Das Gefallenen-Denkmal der Universität. In: Kreuzzeitung, Nr. 316, vom 10. Juli 1926

Feier bei der Enthüllung des Denkmals für die im Weltkrieg gefallenen Studierenden, Dozenten und Beamten der Universität am 10. Juli 1926. Broschüre; herausgegeben von der Friedrich-Wilhelms-Universität zu Berlin 1926

Gedenkstätte für die Opfer des Faschismus. In: Humboldt-Universität, 21 (1976/77) 2, vom 16. September 1976, S. 1

Karl-Marx-Tafel enthüllt. In: Humboldt-Universität, 27 (1982/83) 23/24, vom 24. März, S. 1

Für Auskünfte und Hinweise ist zu danken

Dr. Sibylle Badstübner, Gerd Bartoschek, Harry Dummer, Dr. Götz Eckhardt, Prof. Dr. Othmar Feyl, Ingrid Graubner, Dr. Angelika Keune, Dr. Heinz Kossack, Renate Kroll, Dr. Walter Mohrmann, Horst Rosenhahn, Prof. Dr. Kurt Rudolf, Prof. Dr. Wolfgang Schindler, Ewald Schwalgin, Dr. Christa Schwarz, Jule Seewald, Prof. Selman Selmanagic, Kurt Stark, Dr. Veit Stürmer, Prof. Ruth Tesmar, Hans-Joachim Veigel, Waltraud Volk

Personenverzeichnis

Abbildungsnachweis

Archiv des Autoren (Vorsatz, Abb. 8, 21, 27, 82, 83, 85, 104, 109, 116, 121); Bettina Bergande/Axel Busch – Büro TOPOS Stadtplanung/Landschaftsplanung (Abb. 100); Brandenburgisches Landesamt für Denkmalpflege und Archäologisches Landesmuseum, Messbildarchiv (Abb. 24–26, 29, 33, 40, 46, 58, 59, 61, 65, 66, 73, 80, 81, 136, 137, 141, 145); Brandenburgische Landeshauptarchiv (Abb. 14); Deutsche Fotothek Dresden (Abb. 12, 49, 52, 86); J. Fieguth (Abb. 60, 88, 90, 138, 140, 149–151, 156); Joachim Fisahn (Abb. 3, 139, 152); Geheimes Staatsarchiv – Preußischer Kulturbesitz (Abb. 38); Michael Haddenhorst (Abb. 2, 48, 55, 94-97, 128, 133–135, 143, 144, 147, 157, 158); Waltraud Harre (Abb. 154); Werner Hegemann: Das steinerne Berlin. Berlin 1930. (Abb.117); Hessisches Staatsarchiv Marburg (StA MR) Karte P II 14078 (Abb. 10); Humboldt Universität zu Berlin, Universitätsarchiv (Abb. 35–37, 43, 62–64, 89, 122–126, 129–132, 142); Humboldt Universität zu Berlin, Winckelmann-Institut (Abb. 77, 79, 84); Illustrirte Zeitung (Berlin und Leipzig), 99 (1892), Nr. 2583, S. 767 (Abb. 54); A. Koch, Bildarchiv-Kunstverlag, München (Abb. 31); Jens Kracheel (Abb. 87, 91, 92 148); Stephan Kuven, Foto-Flugzeug (Abb. 93); Landesarchiv Berlin (Abb. 9, 15–17, 20, 47, 56, 57, 69, 99, 114, 115, Nachsatz); Landesdenkmalamt Berlin – Gartendenkmalpflege (Abb. 120); Notiz-Blatt des Architekten-Vereins zu Berlin, Jg. 1839, Bl. XLIX, Fig. 5 (Abb. 51); Helga Reubke (Abb. 153); Staatliche Museen zu Berlin – Preußischer Kulturbesitz, Kupferstichkabinett (Abb. 18, 34, 41, 42, 44, 45, 50, 98, 105-107, 110–113, 146); Staatsbibliothek zu Berlin – Preußischer Kulturbesitz (Abb. 7, 19, 22, 23, 32, 101, 103, 155); Stiftung Preußische Schlösser und Gärten Berlin-Brandenburg (Abb. 13, 28, 39); Stiftung Stadtmuseum Berlin – Märkisches Museum (Abb.1, 4-6, 11, 53, 103, 108, 118); Ellen Talman (Abb. 127); Zentralblatt der Bauverwaltung 1913, Nr. 42, S. 279 (Abb. 67); 1920, Nr. 65, S. 411 (Abb. 30), S. 410 (Abb. 68), S. 410 (Abb. 70–72), S. 414 (Abb. 74), S. 412 (Abb. 75), S. 413 (Abb. 78), S. 412 (Abb.76); 1937, Nr. 33, S. 830 (Abb. 119)

Vorsatz: J. D. Schleuen. Grundriss von Berlin. 1754. Kupferstich. (Ausschnitt)

Nachsatz: Lanz. Stadtplan von Berlin. 1823. (Ausschnitt)